LE GRAND LIVRE DES TESTS

Pour bien se connaître et réussir
sa vie professionnelle et sociale

Louise Franceschini Rampazzo – Thierry M. Carabin

LE GRAND LIVRE DES TESTS

Pour bien se connaître et réussir sa vie professionnelle et sociale

ÉDITIONS DE VECCHI S. A.
52, rue Montmartre
75002 PARIS

Malgré l'attention portée à la rédaction de cet ouvrage, l'auteur ou son éditeur ne peuvent assumer une quelconque responsabilité du fait des informations proposées (formules, recettes, techniques, etc.) dans le texte.
Il est conseillé, selon les problèmes spécifiques – et souvent uniques – de chaque lecteur, de prendre l'avis de personnes qualifiées pour obtenir les renseignements les plus complets, les plus précis et les plus actuels possible.

Des mêmes auteurs aux éditions De Vecchi :
L. Franceschini Rampazzo
Les tests psychologiques

Thierry M. Carabin
Nouveaux tests de recrutement
Testez vos aptitudes à communiquer
Comment dominer ses émotions
Testez vos capacités de manager
Testez votre créativité
Testez votre Q.I. (quotient intellectuel)
Réussir ses négociations
Testez votre mémoire
Les règles de la réussite
Testez vos capacités à négocier
Testez vos aptitudes et talents professionnels
Connaissez vos atouts
Guide pratique et juridique des entreprises en difficulté (avec Muriel Chwat)
Réussir la gestion administrative et comptable de sa PME-PMI (avec Muriel Chwat)
Le livre de la séduction (avec Muriel Carabin)

Traduction de Christine Robert pour la première partie, et de Sylvie Pizzuti pour la deuxième partie

Imprimé en Espagne

Préface

"Qui suis-je?" Y a-t-il une question plus importante pour l'Homme? " Qui êtes-vous? Quels sont vos qualités et vos défauts? Quels dons souhaitez-vous mettre en valeur?" Combien de fois avez-vous été confronté à ces questions? Que ce soit, sur les bancs de l'école, à l'université, au service national, pendant votre recherche d'emploi, au sein de votre entreprise, ces questions vous sont inlassablement posées.

Elles touchent directement le cœur de chacun, l'essence même de nos vies. Et derrière les réponses apportées se profile le type de réussite qui sera le vôtre. Pour répondre à cette quête de connaissance personnelle, des outils existent: la psychologie, la psychanalyse, la PNL, la graphologie... Mais, par dessus tout, il existe un outil formidable lorsqu'il est bien utilisé: le test. C'est pourquoi il est important de comprendre ce qu'est un test, les différentes facettes d'une personnalité qu'il peut révéler, la façon de lire un commentaire de test, etc.

En trois parties complémentaires ce livre vous permettra, à l'aide de nombreux exemples et de tests variés avec leurs solutions et leurs commentaires, de mieux vous connaître. Il vous aidera à répondre à trois grands types de questions:

• Qui êtes-vous? Quels sont vos qualités et vos défauts?

• Comment adopter un comportement positif après avoir réalisé une série de tests psychotechniques et analysé vos résultats?

• Quel type de manager êtes-vous? Déterminer ses dispositions professionnelles: commerciales, financières, administratives, ressources humaines, techniques de production...?

Ces tests confirmeront peut-être ce que vous savez déjà de vous, mais ils vous permettront surtout, par les questions pertinentes et inédites qu'ils posent, de découvrir des aspects cachés et importants de votre personnalité.
Cette anthologie réalisée par Louise Franceschini Rampazzo et Thierry M. Carabin présente de manière détaillée tout ce qu'il faut savoir pour mettre le plus possible de chances de son côté. En répondant avec sincérité, ouverture d'esprit et spontanéité aux mille et une questions qui vous sont posées dans cet ouvrage, vous vous étonnerez vous-même et vous vous révélerez un peu plus chaque jour comme l'Etre que vous êtes avec ses forces et ses faiblesses, ses qualités et ses dons, mettant ainsi vos atouts cachés au service d'une réussite.

L'Editeur

Première partie

Qui êtes-vous?

Comportements, caractères, personnalités

par Louise Franceschini Rampazzo

Introduction

"Qui suis-je"? Y a-t-il question plus courante, plus urgente, plus actuelle, plus irrésistible que celle-ci?
Tôt ou tard, dans la vie, il nous faut répondre à cette question car l'image que le miroir nous renvoie, la réponse que les personnes proches peuvent nous donner, les informations détenues par l'état civil avec une irréfutable précision, ne suffisent pas à nous rassurer sur notre identité. Cette question va beaucoup plus loin, elle touche directement le cœur de chacun, tout ce qu'il y a derrière les attitudes et la manière de penser.
Si, à d'autres époques, il y avait la religion et la philosophie pour répondre à ces interrogations, de nos jours, la soif de se connaître a trouvé de nouvelles sources pour se désaltérer: la psychologie et la psychanalyse.
Cependant, même si les instruments culturels ainsi que leurs réponses, sont différents, la règle fondamentale, aujourd'hui comme pour les philosophes grecs d'il y a 2 000 ans, demeure toujours la même: "il faut se connaître soi-même".
Oui, mais de quelle manière? Dans une époque de mesure exacte, de technologie avancée, est-il possible de se contenter de réponses évasives et non quantifiables, comme celles données par l'astrologie, par la cartomancie, la typologie physique ou la typologie de la main?

Si la balance sert à mesurer le poids du corps, le mètre la hauteur, l'électrocardiogramme les fonctions du cœur (le moteur de la vie), et l'électro-encéphalogramme celles du cerveau, quel est l'instrument capable de mesurer, de classer, de cataloguer la personnalité humaine, dahs ses variétés et ses nuances?
Le test psychologique mesure les réactions, les informations, les attitudes et les rapporte à des échelles de jugement prédéterminées, à des modèles statistiques, donc à l'*homme moyen*, fruit non pas de la rencontre de deux êtres humains, mais de deux axes cartésiens.
Cheval de bataille de la psychologie de l'après-guerre, surtout aux Etats-Unis, très contesté à la fin des années 60 car considéré comme un instrument discriminatoire créé pour démontrer l'infériorité raciale des Noirs américains, le test a maintenant autant de partisans que de détracteurs: il y a ceux qui soutiennent que les tests d'aptitude utilisés pour la sélection du personnel dans l'industrie et pour orienter les étudiants vers des cycles d'études déterminés sont d'excellents instruments, capables d'offrir des informations nouvelles, pas toujours évidentes à découvrir autrement; et ceux qui soutiennent que les tests sont arbitraires, fragmentaires et surtout incapables d'offrir une vision réelle et globale de la personnalité car influencés par trop d'éléments qui provoquent une distorsion du résultat, tels que le désir de se faire bien voir, l'incapacité d'une personne à répondre de manière objective à des questions qui sondent son comportement, la peur du résultat. Mais au-delà des avis des experts, une réponse plus complète vient véritablement du public: le grand intérêt pour tout ce qui touche à la personnalité, l'augmentation de publications qui proposent des tests de tous genres, la curiosité pour tout ce qui contribue à donner quelques informations supplémentaires sur le "moi", sont la preuve

que le test même s'il est contestable, trompeur, sybillin, intéresse et fascine.
Avouons-le: quel est celui d'entre nous qui réussit à résister à la tentation de répondre à des questions engageantes par lesquelles il obtiendra une évaluation ou une image de ce qu'il est?
En fait, il n'y a pas de voyage plus émouvant et plus riche en surprise que celui qui nous transporte à l'intérieur de nous-mêmes, même si l'occasion pour l'entreprendre est un test extrait d'un magazine ou d'un spectacle télévisé.
Ce que nous vous proposons, c'est justement cette opportunité de vous connaître et de faire ce voyage fascinant, grâce à un instrument simple et efficace: une batterie de tests qui sert à sonder la personnalité sous divers points de vue: le rapport avec les autres, avec soi, avec les amis, avec le travail, les études, et ce d'une manière amusante, insolite, non académique.
Vous pourrez ainsi affiner votre propre portrait que, pour une grande part, vous avez déjà brossé, mais, en l'enrichissant de certains détails. Les tests ne sont pas des oracles et ne sont pas à interpréter comme tels, mais ils peuvent vous apporter des indications utiles, des éléments de réflexion, des occasions d'en discuter avec les autres. L'important est de savoir lire avec un certain sens critique les évaluations finales, en recueillant les indications valables dans leur généralité, et en éliminant les détails et les nuances qui ne vous concernent pas.
Un test effectué chez soi, avec ses amis, ses parents, ses enfants, son mari ou sa femme, ou peut-être seul, est un prétexte pour commencer à affronter un problème brûlant mais également pour se divertir, se découvrir, mieux se connaître.
L'avantage est celui d'être dans une situation détendue qui peut permettre des réponses plus authentiques, par

opposition aux déviations que la tension d'un test effectué pour une sélection comporte inévitablement.
Vous êtes votre propre juge, et vous pouvez effectuer ces tests seul ou, si vous le désirez, avec un ami ou quelqu'un de votre entourage.
Votre seule contrainte doit être celle de répondre avec le maximum de spontanéité et de sincérité aux questions, sachant que la réponse instinctive est toujours la plus valable.
Notre pari est de réussir à confirmer dans les grandes lignes ce que vous savez déjà sur vous-même, mais aussi de réussir au moins une fois à vous étonner en vous racontant quelque chose d'inédit sur cette mystérieuse, fascinante, imprévisible entité qu'est votre personnalité.

Quel âge avez-vous?

Quel âge faites-vous? L'âge inscrit sur votre carte d'identité? Beaucoup plus? Beaucoup moins?
Il n'existe malheureusement, pas encore d'équation qui permette d'attribuer à une personne son véritable âge mental et physique.
Des affirmations du type "tu parais être encore un vrai gamin et pourtant tu as déjà dépassé 'les tant' ", "je suis encore jeune mais je me sens déjà une épave", "Marc a la mentalité de vingt ans", sont tout à fait arbitraires et ne se fondent pas sur des paramètres quantifiables, mais sur des impressions, des sensations et des états d'âme. Et pourtant, même s'il n'existe pas d'unité pour mesurer les années, les mois, les jours exacts, l'âge que nous paraissons avoir, il existe toutefois des signes, des indices, qui peuvent nous aider à déterminer notre âge véritable: l'habillement, l'aménagement de notre maison, nos comportements envers la nouveauté, notre ouverture ou notre étroitesse d'esprit, notre vivacité, notre manière de parler, notre forme physique, nos distractions,... la liste pourrait continuer à l'infini.
C'est sur la base de ces indices que nous avons construit ce test, pour découvrir avec une certaine approximation si vous êtes plus jeune ou plus âgé que votre âge authentique.

Découvrez donc votre âge véritable en répondant aux 4 séries de questions que nous vous proposons.

1. Répondez aux cinq questions suivantes.
Temps maximum à votre disposition: 4 minutes.

a) Ecrivez le titre des cinq derniers films que vous avez vus au cinéma ou à la télévision. Si vous ne vous souvenez pas du titre, écrivez le nom de l'interprète principal.
Beauté américaine, Master commander, princess diaries 2, Jean Michel ancêtre, jeune Diva

b) Si l'affirmation "3x6=20" est fausse, écrivez la réponse juste dans cet espace: 3x6=18
à moins que vous ne soyez d'accord avec le fait que "les mathématiques sont une question d'opinion"?

c) Ecrivez à la suite les dix premiers mots d'une poésie dont vous vous souvenez de mémoire. un corbeau dans un arbre perché tenait en son bec un fromage

d) Ecrivez le prénom de vos grands-parents et de tous vos cousins Reine, René, Solange, Marcel, Alexandrine, Samuel,

e) Quel est l'objet que la Vénus de Milo tient dans ses mains?
vase

2. Mettez une croix pour l'objet de chacun des couples ci-contre qui instinctivement vous plaît le plus.

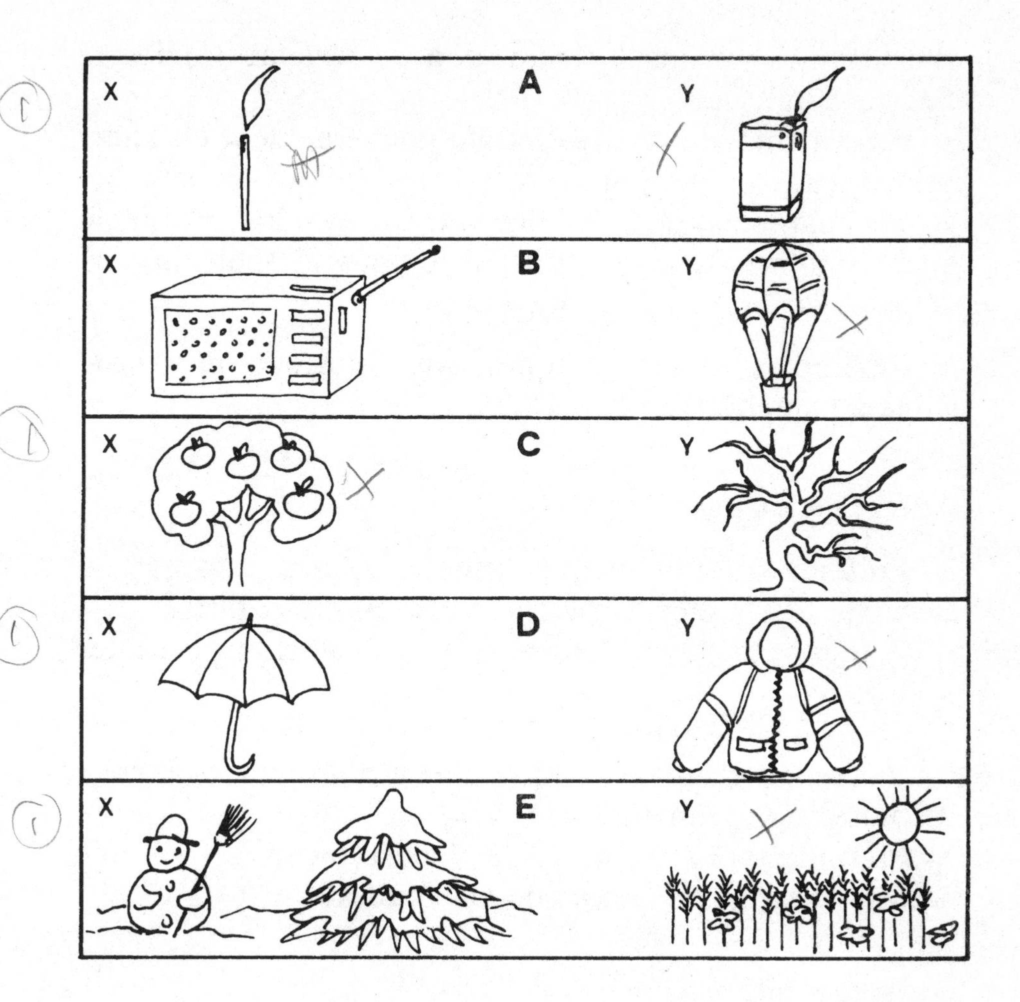

3. Répondez aux questions suivantes par oui ou par non.

a) Vous plairait-il ou vous semble-t-il utile d'apprendre le "Basic", le langage le plus élémentaire des ordinateurs?
b) Le noir a-t-il été la couleur la plus "in" dans la mode automne-hiver 83-84?
c) Est-ce que cela vous plaît de vous déguiser pour le Carnaval?
d) Pensez-vous que la censure pour les œuvres littéraires

et artistiques soit anachronique et porte atteinte à la liberté d'expression?

e) Pensez-vous qu'un système de gouvernement où alternent des forces politiques différentes, comme le système anglais par exemple, est plus positif et plus profitable qu'un système où la majorité et le pouvoir sont toujours détenus par le même groupe politique?

4. Répondez à la série de questions concernant la tranche d'âge à laquelle vous appartenez.

■ DE 15 À 20 ANS

a) Préférez-vous fréquenter toujours le même garçon ou la même fille plutôt que d'avoir de nombreux flirts?

b) Aimez-vous faire l'"idiot" avec vos amis et plaisanter avec eux?

c) Le rock vous plaît-il?

d) Pensez-vous que le premier devoir d'un jeune soit celui d'étudier sérieusement?

e) Pratiquez-vous au moins un sport ou avez-vous une activité créative en-dehors de vos études?

■ DE 20 À 30 ANS

a) Avez-vous un éventail très large d'amis qui sont de milieux très divers?

b) Le soir, préférez-vous sortir avec peu d'amis proches et si possible en couples comme vous?

c) Pensez-vous que le moment soit venu pour vous d'avoir "la tête sur les épaules" et que vous n'avez plus l'âge de faire des "folies"?

d) Avez-vous récemment interrompu quelque activité (hobby, sport), que vous pratiquiez avant avec grand enthousiasme, à cause de contraintes excessives?

e) La seule chose qui vous intéresse en ce moment est-elle d'obtenir un diplôme, de trouver un bon poste pour pouvoir fonder une famille ou, si vous l'avez déjà, de faire carrière.

DE 30 À 40 ANS

a) Passez vous beaucoup plus de temps à la maison devant la T.V. qu'il y a quelques années?
b) Avez-vous commencé récemment à connaître et à fréquenter de nouveaux amis?
c) Vous sentez-vous tout particulièrement en forme en ce moment?
d) Vous sentez-vous gêné en présence de gens plus jeunes que vous?
e) Trouvez-vous que les personnes de votre âge, hommes ou femmes, sont extrêmement fascinants et n'ont rien à envier aux personnes de 20 ans?

DE 40 À 50 ANS

a) Pensez-vous qu'à votre âge vous avez désormais bien peu de choses à apprendre de la vie?
b) Vous préoccupez-vous beaucoup de votre santé et allez-vous souvent chez le médecin afin de faire des examens préventifs?
c) Une petite course et la lecture de quelques pages avant de vous endormir vous semble-t-il être un bon remède contre l'insomnie?
d) Avez-vous quelques problèmes dans votre travail, dans vos rapports familiaux ou dans d'autres domaines que vous vous proposez de résoudre?
e) Changeriez-vous de travail, si l'on vous proposait quelque chose de nouveau, d'alléchant et de totalement en

corrélation avec vos initiatives et capacités mais de plutôt contraignant?

■ DE 50 À 60 ANS

a) L'humour des jeunes vous semble-t-il incompréhensible?
b) A l'occasion des fêtes de Noël, allez-vous volontiers rendre visite à votre famille, ne faisant pas partie de ceux qui soutiennent à tout prix que ce sont aux autres de se déplacer?
c) Avez-vous de nouveaux projets au niveau de l'aménagement de votre maison, une pièce à rénover, quelques éléments à changer?
d) Les gens qui troublent vos habitudes et votre tranquillité vous ennuient-ils?
e) Pensez-vous que la retraite vous apportera finalement l'occasion de faire toutes les choses qui vous ont toujours plu, mais pour lesquelles vous n'avez jamais eu de temps?

■ 60 ANS ET PLUS

a) Les enfants et les jeux avec eux vous amusent-ils?
b) Vous habillez-vous et soignez-vous votre apparence uniquement pour sortir, car vous estimez qu'à la maison c'est inutile?
c) Parlez-vous souvent avec les autres de vos maladies?
d) Aimez-vous aller vous promener à pied ou à vélo tranquillement plutôt que de rester toujours à la maison?
e) Lorsque vous allez faire les courses, vous arrêtez-vous pour bavarder avec beaucoup de gens?

RÉPONSES ET SCORES

1. Après avoir vérifié l'exactitude de vos réponses en en demandant confirmation à vos amis ou parents pour les réponses *a*) et *d*), en confrontant la réponse *c*) avec un livre et en sachant que la réponse exacte à la question *b*) est 18 et à la *e*) est: "rien" car la statue n'a pas de bras, vous vous attribuerez: 1 point pour chaque réponse exacte si vous avez un âge inférieur à 35 ans, 2 points pour chaque réponse exacte si vous avez plus de 35 ans.

2. Attribuez-vous un point pour chaque réponse correspondant aux questions suivantes: *ay, bx, cx, dy, ey.*

3. Attribuez-vous un point pour chaque réponse correspondant aux questions suivantes: *a* oui, *b* oui, *c* oui, *d* oui, *e* oui.

4. Cherchez la tranche d'âge qui vous correspond dans la liste des réponses. Attribuez-vous un point pour chacune de vos réponses correspondant aux questions suivantes:

De 15 à 20 ans: *a* non, *b* oui, *c* oui, *d* non, *e* oui.
De 20 à 30 ans: *a* oui, *b* non, *c* non, *d* non, *e* non.
De 30 à 40 ans: *a* non, *b* oui, *c* oui, *d* non, *e* oui.
De 40 à 50 ans: *a* non, *b* non, *c* oui, *d* oui, *e* oui.
De 50 à 60 ans: *a* non, *b* oui, *c* oui, *d* non, *e* oui.
60 ans et plus: *a* oui, *b* non, *c* non, *d* oui, *e* oui.

Additionnez les scores successifs des tests 1, 2, 3, 4 et cherchez le groupe auquel vous appartenez.

■ SCORE COMPRIS ENTRE 25 ET 15

Quel que soit votre âge civil, la pendule de votre esprit et de votre forme physique s'est arrêtée il y a des années:

vous ne faites sûrement pas l'âge que vous avez, par votre mentalité ouverte et disponible, votre vivacité d'esprit, votre manière d'affronter la vie, pour l'enthousiasme avec lequel vous accueillez tout ce qui est neuf et actuel. Vous aimez la compagnie de gens plus jeunes, et vous vous sentez à votre aise quelle que soit l'ambiance et quels que soient les gens qui vous entourent. Vous vous adaptez facilement aux changements et aux nouveautés, sans oublier pour autant vos racines et ce qui est important et positif dans les traditions. Vous tenez à votre aspect physique même si les premières rides et les premiers cheveux blancs ne vous terrorisent pas; vous être porté à aller de l'avant. Ce que la vie vous réserve demain vous rend curieux mais ne vous effraie pas.

■ SCORE COMPRIS ENTRE 14 ET 8

Vos caractéristiques entrent pleinement dans la moyenne des gens de votre âge, quels qu'ils soient. Vous n'êtes pas du tout préoccupé par le fait de paraître plus jeune car votre âge vous va très bien et vous réussissez à en apprécier les avantages. Vous aimez tout ce qui concerne votre passé, vous êtes solidement ancré dans le présent et dans la réalité que vous vivez, le futur ne vous préoccupe pas. Vieillir pour vous n'est sûrement pas un drame car vous estimez qu'avec l'âge, on acquiert plus de sagesse et d'expérience. Le seul risque que vous courez est celui de vous enfermer dans un cercle très restreint de personnes, et d'être peu accessible à de nouvelles idées et tendances, étant par inclination conservateur.

■ SCORE COMPRIS ENTRE 7 ET 0

Les années passent et se font sentir sur vous, quel que soit votre âge. Si vous êtes jeune, vous préférez la compagnie de personnes plus mûres et plus posées que celle des gens de votre âge que, fondamentalement, vous ne comprenez pas et trouvez sans intérêt. On vous a toujours donné plus que votre âge, probablement parce que vous avez grandi plus vite que les autres, et que vous n'avez jamais eu l'opportunité ni l'envie de participer à des jeux et des "blagues" typiques de l'adolescence. Vous consacrez plus de temps à vos études ou à votre travail qu'aux distractions, et même quand vous avez du temps libre, vous ne vous laissez jamais aller complètement et vous préférez vous dédier à quelque activité politique, sociale ou culturelle.

Si vous êtes adulte et d'âge mûr, vous avez une faible faculté à apprécier ce qu'ont de positif les innovations et les changements, que vous regardez plutôt avec un œil méfiant. Vous ne faites pas trop confiance aux autres, surtout s'ils sont plus jeunes que vous, et vous êtes souvent porté à pleurer sur le passé et à vous rappeler qu'avant, les jeunes étaient différents, mieux élevés, plus respectueux. Vous aimez vos petites habitudes, votre maison, et vous êtes peu disponible pour les relations sociales si ce n'est avec des amis de longue date ou des parents.

Vous n'accordez pas une grande importance à votre aspect physique et vous ne vous soignez pas car ce sont "des préoccupations de femmes et de jeunes", vous avez du mal à être de votre temps en ce qui concerne la mode, l'actualité et les nouvelles tendances culturelles.

Si votre score est le plus faible dans la série de questions 1, c'est un peu de vivacité d'esprit qu'il vous manque.

Si vous avez obtenu un score très bas dans la série de questions 2, cela signifie que vous êtes plutôt traditionnel dans vos goûts, et cela transparaît dans l'aménagement de votre maison, votre habillement, vos lectures.

Si c'est dans la série de questions 3 que vous avez obtenu un score inférieur, cela signifie que vous êtes assez conservateur, que vous n'aimez pas la nouveauté, que vous êtes peu curieux de connaître et d'apprendre de nouvelles choses.
Si enfin le score relatif à la série de questions 4 est le plus faible, cela signifie que vous avez des attitudes et des manières de penser assez différentes de celles des gens de votre âge. Analysez donc avec attention vos réponses, et faites votre bilan. Si, tout compte fait, votre vie vous convient telle qu'elle est, il n'y a pas de raison de vouloir la changer. Si, au contraire, vous êtes de mauvaise humeur, vous vous sentez seul et vous ne faites que regretter le temps passé, ce test peut être l'occasion de réfléchir sur vous-même, pour ne pas attribuer aux autres et au monde qui change la responsabilité de votre insatisfaction.

De quel type êtes-vous?

De quel type êtes-vous? Vous êtes-vous jamais posé la question? Avant de chercher à y répondre, voici une définition de ce qu'est un type: forme exemplaire de laquelle se rapprochent les individus dans leur variété.
Ainsi, il existerait un modèle duquel vous vous inspirez plus ou moins consciemment? Ne vous a-t-on jamais dit que vous ressembliez à telle ou telle personne, ou alors que vous aviez un genre original et étrange, ou bien encore que votre personnage n'était pas à la mode, ou que vous êtiez "branché", ou démodé...?
Quelle que soit votre réponse, elle ne sera sûrement pas aussi bien trouvée que celle d'un ami, d'une connaissance et même d'un étranger, car votre type n'est autre que l'image que les autres ont de vous. Proche ou lointain de votre vrai Moi, il concerne l'apparence, vos choix évidents, vos goûts extérieurs.
Que cette image corresponde à votre monde intérieur ou s'éloigne plutôt de ce que vous êtes réellement, cela ne nous regarde pas pour le moment. Si vous jouez un rôle, si vous vous efforcez de suivre un modèle, cette image sera probablement très différente de votre vrai Moi, ce sera une carapace protectrice que seuls les plus intimes réussiront à briser.
Si, au contraire, votre image n'est pas construite, et si

vous n'avez jamais pensé à imiter quelqu'un, elle représente probablement, dans une large mesure, ce que vous êtes réellement vous-même.
De toute façon, ce qui nous intéresse maintenant n'est pas ce qu'il y a derrière l'apparence, mais l'apparence elle-même.
Votre personnalité sera exagérée par les tests successifs. Pour l'instant, ce que nous voulons définir est uniquement votre type, à travers vos choix, vos goûts, vos préférences dans les domaines les plus variés.
Répondez sincèrement aux questions suivantes et vous saurez de quel type vous êtes.

1. Choisissez la chanteuse (pour les femmes) et le chanteur ou le groupe pour les hommes que vous préférez ou dont vous avez le plus de disques.

FEMMES
a) Joan Baez
b) Diana Est
c) Diane Dufresne
d) Chantal Goya
e) Sylvie Vartan

HOMMES
a) Michel Sardou
b) Police
c) Yves Duteil
d) Léo Ferré
e) Sacha Distel

2. Choisissez parmi celles énumérées ci-après l'œuvre d'art que vous aimez le plus.

FEMMES
a) "Porgy and Bess" de Gershwin
b) "Vestiges ataviques après la pluie" de Salvador Dali
c) "Le Journal" d'Anaïs Nin

HOMMES
a) "Campbell's Soup" de Andy Warhol
b) "L'Etranger" de Camus
c) "Le Printemps" de Botticelli

d) "Danseuse" de Degas
e) "La Vénus de Milo"

d) "César" de César
e) "David" de Michel-Ange

3. Choisissez parmi ces objets celui qui vous attire le plus.

FEMMES
a) Un rouge à lèvres
b) Une paire de sabots
c) Une raquette de tennis
d) Un fume-cigarette
e) Un livre

HOMMES
a) Une paire de gants de boxe
b) Un ours en peluche
c) Une épingle à nourrice
d) Les bandes dessinées de C. Brétécher
e) Une paire de gants de pécari

4. Choisissez parmi ces animaux celui qui vous attire le plus instinctivement.

FEMMES
a) Moineau
b) Bobtail
c) Pékinois
d) Cheval
e) Tigre

HOMMES
a) Chien–loup
b) Lévrier afghan
c) Dobermann
d) Lion
e) Agneau

5. Choisissez à laquelle de ces époques vous auriez aimé vivre.

FEMMES
a) Les années 60 ("la dolce vita")
b) A la fin du 18e siècle (pendant la Révolution française)

HOMMES
a) Au 19e (dans la période du romantisme)
b) A l'époque post-atomique

c) Au 19e siècle (dans la période du romantisme)
d) Dans le futur
e) Pendant la Renaissance

c) A la fin du 19e (période des décadents)
d) Pendant la Résistance
e) Dans les années 60 ("la dolce vita")

6. Auquel des personnages suivants aimeriez-vous ressembler?

FEMMES
a) Jane Fonda
b) Rita Hayworth
c) Gertrude Stein
d) Simone de Beauvoir
e) Marie Curie

HOMMES
a) Mohammed Ali
b) Maurice Béjart
c) Dorian Gray
d) Jean-Paul Sartre
e) Richard Claydermann

RÉPONSES ET SCORES

Si la majorité de vos réponses appartient à un des groupes ci-dessous énumérés, votre type est facilement reconnaissable et individualisable. Si, au contraire, vous n'avez obtenu dans aucun des groupes un score supérieur à 4, cela signifie que vous n'aimez pas vous reconnaître dans un modèle ou un personnage, et que vous êtes d'un type original, toujours différent, disposé à changer souvent de goût et d'état d'esprit.
Ce qui suit va vous permettre de savoir si vous appartenez à un seul type ou alors si vous tendez à ressembler à des modèles différents.

■ Femmes

Vamp. Si le plus grand nombre de vos réponses correspond à 1*c*, 2*e*, 3*a*, 4*e*, 5*a*, 6*b*, cela signifie que votre type est celui de la vamp, la mangeuse d'hommes, sophistiquée et élégante, égocentrique et capricieuse.

Maîtresse d'école. Si le plus grand nombre de vos réponses correspond à 1*d*, 2*d*, 3*e*, 4*a*, 5*c*, 6*e*, votre type est celui de la maîtressse d'école, romantique, timide, introvertie, vouée à servir et à faire le bien envers les autres, protectrice des sans-défense.

Sportive. Si le plus grand nombre de vos réponses correspond à 1*e*, 2*a*, 3*c*, 4*d*, 5*d*, 6*a*, votre type est celui de la sportive, entreprenante, dynamique, toujours en mouvement, projetée dans l'avenir.

Snob. Si le plus grand nombre de vos réponses correspond à 1*b*, 2*b*, 3*d*, 4*c*, 5*e*, 6*c*, votre type est celui de la snob, intellectuelle, qui aime les honneurs et y aspire, qui se plaît à fréquenter les salons mondains.

Féministe. Si le plus grand nombre de vos réponses correspond à 1*a*, 2*c*, 3*b*, 4*b*, 5*b*, 6*d*, votre type est celui de la féministe, engagée politiquement, soixante-huitarde, ne faisant pas attention à son aspect extérieur, vouée à une seule cause.

Hommes

Toujours plus. Si le plus grand nombre de vos réponses correspond à 1*a*, 2*d*, 3*a*, 4*d*, 5*e*, 6*a*, votre aspiration est d'être "toujours plus", le meilleur en somme, le plus fort, le plus musclé, le plus sûr de lui, celui qui s'impose obligatoirement.

Timide. Si le plus grand nombre de vos réponses correspond à 1*c*, 2*c*, 3*b*, 4*e*, 5*a*, 6*e*, votre type est celui du romantique, timide, tendre, qui veut être cajolé et conquis par les femmes sans bouger le petit doigt, et incapable de faire du mal à une mouche.

Avant-garde. Si le plus grand nombre de vos réponses correspond à 1*b*, 2*a*, 3*c*, 4*c*, 5*b*, 6*b*, votre type est celui de l'individu moderne, celui qui survit à l'explosion atomique, qui aime tout ce qui concerne l'électronique, qui appartient à la nouvelle génération, celle qui succède aux punks.

Dandy. Si le plus grand nombre de vos réponses correspond à 1*e*, 2*e*, 3*e*, 4*b*, 5*c*, 6*c*, vous êtes un dandy, un snob raffiné et décadent, vous aimez vous entourer de belles choses, vous êtes un esthète.

Intellectuel de gauche. Si le plus grand nombre de vos réponses correspond à 1*d*, 2*b*, 3*d*, 4*a*, 5*d*, 6*d*, votre type est celui de l'intellectuel de gauche, ou plutôt de l'homme très engagé politiquement, cultivé, au courant des questions d'actualité.

Quelles sont vos aptitudes?

Comment vous en sortez-vous avec un marteau en main? Vaut mieux pour vous avoir un travail manuel ou intellectuel? Avez-vous un sens artistique? Ou alors, êtes-vous fait pour les calculs et pour manipuler les chiffres?
Certains sauront donner tout de suite une réponse à ces questions, car ils connaissent bien leurs aptitudes pour tel ou tel secteur d'activité. D'autres, au contraire, moins sûrs de leurs propres capacités, pourront tirer de ce test quelques indications utiles.
Le test comprend une série de questions posant des problèmes pour lesquels chacun doit peser le pour et le contre avant, par exemple, d'entreprendre des études, de commencer une nouvelle activité, de choisir son champ d'action: connaître ses propres capacités est le premier barreau important de l'échelle qui conduit au succès, ou du moins à la pleine réalisation de ses propres aspirations. Chacun de nous, en fait, sait très bien qu'il faut plus d'effort pour faire quelque chose qui ne nous plaît pas ou ne nous convient pas. Bien entendu, aujourd'hui, rares sont ceux qui ont la chance de pouvoir choisir le travail pour lequel ils sont faits, mais quoi qu'il en soit, la connaissance de certaines aptitudes cachées, inexploitées, sert effectivement à la découverte de secteurs d'activités auxquels on n'avait pas songé.

L'important est de mettre la bonne personne au bon endroit, et les "tests d'aptitude" comme on les appelle sont les instruments de sélection les plus fréquemment utilisés dans les entreprises.
Alors participez à ce test d'aptitude en répondant le plus instinctivement possible aux questions: les résultats viendront, pour certains confirmer ce qu'ils savent déjà. Pour d'autres, au contraire, ce sera une véritable surprise. Et comme vous ne serez pas en "situation de stress" car vous passez ce test pour vous amuser, les résultats seront sûrement plus valables que d'autres obtenus dans une ambiance moins détendue!

Sensibilité artistique

1. Essayez de représenter graphiquement et de manière très schématique et symbolique les concepts suivants. Vous pouvez donner pour chaque concept de 1 à 3 représentations à votre gré.

Exemple: GAIETE

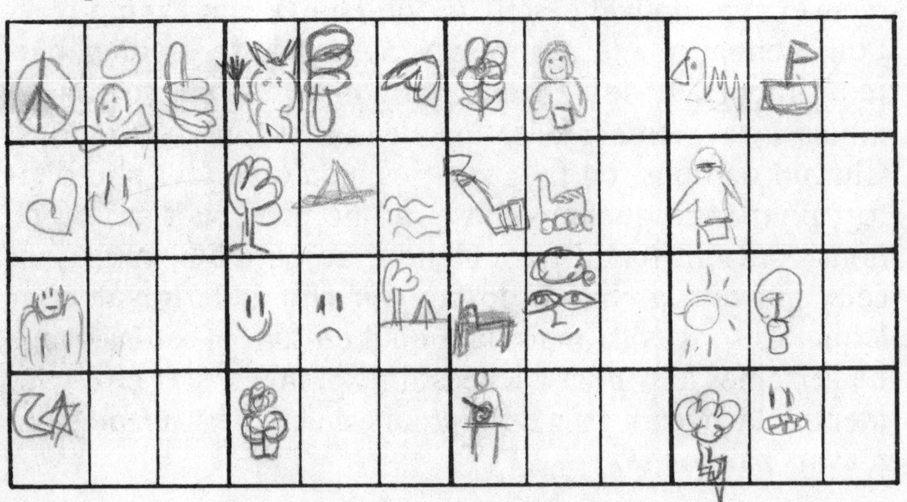

BIEN	MAL	BEAUTE	LIBERTE
BONHEUR	NATURE	ENERGIE	DOUCEUR
DOUTE	SOLITUDE	REVE	LUMIERE
OBSCURITE	PEUR	SUSPICION	COLERE

2. Ecrivez le mot, le synonyme de ce mot, ou les termes ayant un grand rapport de sens avec ce mot que la vue de ces dessins vous suggère. Vous pouvez donner de une à trois réponses pour chaque dessin.

Exemple:

rupture
séparation
guerre

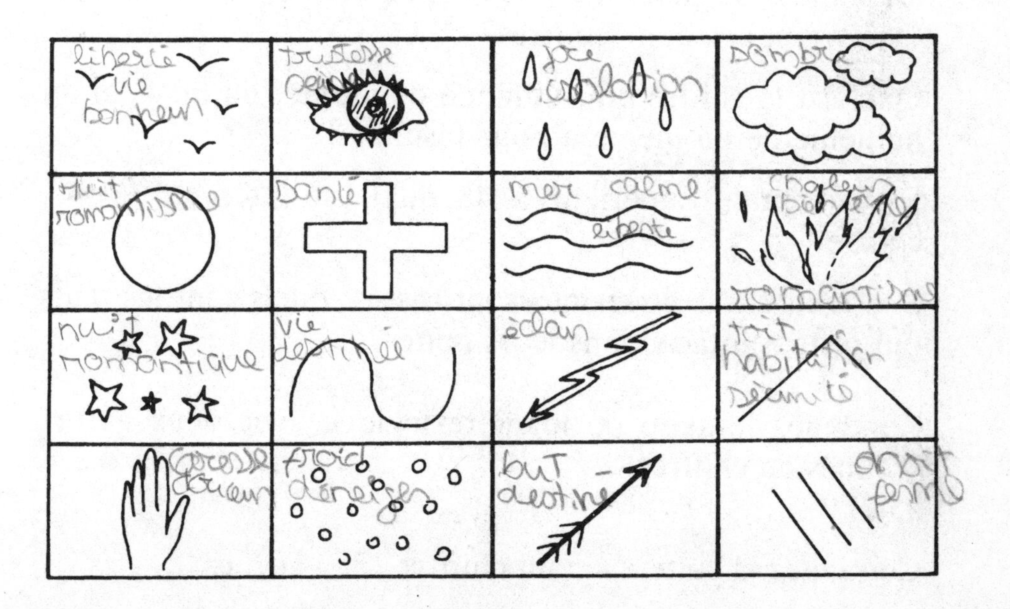

Esprit mathématique

1. Complétez chaque énumération par le chiffre qui logiquement continue la série.
Temps à disposition: 3 minutes

7 14 21
44 33 22
3 9 27
625 125 25
17 13 9
23 27 31
216 72 24

2. Répondez à ces questions en faisant éventuellement les calculs sur une feuille.
Temps à disposition: 3 minutes

Quel est le chiffre maximum qui retranché de 80, donne un résultat supérieur à 70?

La somme de deux nombres est 52 et leur différence 12. Quels sont ces deux chiffres?

Quel est le chiffre qui, diminué de moitié, du quart et du huitième de lui-même a pour résultat 3?

57 est autant supérieur à 48 qu'il est inférieur à quel chiffre?

Si 8 œufs sur 2 douzaines sont cassés, quels sont les œufs qui restent intacts dans leurs boîtes?

Continuez la suite de manière logique avec deux autres groupes de chiffres:
2,4,3,9 ....

Continuez la suite avec un chiffre: 12, 144 ....

Mot facile

Mesurez l'étendue de votre vocabulaire par ces deux tests.
1. Choisissez deux mots qui ont une signification proche dans chaque groupe de mots. Soulignez avec un crayon. Temps à disposition: 3 minutes.

Phagocyter, élever, manger, rêver.

Servile, stupide, inapte, incapable.

Père, fils, parent, femme.

Objet, bibelot, chose, sujet.

Vie, durée, existence, temps.

Inintelligible, incompréhensible, incommensurable, incomplet.

Arriviste, coureur, ambitieux, juge.

Animal, chat, bête, carnivore.

Illumination, jour, lumière, interrupteur.

Fait, situation, nouvelle, événement.

Terme, fin, conquête, contrôle.

2. Trouvez pour chaque mot son opposé.
Exemple: facile-difficile; beau-laid.
Temps à disposition: 2 minutes.

Capable incapable

Joyeux triste

Mensonge vérité

Illusion fait

Obtus

Passif

Translucide

Concave

Logique

Premier

Esprit pratique

Répondez aux questions suivantes en marquant d'une croix la réponse qui vous semble exacte.

1. Laquelle de ces figures n'a rien à voir avec les autres? Temps à disposition: 1 minute.

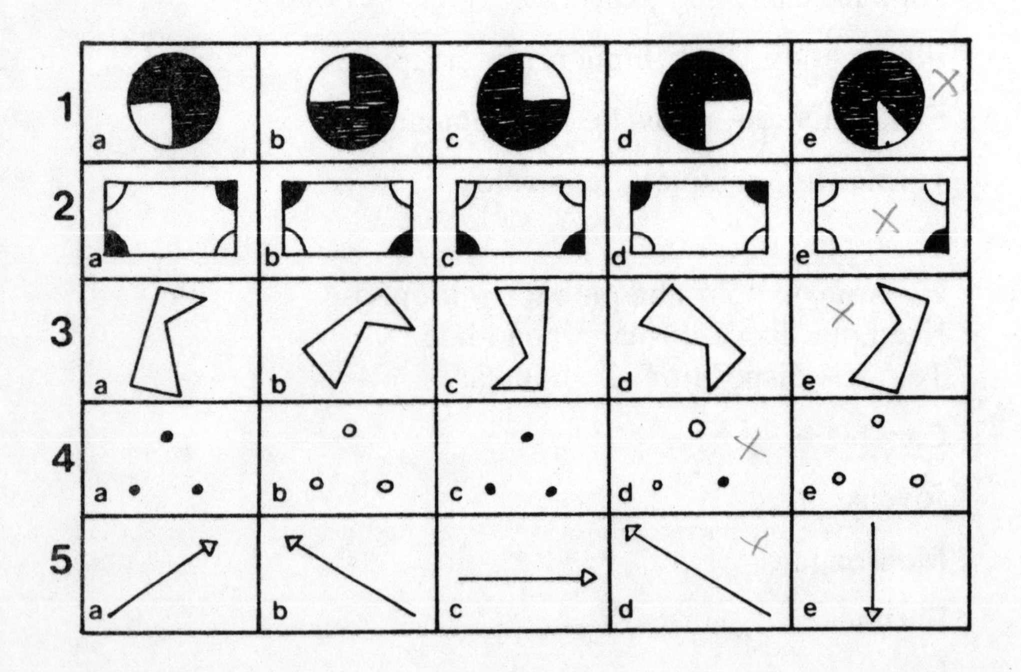

2. Deux figures de chacun des groupes sont identiques entre elles, lesquelles?
Temps à disposition: 1 minute.

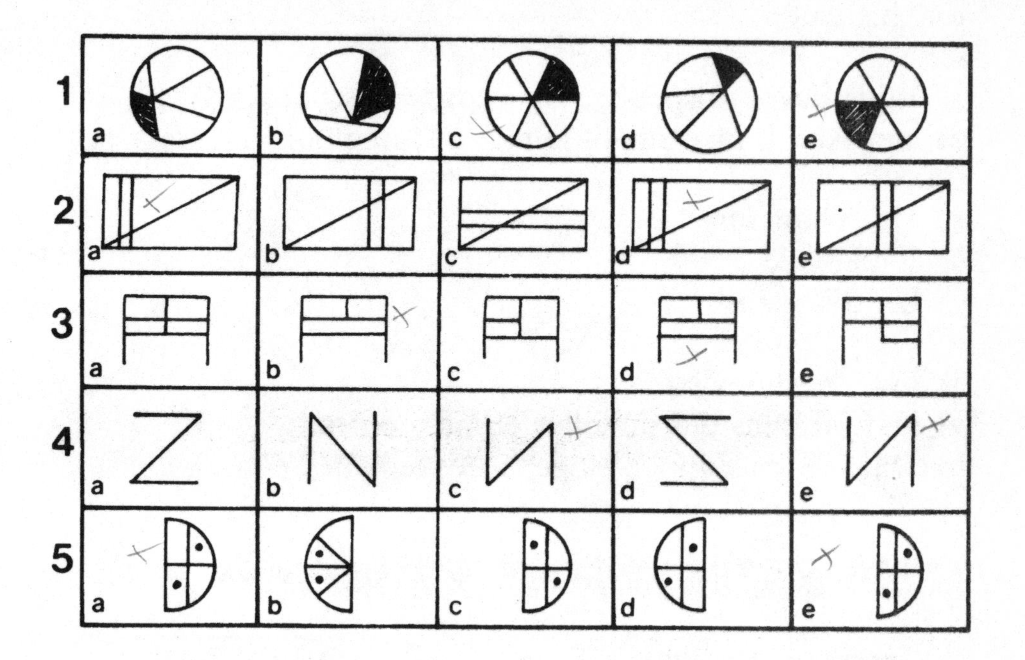

3. Répondez aux questions suivantes en indiquant la meilleure réponse au crayon:

1. Votre voiture ne démarre pas car elle a probablement la batterie déchargée. Pour y remédier:
a) Vous allumez tous les phares afin qu'elle se recharge
b) Vous essayez de la mettre en marche en vous faisant pousser par quelqu'un
c) Vous la laissez où elle est et appelez un dépanneur

2. Vous n'avez pas d'ouvre-bouteille et voulez ouvrir votre bouteille avec un instrument de fortune: quel est le plus adapté?

a) Le manche d'une fourchette pour faire levier sous le bouchon
b) Un couteau
c) Les dents
d) Une clef

3. Vous devez suspendre un cadre mais vous n'avez pas de marteau. L'instrument le plus adapté pour le remplacer est:
a) Une chaussure
b) Une pince
c) Un tournevis

4. Les vis se dévissent:
a) Dans le sens des aiguilles d'une montre
b) Dans le sens opposé à celui des aiguilles d'une montre

RÉPONSES ET SCORES

Sensibilité artistique

En ce qui concerne le test 1, attribuez-vous 1 point pour chaque dessin exécuté, indépendamment de sa qualité. Ce qui est important n'est pas votre habilité mais votre capacité d'imagination et d'invention.
En ce qui concerne le test 2, attribuez-vous 1 point pour chaque terme exact (à vérifier dans un dictionnaire). Additionnez les deux résultats.

SCORE COMPRIS ENTRE 96 ET 60

Votre imagination et votre sens de l'invention sont vraiment élevés dans votre capacité à recevoir des stimuli et à les traduire en images et en expressions verbales.

Vous avez sûrement l'étoffe et les qualités pour réussir au mieux une activité qui vous permette d'exprimer et de réaliser pleinement votre créativité. Si le score du test 2 dépasse celui du test 1, et si vous obtenez un bon score à la série de questions sur le vocabulaire, votre secteur artistique est probablement le secteur littéraire. Si, au contraire, le score important est celui du test 1, ce seront les arts figuratifs qui vous donneront la possibilité de vous exprimer pleinement.

■ SCORE COMPRIS ENTRE 59 ET 40

Votre sensibilité artistique est bonne, même s'il ne se cache en vous ni un Picasso ni un Balzac. Votre créativité et votre imagination vous aident et vous soutiennent dans l'activité professionnelle qui n'appartient pas nécessairement au domaine artistique.
Vous êtes sûrement un bon observateur, une personne dotée de beaucoup de fantaisie à côté d'un certain sens pratique. Indépendamment de votre occupation, vous sentez le besoin d'exprimer vos potentialités d'expression à travers un hobby comme la photographie, la peinture, ou bien en écrivant des récits, des poésies, des annotations personnelles. Beaucoup d'entre vous aiment la musique.

■ SCORE COMPRIS ENTRE 39 ET 20

La sensibilité n'est sûrement pas une de vos plus grandes qualités. On se réfère bien entendu ici à la sensibilité artistique au sens propre, mais également à une certaine capacité à réagir devant des stimuli divers: un coucher de soleil ou un paysage romantique ne provoquent probablement pas en vous d'émotion particulière. Evidemment, vous avez d'autres capacités.

■ SCORE COMPRIS ENTRE 19 ET 0

Il y a peu à dire: non seulement aucune capacité créative n'existe en vous, mais probablement une certaine dose de paresse et de désintérêt pour tout ce qui a trait aux formes d'expression artistique.

■ Esprit mathématique

En ce qui concerne le test 1, les solutions sont: 28, 11, 81, 5, 5, 35, 8. Attribuez-vous 2 points pour chaque réponse exacte, et 0 point pour les réponses fausses.
En ce qui concerne le test 2, les solutions sont: 9, 32-20, 24, 66, 16, 4-16, 5-25, 1728.
Attribuez-vous 2 points pour chaque réponse exacte et 0 point pour les réponses fausses.
Additionnez les scores obtenus.

■ SCORE COMPRIS ENTRE 28 ET 20

Si vous avez respecté les temps établis pour la série de questions, votre score est le meilleur. De toute évidence, des secteurs tels que l'informatique, l'économie, l'électronique, la physique vous conviennent à la perfection. La logique est sûrement votre point fort.

■ SCORE COMPRIS ENTRE 19 ET 10

Il vous est probablement nécessaire de faire un petit effort pour faire face aux questions d'ordre mathématique, ou pour participer à une activité utilisant cette matière. Avec un peu d'entraînement, vos résultats dans ce domaine des sciences exactes seront sûrement bientôt satisfaisants.

SCORE COMPRIS ENTRE 9 ET 0

Vos dons ne sont évidemment pas dans l'habilité à manier les chiffres. Ne vous en préoccupez pas outre mesure. Aujourd'hui, avec une machine à calculer, on résout tous les problèmes.

Mot facile

En ce qui concerne le test 1, les solutions sont: phagocyter, manger / inapte, incapable / père, parent / objet, chose / vie, existence / inintelligible, incompréhensible / arriviste, ambitieux / animal, bête / illumination, lumière / fait, événement / terme, fin.
Attribuez-vous 2 points pour chaque réponse exacte.
En ce qui concerne le test 2, les solutions sont: incapable / triste / vérité / réalité / aigü / actif / opaque / convexe / illogique / dernier. Attribuez-vous 1 point pour chaque réponse exacte.
Additionnez les points obtenus.

SCORE COMPRIS ENTRE 30 ET 20

Plus vous avez répondu vite à ce test et plus vous aurez des capacités lexicologiques développées, si vous appartenez à ce groupe. Vous utilisez de façon appropriée un vocabulaire étendu, et vous savez vous exprimer sans problème. Si vous occupez une activité dans laquelle vos dons peuvent se manifester, vous obtiendrez sûrement succès et satisfaction.

SCORE COMPRIS ENTRE 19 ET 10

Vous n'avez pas toujours la répartie prête et le mot adapté au bon moment. Vous êtes probablement d'un type réflexif, qui s'exprime mieux dans des situations de calme et de détente. Vous préférez à l'expression verbale l'expression écrite dans laquelle vous vous montrez souvent au mieux de vos possibilités.

■ SCORE COMPRIS ENTRE 9 ET 0

Non, vous n'avez pas la parole facile. Cela se sera probablement mieux passé avec les chiffres et les questions d'esprit pratique.

■ Esprit pratique

En ce qui concerne le test 1, les solutions sont: 1*e*, 2*e*, 3*e*, 4*a*, 5*e*. Attribuez-vous 1 point pour chaque réponse exacte.
En ce qui concerne le test 2, les solutions sont: 1*ce*, 2*ad*, 3*bd*, 4*ce*, 5*ae*. Attribuez-vous 2 points pour chaque réponse exacte.
En ce qui concerne le test 3, les solutions sont: 1*b*, 2*a*, 3*b*, 4*b*. Attribuez-vous 2 points pour chaque réponse exacte.
Additionnez les points obtenus.

■ SCORE COMPRIS ENTRE 23 ET 17

Vous avez un très bon esprit pratique. Non seulement vous saurez vous en sortir dans toutes les situations qui nécessitent une habileté manuelle, comme une réparation en bricolage, un problème technique, mais êtes également doué pour une activité de type mécanique-abstraite telle que celle du dessinateur, du géomètre, de l'ingénieur, de l'architecte. L'attitude spatiale sondée par les tests 1 et 2 intervient dans toutes les attitudes de type mécanique, qu'il s'agisse de choses concrètes ou abstraites.

SCORE COMPRIS ENTRE 16 ET 10

Vous savez assez bien vous adapter aux événements, mais vous n'êtes pas une personne très habile au niveau pratique. Tout ce dont vous connaissez le fonctionnement ne vous crée pas de problèmes, et vous apprenez facilement ce qui concerne les activités manuelles. Mais l'improvisation et l'invention ne sont pas votre fort, en particulier en cas d'urgence: vous préférez appeler les techniciens compétents, plutôt que de tenter de résoudre le problème seul.

SCORE COMPRIS ENTRE 9 ET 0

Vous êtes probablement un intellectuel, ou une personne qui n'a pas à s'occuper de questions pratiques, laissant à d'autres le soin de les résoudre. Vos capacités de type mécanique sont décidément médiocres. Si vous avez obtenu le score le plus bas dans les tests 1 et 2, il est dû à des aptitudes spatiales limitées, et si le score le plus bas concerne le test 3, vous n'avez probablement jamais à utiliser votre "génie" dans les activités manuelles et donc, vous les ignorez totalement.

Êtes-vous sympathique?

Plaisez-vous aux autres? Votre indice de popularité auprès de vos amis, collègues, parents et camarades est-il élevé ou bas?

Ne répondez pas tout de suite à ces questions, car les réponses à celles-ci ne sont pas aussi évidentes que vous pourriez le penser.

Pour pouvoir être objectifs avec nous-mêmes, il faudrait pouvoir nous détacher de notre personne et nous regarder comme les autres nous regardent. Cela nous permettrait d'avoir une vision lucide sur notre comportement avec les autres et sur l'attitude que ceux-ci prennent avec nous, mais cela est impossible, ou relève de la science-fiction.

Il est beaucoup plus facile au contraire, de faire confiance à un observateur extérieur et impartial. A un test, par exemple.

Essayez donc de répondre sincèrement aux questions suivantes, par oui ou par non, en vous préparant à avoir d'éventuelles surprises.

Le terme "sympathie" dérive en effet du grec *sympathia* qui signifie "participer à la souffrance des autres".

Il n'est donc pas évident que les boute-en-train, ceux qui sont toujours au centre de l'attention par leurs plaisanteries et leurs jeux de mots, soient perçus comme des personnes sympathiques. En revanche, une personne réservée, que le devant de la scène n'attire pas, peut souvent être considérée comme très sympathique.

1. Aimez-vous être toujours au centre de l'attention?
2. Vous arrive-t-il souvent d'arriver sans prévenir chez des amis pour "une petite bouffe"?
3. Aimez-vous raconter des blagues salaces?
4. Vous arrive-t-il souvent de vous disputer avec d'autres automobilistes à cause de vos infractions ou des leurs?
5. Recevez-vous souvent des petits cadeaux inattendus à Noël?
6. Lorsque vous n'êtes pas en forme, cherchez-vous à le cacher aux autres?
7. La ponctualité est-elle votre fort?
8. Pensez-vous qu'il est bien de s'entraider entre voisins? Toutes les fois que vous avez besoin de quelque chose ou que vous avez un service à demander, le faites-vous sans problème?
9. Prêtez-vous volontiers vos affaires à vos amis?
10. Après une fête chez quelqu'un, aidez-vous à remettre de l'ordre avant de partir?
11. Aimez-vous écouter les autres?
12. Vous souvenez-vous en général des noms des gens que l'on vous a présentés, et que vous ne revoyez pas pendant longtemps?
13. Eprouvez-vous souvent le besoin d'avoir des amis qui vous remontent le moral et vous comprennent?
14. Etes-vous habitué à remercier, d'un coup de téléphone ou d'un mot, une invitation agréable?
15. N'avez-vous aucun problème à accueillir chez vous pour un soir l'ami d'un ami qui ne sait pas où dormir?
16. Lorsque vous parlez au sein d'un groupe de gens, le silence se fait-il et tout le monde vous écoute-t-il?

17. Si vous cassez un verre ou un plat particulièrement précieux chez des amis, faites-vous tout pour racheter le même, même si ceux-ci vous ont dit que cela ne faisait rien?
18. Si une personne qui vous est proche a des problèmes, l'écoutez-vous avec patience même si elle vous ennuie?
19. Etes-vous le seul à vous rappeler des dates d'anniversaire de vos amis ou de vos proches parents?
20. Plaisantez-vous souvent de manière bon enfant sur les autres et leurs défauts en faisant rire tout le monde?
21. Etes-vous de ceux qui n'apprécient pas beaucoup les plaisanteries, surtout celles qui sont dirigées contre vous?
22. D'ordinaire, riez-vous des plaisanteries des autres, même si elles ne sont pas réussies?
23. En général, souriez-vous même aux personnes étrangères?
24. Cela vous ennuie-t-il lorsque la conversation prend un ton "sérieux" qui nécessite une culture que vous n'avez pas?
25. Les cancanneries vous plaisent-elles?
26. Si l'un de vos amis a le moral à zéro, lui donnez-vous une grande claque dans le dos en lui rappelant que la vie est belle?
27. Cela vous fait-il plaisir de faire de l'effet avec un beau vêtement?
28. Restez-vous en contact avec des personnes connues en vacances?
29. Avez-vous l'habitude de dire sincèrement à vos amis ce qui ne va pas entre vous?
30. Vous sentez-vous timide et emprunté au milieu d'une grande assemblée?
31. Même si vous n'êtes pas un grand bavard, cela vous

fait-il plaisir de rencontrer des gens sympathiques et d'écouter une conversation agréable?

32. Les portes de votre maison sont-elles toujours ouvertes?
33. Si vous fumez, demandez-vous aux gens autour de vous, si cela ne les dérange pas?
34. Le dialogue existe-t-il dans votre famille?
35. Si quelqu'un exprime un avis différent du vôtre, rétorquez-vous immédiatement?
36. Vous arrive-t-il souvent de rire avec vos parents et vos amis à cause de quelque plaisanterie, jeu de mots, ou d'un fait risible qui vous est arrivé?

RÉPONSES ET SCORES

1 non, 2 non, 3 non, 4 non, 5 oui, 6 oui, 7 non, 8 non, 9 oui, 10 oui, 11 oui, 12 oui, 13 non, 14 oui, 15 non, 16 oui, 17 oui, 18 oui, 19 oui, 20 non, 21 non, 22 oui, 23 oui, 24 non, 25 non, 26 non, 27 non, 28 oui, 29 oui, 30 non, 31 oui, 32 oui, 33 oui, 34 oui, 35 non, 36 oui.

■ SCORE COMPRIS ENTRE 36 ET 28

Oui, vous êtes vraiment sympathique, et probablement le savez-vous déjà. Vous êtes apprécié non seulement par vos amis, mais également par votre famille et les personnes qui travaillent avec vous, parce que vous êtes cordial, disponible, mais également respectueux des exigences et de la personnalité des autres. Vous aimez faire la fête avec des amis et vous êtes toujours prêt à organiser quelque chose chez vous, mais cela ne vous déplaît pas non plus de bavarder tranquillement avec des personnes qui vous sont proches.

Une autre qualité que les autres apprécient en vous est votre capacité à écouter, et votre façon de tenir compte de leurs opinions, même si elles ne correspondent pas aux vôtres.
A l'intérieur d'un groupe, vous faites figure de leader. Votre charisme exerce une attraction considérable sur les autres qui aimeraient vous ressembler.

■ SCORE COMPRIS ENTRE 27 ET 15

Votre compagnie est agréable, surtout si vous vous trouvez avec des gens de votre famille ou connus de longue date.
Toujours disponible pour une nouvelle amitié, vous apparaissez enthousiaste en société et pouvez devenir quelque peu envahissant. Vous réservez cependant cette attitude aux seules personnes qui vous plaisent et qui vous ont montré des attentions particulières.
Lorsque vous êtes en compagnie de personnes très différentes de vous, vous êtes nettement moins à l'aise et n'intervenez pas dans la conversation. Vous êtes généralement considéré comme un bon ami sympathique.

■ SCORE COMPRIS ENTRE 14 ET 0

Décidément, vous avez quelques difficultés avec les gens, et vous ne réussissez pas toujours à vous rendre sympathique aux autres. Si vos réponses au questionnaire sont différentes du modèle, surtout au niveau des questions 1, 2, 3, 8, 20, 25, 33, 35, cela est dû à une exubérance excessive, à une trop grande jovialité; votre bonne humeur à tout prix peut ennuyer certains.
Vous devriez faire preuve de plus de finesse afin d'être plus en harmonie avec les autres et avec leurs désirs. Vous

n'êtes pas toujours attentif aux exigences des autres, c'est la raison pour laquelle les autres vous croient un peu égoïste. Même en famille, vous avez tendance à occulter les autres membres du noyau familial par votre personnalité. Toutefois les personnes qui vous connaissent à fond vous pardonnent et vous aiment aussi pour cela.
Si, au contraire, vos réponses aux questions 6, 9, 13, 21, 30, 34, sont différentes du modèle vos difficultés sont surtout dues à un sentiment d'insécurité et à une réserve excessive. Les rapports avec les autres vous rendent anxieux parce que vous avez tendance à vous sentir inférieur aux autres et considéré comme tel. Commencez par chercher à vous plaire davantage et à avoir confiance en vous-même, vous plairez également plus aux autres.

Savez-vous rire?

Avez-vous le sens de l'humour? Savez-vous rire dans les différentes situations de la vie de tous les jours? Savez-vous saisir le côté comique des choses? Quel type d'humour avez-vous? Aimez-vous les répliques mordantes ou les non-sens? La satire politique ou l'humour macabre?
Ou bien appartenez-vous à la catégorie de gens qui rient peu, qui n'éclatent jamais de rire? Qui ne trouvent jamais amusant ce qui d'habitude fait rire tous les autres? Vous le saurez en répondant à ce test qui nous l'espérons, vous amusera.
Si, à propos d'éclats de rire, vous appartenez à la seconde catégorie, rappelez-vous que les classiques n'avaient pas toujours raison; leur maxime: "le rire abonde sur la bouche des imbéciles" vous semble-t-elle complètement justifiée?
Essayez alors de consulter le livre du professeur Raymond Moody, de l'université de Virginie, dont le titre est *Le pouvoir de saluer le rire*. Dans cet ouvrage, le professeur Moody illustre le pouvoir thérapeutique du rire, désormais largement utilisé dans divers hôpitaux des Etats-Unis. Même si les mécanismes de l'action bénéfique du rire ne sont pas encore tous connus, de nombreux témoignages confirment cette théorie: par exemple, le journaliste américain Norman Cousins de la *Saturday Review*,

considéré comme perdu en 1964 à cause d'une grave maladie de la colonne vertébrale, décida de finir ses derniers jours en beauté, s'enfermant chez lui avec une série de livres humoristiques et de films comiques. En l'espace de quelque temps, il guérit parfaitement d'une manière tout à fait inexplicable en "riant de bon cœur".

Même s'il est difficile de considérer le rire comme la solution de tous les maux, il demeure cependant une valve de sécurité, un calmant d'usage rapide vraiment exceptionnel: Freud affirmait que le rire est une forme de défense du sur-moi. Mais il n'est pas nécessaire d'être psychanalyste pour connaître les effets prodigieux du rire: il conquiert la sympathie, dédramatise les tensions, exprime ce que les paroles sont incapables de communiquer.

Essayez donc de mesurer votre humour par le test suivant. Attribuez une note de 1 à 4 à chaque histoire drôle que vous lirez dans les prochaines pages.

1. Points...
"Moi, autrefois j'étais un prince..."
"Et moi, je suis Président de la République Française"!

2. Points...
"Je sais que le maillot de bain est obligatoire, mais moi, je ne dois pas me baigner"!

3. Points...
"Avec cette chaleur, ils pourraient les faire fonctionner ces gros ventilateurs"!

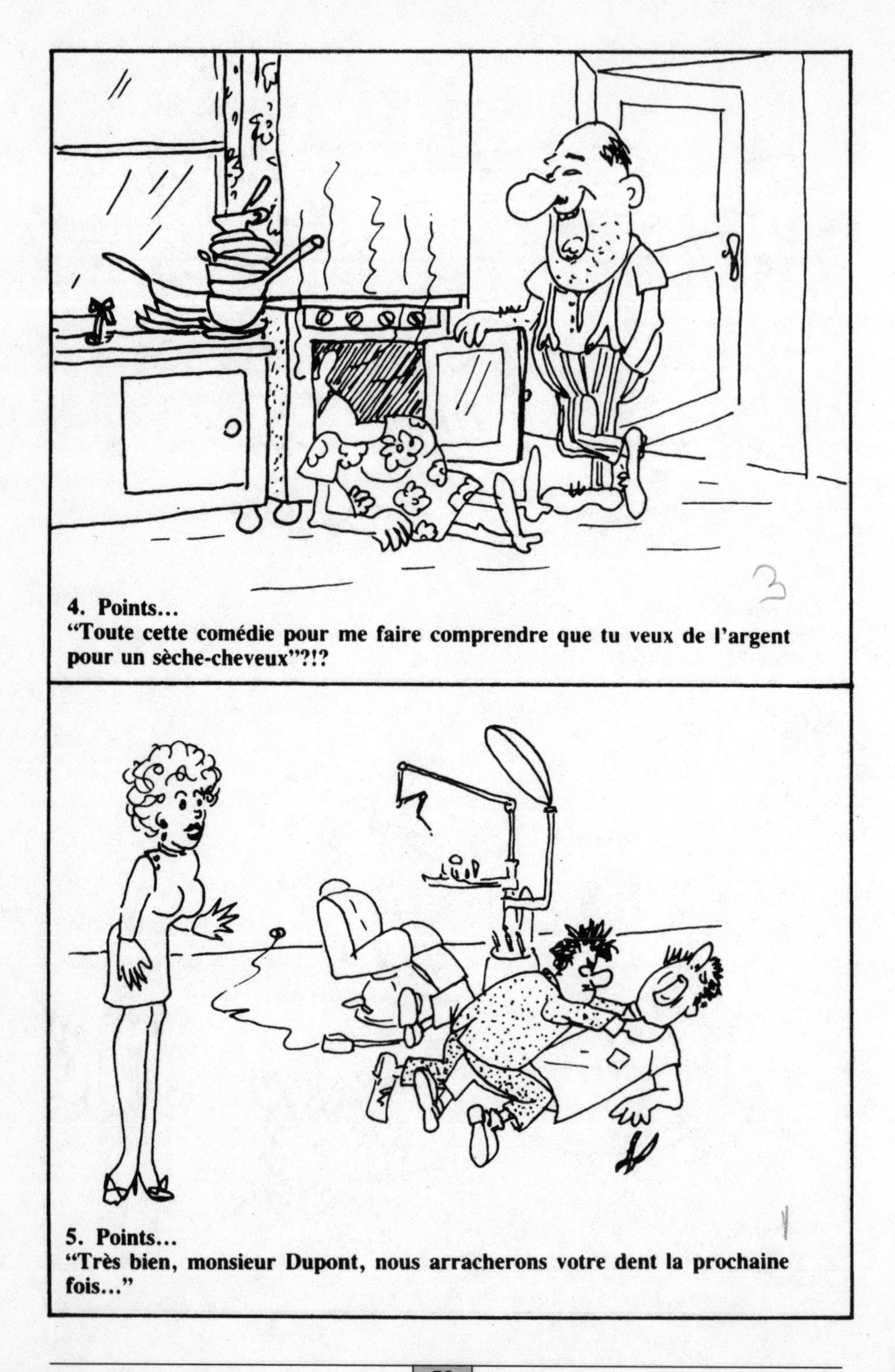

4. Points...
"Toute cette comédie pour me faire comprendre que tu veux de l'argent pour un sèche-cheveux"?!?

5. Points...
"Très bien, monsieur Dupont, nous arracherons votre dent la prochaine fois..."

6. Points...
"Maman va faire les courses et paye le lait 1 F, un kilo de viande 3 F et... mais à quand remonte la dernière édition de ce livre"?

7. Points...
"Chef, va-t-il vraiment falloir travailler 10 jours ce mois-ci"?
"Bof! On peut toujours se mettre en grève!"

8. Points...
"Mais bien sûr, mon trésor que j'y crois... tu as fait un beau trou dans le jardin et tu as trouvé du pétrole..."

9. Points...
"Je t'en prie, donne-lui un mal de tête!"

10. Points...
"Ecoutez, ne préférez-vous pas mon numéro de téléphone à mon numéro d'immatriculation"?

11. Points...
"Ça commence bien; ce matin je me suis coupé en me rasant!"

12. Points...
"L'horoscope d'aujourd'hui dit que tu devrais voir plus de monde, sortir, mener une vie moins retirée..."

13. Points...
"Qui sait pourquoi la maîtresse continue à nous demander des choses, si elle les sait déjà"!

14. Points...
"Fais l'indifférent: c'est mon mari".

15. Points...
"Madame, j'ai dit une poignée de terre..."

16. Points...
"Cesse de te tourmenter, Bobby! Lassie est rentrée à la maison"!!

17. Points...
"Ça fait longtemps que tu es là, mon trésor? J'étais en train de parler au téléphone..."

18. Points...
"Ma conquête la plus difficile..."

19. Points....
"C'est une opération vraiment difficile. Ne pourriez-vous pas m'anesthésier avant"?

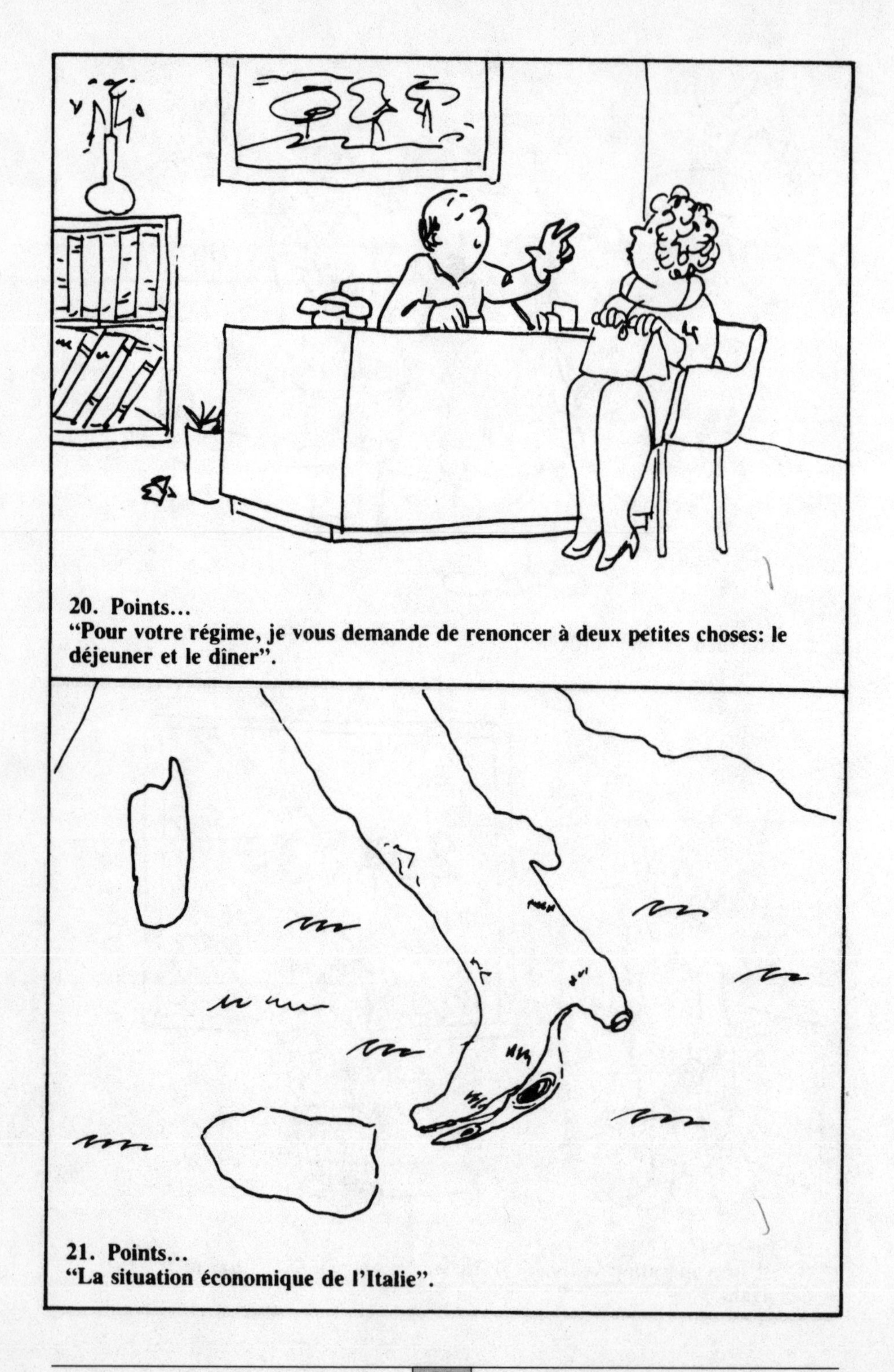

20. Points...
"Pour votre régime, je vous demande de renoncer à deux petites choses: le déjeuner et le dîner".

21. Points...
"La situation économique de l'Italie".

22. Points...
"A quel âge avez-vous commencé à bien vous entendre avec les chats"?

23. Points...
"Depuis quand ton mari sait-il aussi bien nager"?

24. Points...
"Maintenant que nous avons brisé la glace, nous pourrions commencer à mieux nous connaître..."

25. Points...
"Mais comme c'est bien, tu as mangé vraiment toute ta bouillie"!

26. Points...
"Ne m'aviez-vous pas dit que vous saviez taper 60 à 90 mots minute"?
"Mais non... ça c'était mes mensurations".

27. Points...
"Les connivences et les infiltrations de la Mafia se répandent partout".

28. Points…
“Depuis que je leur ai donné un gâteau fait par ma femme, ils ne viennent plus me voir”!

29. Points…
“Et arrête de m’appeler Papa”!

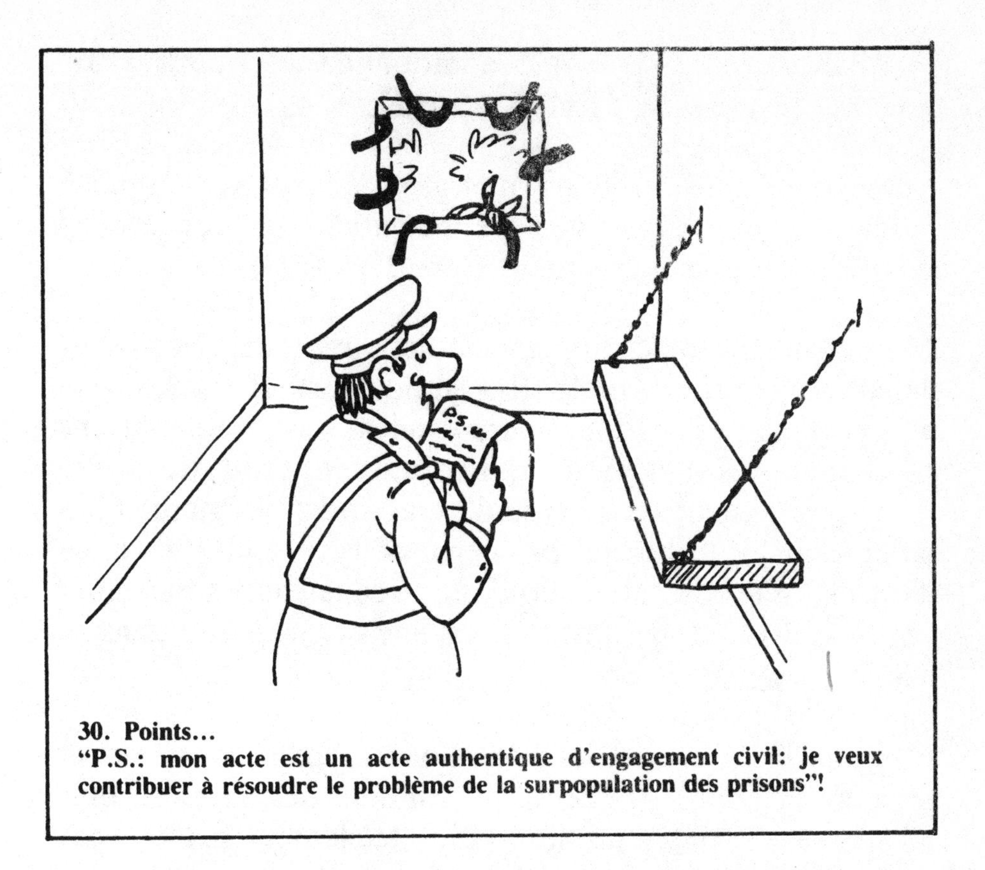

30. Points...
"P.S.: mon acte est un acte authentique d'engagement civil: je veux contribuer à résoudre le problème de la surpopulation des prisons"!

RÉPONSES ET SCORES

Non-sens: additionnez les points que vous avez attribués aux histoires 3, 8, 12, 17, 20, 28.

Humour malicieux: additionnez les points attribués aux histoires 2, 9, 10, 14, 24, 26.

Humour naïf: additionnez les points attribués aux histoires 13, 16, 19, 22, 25, 29.

Satire politico-sociale: additionnez les points attribués aux histoires 1, 6, 7, 21, 27, 30.

Humour macabre, cynique: additionnez les points attribués aux histoires 4, 5, 11, 15, 16, 23.

Après avoir constaté dans quel groupe vous avez totalisé le score le plus élevé, lisez les indications qui concernent le type d'humour que vous préférez.

Non-sens. Ce type d'humour est dépourvu d'agressivité et de sous-entendus sexuels. Il se fonde surtout sur les jeux de mots, les situations paradoxales, les combinaisons contradictoires d'éléments qui constituent l'histoire drôle. Il se rapproche assez du type d'humour défini comme l'humour anglais. Celui qui privilégie ce type d'histoire aime d'ordinaire le rire fin et subtil, et ne se laisse pas entraîner par des histoires pesantes. Il est incisif, ironique dans sa manière de plaisanter.

Humour malicieux. C'est l'humour le plus couramment répandu et populaire, celui qui contient des allusions plus ou moins explicites au sexe. Plus facilement préféré par les hommes, il provoque l'éclat de rire énorme ou le sourire complaisant selon les spectateurs. Celui qui préfère ce type d'humour est... malicieux, aime le double-sens, la "toccata et fugue", les situations piquantes.

Humour naïf. Il est ingénu, tendre, sans allusion de caractère sexuel. Les enfants, mais également de manière générale, les personnes candides, simples, gaies, qui savent rire des petites choses de tous les jours, apprécient ce genre d'humour.

Satire politico-sociale. Elle tourne en dérision les coutumes et les habitudes de catégories déterminées de personnes ou de groupes sociaux, en particulier les groupes poli-

tiques, et prend pour cible les situations actuelles et les faits à l'ordre du jour.
Ceux qui préfèrent ce genre d'humour sont en général des personnes cultivées, attentives à ce qui arrive autour d'elles, peut-être engagées politiquement ou au contraire indifférentes et satisfaites chaque fois qu'elles peuvent dire du mal de la classe politique ou la tourner en dérision.

Humour macabre, cynique. C'est l'humour noir, qui traite de situations violentes, à fond sadique. Celui qui pratique ce genre d'humour est généralement une personne assez cynique, désenchantée, un brin pessimiste, ou alors une personne qui dédramatise des situations qui l'angoissent comme la mort, la maladie, le mal.

Additionnez maintenant les scores partiellement totalisés.

■ SCORE COMPRIS ENTRE 120 ET 90

Vous êtes un grand farceur. Quelle que soit la chose, elle vous fait rire de bon goût même si elle laisse les autres tout à fait indifférents. Vous aimez les farces, les plaisanteries, les histoires drôles de tous genres: la chose la plus importante pour vous est d'être de bonne humeur.
Votre philosophie vous conduit à prendre toutes les choses même celles qui sont déplaisantes, avec gaieté.

■ SCORE COMPRIS ENTRE 89 ET 60

Vous avez un grand sens de l'humour, vous êtes un convive sympathique et brillant, vous avez le goût de la réplique toujours prête, vous savez percevoir le côté drôle de chaque chose.

■ SCORE COMPRIS ENTRE 59 ET 30

Vous êtes une personne aux goûts raffinés, vous aimez uniquement les répliques fines et piquantes qui savent vraiment tomber à point. Tout le reste, qui semble pourtant faire rire les autres, non seulement ne vous fait pas sourire, mais vous ennuie même. Vous préférez la satire et le non-sens et vous estimez que les personnes vraiment spirituelles sont rares. Pour vous le rire doit aussi être une expression de l'intelligence.

■ SCORE COMPRIS ENTRE 29 ET 0

Il y a peu de choses qui réussissent à vous soutirer un acquiescement ou un sourire. Vous êtes une personne sérieuse et posée et vous estimez que la manie de rire de tout et de tous est une attitude immature et une mode. En fait, parmi les choses que vous ne supportez pas, il y a les histoires drôles et ceux qui les racontent.

Êtes-vous satisfait de vous-même?

De même qu'à la fin de chaque année, une entreprise fait son bilan, de la même manière chacun d'entre nous, dans certaines périodes déterminantes de l'existence, analyse le résultat de ses activités, fait le point sur la réalisation d'un projet déterminé ou d'un rapport, effectue en somme le bilan de sa propre vie.
La préoccupation est naturellement toujours la même: obtenir au moins l'"équilibre", en évitant "le rouge". Avec les chiffres et les nombres, le passif est facilement et objectivement vérifiable. Il est bien plus difficile d'admettre un bilan négatif lorsqu'il s'agit de soi-même, et de savoir analyser avec objectivité les causes d'un échec.
Pour cela, nous vous proposons un test qui pourra vous aider à "tenir vos comptes", et vous faire comprendre dans quelle mesure vous êtes satisfait ou non de vous-même et ce qui ne va pas.
Répondez sincèrement aux questions suivantes par oui ou par non.

1. Aimeriez-vous être différent de ce que vous êtes?
2. Ne vous est-il jamais arrivé de vous considérer comme un raté?
3. Pensez-vous que votre rapport avec votre partenaire, ou votre mariage, est positif?

4. Y a-t-il quelque chose pour lequel vous vous sentez réellement inférieur aux autres?
5. Lorsque sur votre route vous rencontrez trop d'obstacles, pensez-vous qu'il est plus raisonnable de changer de direction?
6. Vous sentiriez-vous capable de prendre la parole devant un public pour soutenir vos opinions?
7. Y a-t-il des éléments de votre caractère que vous désireriez changer?
8. Avez-vous une grande confiance dans vos décisions?
9. Pensez-vous être sympathique aux autres en général?
10. En général, avez-vous une bonne opinion de vous-même?
11. Avez-vous honte de certaines de vos actions accomplies dans le passé?
12. Vous sentez-vous utile aux autres?
13. Les critiques des autres sont-elles une stimulation pour vous plutôt qu'une offense?
14. En regardant votre album de photographies, pensez-vous que vous êtes mieux en réalité que sur ces images?
15. Vous demandez-vous souvent ce que vous valez?
16. Vous sentez-vous coupable envers une personne de votre famille?
17. Pensez-vous que les louanges que les autres vous font sont sincères?
18. Etes-vous souvent gêné en présence de personnes que vous ne connaissez pas bien?
19. Pensez-vous être en mesure de réaliser ce que vous désirez, grâce à vos capacités?
20. En général, êtes-vous porté à vous considérer comme supérieur aux personnes qui vous entourent plutôt qu'inférieur?

21. Le soir, êtes-vous en général, satisfait de votre journée?
22. Avez-vous atteint dans la vie, de manière générale, les buts que vous vous étiez fixés?
23. Votre aspect physique vous satisfait-il et vous considérez-vous comme agréable dans l'ensemble?
24. Pensez-vous être un de ceux qui séduit le sexe opposé?
25. Estimez-vous avoir obtenu une bonne éducation à l'école?
26. Vos supérieurs ont-ils su reconnaître vos mérites?
27. Vous êtes-vous senti ou vous sentez-vous encouragé par vos parents?
28. Pensez-vous que les autres profitent du fait que vous êtes trop bon?
29. Mettez-vous toujours tout votre cœur dans les choses que vous faites?
30. Avez-vous assez de culot?
31. Savez-vous saisir au vol des occasions intéressantes?
32. Tendez-vous à sous-évaluer vos capacités?
33. Estimez-vous que vos responsabilités familiales ont limité et conditionné vos aspirations?
34. Pensez-vous que la malchance s'acharne de manière particulière sur vous?
35. Estimez-vous que les conditions sociales et économiques de votre famille ont conditionné de façon négative votre carrière?
36. Y a-t-il eu un événement défavorable comme une maladie ou un accident, qui a conditionné votre existence?

RÉPONSES ET SCORES

1 non, 2 non, 3 oui, 4 non, 5 non, 6 oui, 7 non, 8 oui, 9

oui, 10 oui, 11 non, 12 oui, 13 oui, 14 non, 15 non, 16 non, 17 oui, 18 non, 19 oui, 20 oui, 21 oui, 22 oui, 23 oui, 24 oui, 25 oui, 26 oui, 27 oui, 28 non, 29 oui, 30 oui, 31 oui, 32 non, 33 non, 34 non, 35 non, 36 non.
Attribuez-vous un point pour chaque réponse correspondant à celles qui sont indiquées ci-dessus.

SCORE COMPRIS ENTRE 36 ET 28

Vous êtes une personne pleinement satisfaite d'elle-même; vous avez une grande confiance dans vos capacités. Vous vivez dans l'agréable sensation de vous sentir aimé, vous montrez sécurité et disponibilité dans vos rapports avec les autres, en quelques mots, vous avez une bonne dose d'amour-propre qui ne peut pas ne pas influencer positivement envers vous les personnes qui vous sont proches. Vous êtes capable d'évaluer objectivement vos limites et les difficultés, c'est pour cela que vous atteignez souvent vos buts.
Votre personnalité est probablement ajustée à votre idéal du Moi, ce modèle que chacun de nous se crée à l'intérieur de soi pendant l'enfance et l'adolescence, auquel vous êtes parvenu à ressembler et à vous conformer toujours davantage durant votre croissance et votre maturité.

SCORE COMPRIS ENTRE 27 ET 15

Vous êtes une personne très exigeante avec elle-même et c'est pour cela que vous n'êtes pas toujours satisfait des résultats obtenus, puisque votre but est... la perfection. Vous vous êtes imposé des objectifs difficiles à atteindre. A cause de cela votre bilan n'est pas toujours positif, surtout si vous avez répondu différemment du modèle indiqué ci-dessus aux questions 1, 7, 15.

Quoi qu'il en soit, à partir du moment où les aptitudes et les capacités ne vous manquent pas, même si chaque nouvelle situation constitue pour vous un défi, il n'est pas rare que vous réussissiez et ce sont des moments dans lesquels finalement vous concédez davantage à votre amour-propre. Un conseil? Soyez un peu plus indulgent envers vous-même, et surtout ne vous mesurez pas toujours avec meilleurs que vous. Dans la vie parfois, il est aussi permis d'être normal.

■ SCORE COMPRIS ENTRE 14 ET 0

Vraiment, vous ne vous plaisez pas! Il vous semble que vous ne vous comportez jamais comme il faudrait et que vous décevez les autres en plus de vous-même dans chaque chose que vous faites. Quelques-uns de vos insuccès sont dus à la faible confiance que vous avez dans vos possibilités, ce qui vous rend perdant dès le départ non seulement à vos yeux, mais aussi à ceux des autres.
Essayons de comprendre pourquoi: si vous avez répondu différemment du modèle à un grand nombre de questions comprises entre la n. 25 et la n. 28, cela signifie que vous êtes porté à attribuer à d'autres motifs votre insuccès, et que vous avez une faible confiance dans votre prochain. Si, au contraire, la grande partie des réponses non conformes est comprise entre les questions n. 29 et n. 32, cela signifie que vous n'avez pas une grande opinion de vous-même et que vous mesurez surtout vos défauts. Essayez d'apprécier aussi le côté positif de votre personne: si vous donnez l'exemple, les autres le découvriront aussi. Si, enfin, vous avez répondu différemment du modèle aux questions comprises entre la n. 33 et la n. 36, vous êtes porté à attribuer à la "fatalité", à la malchance, la responsabilité de vos insuccès.

Êtes-vous optimiste?

Il y a des personnes qui réussissent à apprécier la vie mieux que les autres, à toujours se tirer de toutes les situations, à penser que la prochaine fois ça ira mieux, à découvrir le côté positif de chaque chose. Qu'ont-ils de plus que les autres? Qu'est-ce qui leur permet d'avoir toujours le moral? Les envieux disent qu'ils ont plus de chance, des conditions de vie plus faciles, peu de préoccupations, en attribuant de cette manière le mérite aux circonstances, à un facteur fortuit, à quelque chose provenant de l'extérieur.

Il s'agit, au contraire de tout autre chose: un brin d'optimisme.

Une sorte de lentille colorée en rose qui permet de regarder la journée, les événements et les difficultés avec plus de confiance et de sécurité, avec la détermination cependant d'avancer.

Celui qui a la chance d'être optimiste est généralement une personne gaie, dotée d'une bonne santé, satisfaite de l'existence qu'elle a, convaincue que la vie vaut la peine d'être vécue telle qu'elle est, qui communique aux gens autour d'elle une sensation de solidité et de confiance et qui a facilement du succès. “C'est facile d'être optimiste dans ces conditions”, disent les envieux. Et c'est là, qu'ils se trompent, ils confondent la cause et l'effet: parce que le

ressort du succès, c'est justement l'attitude positive par rapport à la vie.
Essayez d'y croire. Si, en vous levant le matin, vous vous sentez déprimé, incapable d'affronter la journée qui vous attend, commencez à penser aux choses agréables qui vous attendent au lieu de penser aux choses déplaisantes. C'est seulement le premier pas, les autres suivront ensuite, car l'optimisme est contagieux.
Pour comprendre jusqu'à quel point vous appartenez à la troupe des optimistes ou des pessimistes, répondez aux questions suivantes par oui ou par non.

1. Faites-vous partie de ceux qui, le matin, sont toujours de mauvaise humeur?
2. En général, vous sentez-vous euphorique toute la journée?
3. Est-il vrai qu'"après la pluie vient le beau temps"?
4. Avez-vous de nombreux projets qui concernent votre futur?
5. N'avez-vous jamais pensé sérieusement à l'idée d'être mort?
6. Pensez-vous que, dans le monde d'aujourd'hui, il faut être irresponsable pour faire des enfants?
7. En règle générale, vous sentez-vous satisfait de ce qu'est votre vie?
8. Considérez-vous que la déesse de la chance vous a souri?
9. Parlez-vous souvent du passé?
10. Si un ami vous demande un prêt et que vous êtes en mesure de le faire, répondez-vous tout de suite oui?
11. En partant en vacances, êtes-vous sûr au fond de vous-même que le temps sera splendide pendant cette période?

12. Vous soumettez-vous fréquemment à des examens et visites médicales?
13. Si quelques amis “débarquent” chez vous sans avoir prévenu alors que vous êtes vraiment dans un désordre incroyable et avez un tas de choses à faire, acceptez-vous cependant la surprise de bon cœur?
14. En entendant vos collègues prononcer votre nom, pensez-vous qu’ils disent du mal de vous derrière votre dos?
15. Acceptez-vous de bon gré les changements de programme non prévus?
16. Les nouveautés vous plaisent-elles?
17. Si vous trouvez un message pour un appel urgent sur votre répondeur téléphonique, pensez-vous de suite à quelque ennui ou infortune?
18. Les découvertes scientifiques et les problèmes du XXe siècle vous fascinent-ils et vous incitent-ils à étudier et à chercher de nouvelles solutions?
19. Si en sortant le matin, vous voyez un temps incertain et quelques nuages, prenez-vous votre parapluie “car on ne sait jamais”?
20. Achetez-vous souvent des billets de loterie ou jouez-vous souvent au loto?
21. En pensant à votre passé, vous rappelez-vous des mauvaises expériences?
22. Votre enfance a-t-elle été heureuse?
23. Pensez-vous que les bonnes occasions n’arrivent qu’aux autres?
24. Aimez-vous choisir des plats au nóm exotique, même si vous ne connaissez pas les ingrédients dont ils sont composés?
25. L’idée d’une journée libre de contraintes et que vous pouvez occuper comme vous voulez vous ennuie-t-elle?

26. Dormez-vous toujours bien et vous réveillez-vous satisfait le matin?
27. Etes-vous un grand épargnant, et pensez-vous qu'on ne sait jamais ce qu'il peut arriver?
28. Vous sentez-vous souvent seul?
29. Pensez-vous que les autres n'ont rien à faire de vous?
30. La foule vous rend-elle gai?
31. Pensez-vous que la maxime "il ne faut jamais se fier aux autres" est fausse?
32. Oubliez-vous souvent de fermer votre voiture à clef?
33. Chez vous, y a-t-il un système d'alarme?
34. Aimez-vous rencontrer des gens nouveaux?
35. Confiez-vous ou confieriez-vous pendant quelques mois votre fils à une jeune baby-sitter?
36. Aux cartes, jouez-vous de fortes sommes d'argent sans penser à l'éventualité de perdre?
37. Pensez-vous qu'une guerre atomique est une éventualité trop lointaine?

RÉPONSES ET SCORES

1 non, 2 oui, 3 oui, 4 oui, 5 non, 6 non, 7 oui, 8 oui, 9 non, 10 oui, 11 oui, 12 non, 13 oui, 14 non, 15 oui, 16 oui, 17 non, 18 oui, 19 non, 20 oui, 21 non, 22 oui, 23 non, 24 oui, 25 non, 26 oui, 27 non, 28 non, 29 non, 30 oui, 31 oui, 32 oui, 33 non, 34 oui, 35 oui, 36 oui, 37 non.
Attribuez-vous un point pour chacune de vos réponses correspondant à celles indiquées ci-dessus.

SCORE COMPRIS ENTRE 37 ET 28

Vous avez un caractère fondamentalement optimiste et dans chaque circonstance vous réussissez à percevoir un élément positif. Il n'y a rien qui réussisse à vous préoccuper ou à vous ennuyer outre mesure, à partir du moment où vous pensez immédiatement à la manière de vous dégager des situations désagréables. Vous avez sûrement du succès dans le travail et les études, ou vous êtes convaincu que vous l'obtiendrez. Votre optimisme est contagieux car vous réussissez à le communiquer aux personnes qui vous entourent; beaucoup d'entre elles recherchent votre compagnie grâce à ce don. En général, vous êtes habile pour retourner les situations à votre avantage, cependant quelquefois, votre confiance excessive vous éloigne un peu de la réalité qui ne correspond pas toujours à vos désirs et à vos espérances. Vous avez vécu ou vous vivrez cependant des désillusions, même si votre optimisme vous aide à vous reprendre immédiatement.

■ SCORE COMPRIS ENTRE 27 ET 15

Vous êtes instinctivement porté vers l'optimisme, la confiance en vous et envers les autres, cependant vous ne réussissez pas toujours à conserver ces élans intacts, et il arrive souvent que vos sentiments et vos humeurs empirent. Vous avez fréquemment besoin d'être encouragé pour donner le meilleur de vous-même, autrement vous vous laissez aller au sentiment d'insécurité, et au manque d'enthousiasme.
Cultivez au contraire votre optimisme, et soyez plus décidé et plus énergique.

■ SCORE COMPRIS ENTRE 14 ET 0

Votre pessimisme est cosmique; vous vous y complaisez parfois; si les circonstances vous donnent raison, vous les commentez aussitôt avec cynisme: "Je savais bien que cela

finirait comme ça". On peut supposer que votre attitude est une manière comme une autre de ne pas être déçu lorsque le pire arrive, en étant toujours prêt à l'accueillir. Quoi qu'il en soit, la victime de cette situation sera toujours vous, qui, avec votre pessimisme, ne réussissez pas à déchiffrer la réalité dans tous ses contours. Vous créez autour de vous le manque de confiance et l'insécurité, en compromettant ainsi, certaines fois, vos rapports avec les autres.
Il existe toujours un côté positif dans chaque chose: à vous de tâcher de le découvrir.

Êtes-vous masculin ou féminin?

Ne riez pas de cette question dont la réponse ne s'arrête pas aux déclarations de l'état civil. Ce test ne cherche naturellement pas à montrer l'évidence, ni à confirmer ce qu'une combinaison fortuite de chromosomes a déjà établi. Il cherche plutôt à mettre en lumière les aspects féminins et masculins de notre comportement et de notre personnalité, par rapport à une identité sexuelle. Mais attention ce test ne permet pas d'établir ou de trouver une ambiguïté ou une homosexualité latente. Notre comportement sexuel, en fait, est certainement déterminé par des facteurs profonds liés à l'inconscient. Ce n'est plus un mystère pour personne que dans notre psychisme, il y a des éléments caractéristiques des deux sexes, et que chacun de nous est potentiellement bisexuel; mais l'ambiance dans laquelle nous vivons, la culture et l'éducation que nous avons reçues ont également leur importance. Certes, un méridional ou une méridionale est toujours plus viril ou plus féminine par rapport à un homme ou une femme né(e) au Nord, où les rôles sont moins ancrés par rapport à des schémas prédéterminés, et où la virilité ne constitue pas une valeur à exhiber.
Ce test sert donc à mettre en lumière des attitudes et des tendances déterminées, mais pas la diversité sexuelle.
Pour comprendre jusqu'à quel point vous êtes masculin ou

féminin, répondez simplement par oui ou par non aux questions suivantes.

1. Prenez-vous soin de vos affaires?
2. Aimez-vous avoir un aspect toujours plaisant et soignez-vous les détails: cheveux, peau, ongles, ligne, habillement?
3. Pensez-vous qu'un bel habit, un aspect sportif et dynamique, sont des signes de prestige indépendamment de l'activité que vous avez?
4. Aimez-vous beaucoup les petits enfants?
5. Les rapports sexuels sont-ils une composante importante pour un mariage réussi?
6. Un rapport précédé d'effusions préliminaires est-il plus agréable?
7. Est-il nécessaire, selon vous, d'estimer ou d'aimer une personne pour pouvoir faire l'amour avec elle?
8. La majeure partie des hommes pense-t-elle plus au sexe que les femmes?
9. Trouvez-vous excitants les journaux pornographiques?
10. La vue d'une personne nue vous laisse-t-elle complètement indifférent?
11. En amour, êtes-vous d'habitude le premier à avoir l'initiative?
12. Préférez-vous que ce soit votre partenaire qui prenne l'initiative?
13. Trouvez-vous plaisant d'échanger de temps en temps avec votre partenaire le rôle de séducteur et de séduit?
14. Etes-vous du genre romantique?
15. Aimez-vous les films d'amour?
16. Aimez-vous la vitesse?

17. Le travail est-il, dans la vie, une des choses les plus importantes dans l'absolu?
18. Préférez-vous les essais aux romans?
19. Aimez-vous bavarder, en particulier à propos de personnes que vous connaissez et de leurs histoires personnelles?
20. Aimez-vous utiliser un bain moussant parfumé pour le bain ou la douche?
21. Le soir, lorsque vous rentrez du travail, la chose que vous aimez le plus est-elle une bonne douche, des habits propres et commodes, et avoir un aspect frais et soigné?
22. Trouvez-vous l'odeur de la sueur sexy pourvu qu'elle ne soit pas trop intense?
23. Savez-vous cuisiner un bon nombre de petits plats?
24. Tenez-vous au fait que les cols des chemises soient repassés de manière impeccable?
25. Croyez-vous en l'astrologie?
26. Pensez-vous que les homosexuels sont des personnes malades?
27. N'avez-vous jamais ressenti d'attirance pour une personne de votre sexe, n'ayant jamais eu d'expérience homosexuelle?
28. Avez-vous eu des expériences homosexuelles?
29. Trouvez-vous sexy les porte-jarretelles?
30. Aimez-vous les sports violents?
31. Pensez-vous que le maquillage met en valeur l'aspect d'une femme?
32. Estimez-vous que les relations extra-conjugales sont très agréables?
33. Vous arrive-t-il souvent de regarder des films pornographiques?
34. Vos meilleurs amis sont-ils plutôt de votre sexe ou du sexe opposé?

35. Etes-vous l'ami de l'ordre?
36. Pensez-vous qu'au fond, celui qui doit porter la culotte à la maison c'est toujours l'homme, quoi qu'en disent les féministes?

RÉPONSES ET SCORES

Femmes

1 oui, 2 oui, 3 oui, 4 oui, 5 non, 6 oui, 7 oui, 8 oui, 9 non, 10 oui, 11 non, 12 oui, 13 oui, 14 oui, 15 oui, 16 non, 17 non, 18 non, 19 oui, 20 oui, 21 oui, 22 non, 23 oui, 24 oui, 25 oui, 26 oui, 27 non, 28 non, 29 oui, 30 non, 31 oui, 32 non, 33 non, 34 oui, 35 oui, 36 oui.

Hommes

1 non, 2 non, 3 oui, 4 non, 5 oui, 6 non, 7 non, 8 oui, 9 oui, 10 non, 11 oui, 12 non, 13 oui, 14 non, 15 non, 16 oui, 17 oui, 18 oui, 19 non, 20 non, 21 non, 22 oui, 23 non, 24 non, 25 non, 26 oui, 27 non, 28 non, 29 oui, 30 oui, 31 oui, 32 oui, 33 oui, 34 oui, 35 non, 36 oui.

Femmes

SCORE COMPRIS ENTRE 36 ET 28

Vous êtes la quintessence de la féminité. Vos attitudes, votre manière de penser et vos goûts, appartiennent à la moyenne des femmes, en particulier aux moins jeunes, traditionnelles pour tout ce qui concerne les rôles de l'homme et de la femme. Vous pensez, en somme, que celui qui doit commander dans la famille c'est l'homme, que le devoir de la femme est d'être attirante, compréhensive, jolie.

■ SCORE COMPRIS ENTRE 27 ET 15

Vous êtes une femme très féminine, même si vous tenez à votre indépendance et à votre profession. Vous ne renoncez jamais à une touche de classe ou de féminité dans chacune de vos activités, même si dans le cadre professionnel, vous évoluez souvent dans une ambiance de type masculin. Vous êtes habile à concilier la famille et le travail et vous savez rendre heureux votre mari, même sur le plan sexuel, dans la mesure où vous avez une mentalité plutôt ouverte.

■ SCORE COMPRIS ENTRE 14 ET 0

Vous avez des goûts et des manières de penser semblables à la moyenne des hommes. Vous êtes une femme énergique et agressive, très souvent affirmée dans le cadre du travail, convaincue que pour sortir du monde dans lequel ce sont encore les hommes qui commandent, il faut être comme eux.

■ Hommes

■ SCORE COMPRIS ENTRE 36 ET 28

Vous êtes le mâle latin par excellence, l'homme viril et fier de son sexe, entreprenant et tombeur de femmes. Vous appelez, avec un brin d'ironie les homosexuels "PD" ou adjectifs de ce genre, et vous compatissez sincèrement à leur sort. Vous aimez les femmes très féminines, un tantinet soumises; les femmes plus agressives vous font peur, même si vous les admirez.

■ SCORE COMPRIS ENTRE 27 ET 15

Vous êtes un homme à la mentalité ouverte et moderne. Naturellement, vous aimez les femmes, même celles qui ne consacrent pas tout leur temps à la maison et à leur mari; vous ne sentez pas votre virilité diminuer lorsque vous admettez que vous savez repasser vos chemises ou faire cuire des œufs. En amour, vous aimez que la femme prenne l'initiative. Vous trouvez dans l'indépendance féminine de nombreux aspects agréables.

■ SCORE COMPRIS ENTRE 14 ET 0

Vous n'avez aucun problème à admettre que votre sensibilité et vos goûts, sont plus proches des goûts féminins, de la même manière que vos amitiés sont féminines. Vous aimez beaucoup votre aspect physique, vous soignez votre habillement et l'aménagement de votre maison, vous êtes très romantique. En amour, il n'est pas dit que vous préfériez les hommes, même si nombre d'entre vous ne sont pas obsédés pas leur virilité, et ont donc répondu très sincèrement à ces questions sans aucune crainte d'apparaître moins "mâles" en admettant quelque tendance, phantasme, ou expérience bisexuelle.

Êtes-vous “loup” ou “agneau”?

Etes-vous entreprenant, agressif, aimant l’aventure, toujours gagnant du moins par les intentions, ou alors timide, réservé, tranquille? Etes-vous gitan ou pantouflard? En amour, êtes-vous chasseur ou proie? Fidèle ou infidèle? En somme, pour résumer l’idée en deux mots, êtes-vous loup ou agneau?
Mesurons à travers un test quelle énergie vous mettez dans votre vie, et en particulier dans les “affaires de cœur”.
Si vous êtes loup, vous appartenez sûrement à cette catégorie de gens qui, lorsqu’ils visent une proie, qu’elle soit homme ou femme, ne la lâchent pas jusqu’à ce qu’elle leur appartienne. Si, au contraire, vous êtes un agneau, vous appartenez au groupe de ceux qui aiment se faire “piéger”, qui sont plus facilement fidèles à celui ou à celle avec lequel ils sont et qui n’aiment pas trop les changements et les nouveautés.
Mais ne croyez pas que l’appartenance à un groupe plutôt qu’à l’autre soit aussitôt déterminée.
Essayez plutôt de la découvrir à travers ce jeu qui, par des questions étranges et en apparence non pertinentes par rapport au sujet, vous aideront à découvrir quelque chose d’inédit en vous. Répondez par oui ou par non aux questions suivantes.

1. Vous identifiez-vous aux rôles interprétés par Woody Allen?
2. Pensez-vous que l'été est l'occasion de rencontres enthousiasmantes?
3. Ne supportez-vous pas les vantards?
4. Vous arrive-t-il souvent de raconter des mensonges aux personnes que vous rencontrez, et que probablement vous ne reverrez plus?
5. Si dans un bar, on se trompe à votre avantage en rendant la monnaie, signalez-vous l'erreur en restituant la somme excédentaire?
6. Dans les jeux de société, aimez-vous tricher?
7. Préférez-vous les vacances seul ou en compagnie de votre partenaire?
8. Si la personne qui vous intéresse est avec quelqu'un, laissez-vous faire pour ne pas troubler son bonheur?
9. Aimez-vous plus les lévriers afghans que les caniches?
10. Les animaux que vous aimez le plus parmi tous les autres sont-ils les chats?
11. Aimez-vous dîner au restaurant chinois pour goûter à des plats nouveaux et étranges?
12. Allez-vous toujours chez le même coiffeur?
13. Faites-vous des économies?
14. Si vous arrivez à vous faire offrir un repas ou un verre, cela vous fait-il toujours plaisir?
15. Si vous rencontrez votre ex-petite amie (petit ami) avec son nouvel ami (ou amie), pensez-vous qu'il (elle) s'est vite consolé(e)?
16. Dans la même situation que la précédente, pensez-vous: "Heureusement que moi aussi j'en ai déjà un(e) autre"?
17. Aimez-vous passer les fêtes selon les traditions?
18. Revoyez-vous volontiers de vieux films qui vous avaient beaucoup plus?

19. Sauteriez-vous en parachute?
20. Faites-vous ou ferez-vous la même profession qu'un de vos parents?
21. Aimeriez-vous faire un travail qui vous permettrait de voyager tout le temps?
22. Préférez-vous "Picsou" à "Donald" parmi les personnages de Walt Disney?
23. A l'école, avez-vous copié ou copiez-vous sur les devoirs des autres en obtenant ensuite de bonnes notes?
24. Recouvrez-vous vos livres de papier coloré?
25. Détestez-vous les déménagements?
26. Vous faites-vous souvent attendre aux rendez-vous?
27. Si quelqu'un vous pose un lapin, ne savez-vous plus quoi faire pour la soirée?
28. Aimez-vous les vêtements originaux et un peu voyants?
29. Acceptez-vous souvent les invitations de gens que vous venez à peine de rencontrer?
30. Regrettez-vous souvent le bon temps passé?
31. Etes-vous capable de lier conversation avec quelqu'un sous n'importe quel prétexte?
32. Vous demandez-vous souvent s'il n'y a pas une bonne dose de chance qui vous aide?
33. Si vous avez quelque déception amoureuse, vous dites-vous comme Scarlett dans *Autant en emporte le vent*: " J'y penserai demain"?
34. Si lui ou elle vous quitte, pensez-vous "un de perdu, dix de retrouvés"?
35. Pensez-vous avec joie que le monde est toujours plein de surprise?
36. Pensez-vous que le coca-cola est nocif et donc n'en buvez-vous pas?

RÉPONSES ET SCORES

1 non, 2 oui, 3 non, 4 oui, 5 non, 6 oui, 7 oui, 8 non, 9 oui, 10 oui, 11 oui, 12 non, 13 non, 14 oui, 15 non, 16 oui, 17 non, 18 non, 19 oui, 20 non, 21 oui, 22 oui, 23 oui, 24 non, 25 non, 26 oui, 27 non, 28 oui, 29 oui, 30 non, 31 oui, 32 oui, 33 oui, 34 oui, 35 oui, 36 non.
Attribuez-vous un point pour chaque réponse correspondant à ce qui est indiqué ci-dessus.

SCORE COMPRIS ENTRE 36 ET 28

Vous êtes vraiment des petits loups en chair et en os, et ce, indépendamment de votre sexe. Votre spécialité est de "faire le malin", de vous tirer de toutes les situations, même au prix d'une action peu reluisante. Naturellement, vous faites tout cela sans méchanceté ni préméditation, mais avec beaucoup de spontanéité et de gaieté, ce qui garantit souvent l'impunité de vos "vantardises" et conquiert malgré tout la sympathie des autres, surtout celle du sexe opposé. Chez les agneaux de votre sexe, vous suscitez en revanche envie et colère. Désinvolte et entreprenant, libre, aimant l'imprévu, désordonné et désorganisé, vous êtes toujours en mouvement et à la recherche de quelque chose de nouveau. Instinctif et impulsif, infidèle non par choix mais par nature, vous réussissez toujours à obtenir ce que vous voulez en amour. Mais si par hasard quelque chose va de travers, patience!
Vous ne savez pas ce que sont les regrets, vous vous adaptez à chaque nouvelle situation sans problème, vous aimez le présent et le futur. Comme tout prédateur, vous ne donnez pas trop d'importance à votre propre "tanière", vous préférez vous déplacer à la recherche de nouveaux cadres et de nouvelles proies, vous ne plantez jamais vos racines dans aucun endroit.

■ SCORE COMPRIS ENTRE 27 ET 15

Vous appartenez à cette tranche de gens difficiles à classer dans l'un ou l'autre groupe. Vous avez des caractéristiques à la fois du loup et de l'agneau, vous êtes sûrement une personne équilibrée, rationnelle, qui sait profiter des bonnes occasions sans risquer le tout pour le tout.
Vous aimez le risque, seulement s'il est calculé; vous vous lancez dans une entreprise seulement si vous êtes sûr d'avoir toutes les cartes dans votre jeu, vous pesez longuement le pour et le contre de chaque initiative avant de l'entreprendre. Vous êtes habile pour saisir la psychologie de l'autre, et cette qualité vous aide à adapter votre comportement à toute situation et à en sortir presque toujours gagnant: vous savez vous transformer en loup si vous avez posé les yeux sur un agneau, ou alors vous savez être tendre et doux si la personne qui vous intéresse est un prédateur.
Votre catégorie pourrait donc être celle des caméléons. Vous aimez les traditions, votre maison, la commodité, mais vous savez voir le côté positif de la nouveauté, après l'avoir étudiée attentivement.

■ SCORE COMPRIS ENTRE 14 ET 0

Vous êtes comme un agneau, tendre et sans défense. Timide, soumis, pas du tout agressif, assez romantique et doux, l'initiative n'est pas votre fort. Vous êtes plutôt doté de patience et de ténacité, vous êtes fiable et tranquille, réfléchi et méthodique. Vous aimez les habitudes solides, votre maison, vos hobbies, les vieux amis et les traditions. Vous adorez regarder les vieilles photos de votre album, vous conservez toutes les lettres que l'on vous a écrites, vous détestez les jeux vidéo. En amour, vous êtes très fidèle, et souvent vous vous tourmentez pour de grandes passions sans retour, et aussi parce que l'intéressé n'est pas toujours au courant. Vous préférez être l'objet d'une cour longue et discrète, être remarqué dans le nombre et choisi parmi les autres plutôt que de vous faire remarquer. Souvent, vous êtes trompé à cause de votre ingénuité et de votre bonne foi par des loups particulièrement voraces et à la recherche d'aventures, qui vous jurent l'amour éternel et disparaissent le jour suivant. Surtout si vous êtes du sexe masculin, vous détestez les gens qui appartiennent à la catégorie des loups et vous pensez qu'ils ne doutent de rien et ont une chance insolente, même si au fond, vous êtes convaincu que vous n'échangeriez pas votre place contre la leur.

Choisissez le compagnon de vos rêves : voilà de quel type vous êtes

Existe-t-il le compagnon idéal pour vous? Celui dont vous avez toujours rêvé et que vous n'avez jamais rencontré, celui dont vous avez clairement l'image dans votre esprit comme une photographie? Ou bien est-ce un rêve interdit, inaccessible, qu'aucune de vos rencontres ne réussit à incarner? En général, justement parce qu'il est idéal, ce compagnon ne se matérialise jamais devant nos yeux et se rencontre difficilement dans la vie.

Le compagnon réel est d'habitude le sage compromis entre nos aspirations idéales et quelque chose qui n'a rien à voir avec elles et qui pourtant nous l'a fait choisir.

C'est seulement avec une bonne dose de sincérité et de rationalité qu'il est peut-être possible d'affirmer, après des années de vie commune, que cet idéal était vraiment lui.

Mais on sait que le rêve, l'interdit, le mystère, sont des stimulations et des ingrédients que chaque couple vit et donc presque aucun de nous, aussi heureux et amoureux soit-il ne risquera la phrase fatidique: tu es pour moi la femme idéale (ou l'homme idéal). C'est beaucoup plus facile au contraire d'identifier cet idéal à un être "mythique": une actrice ou un acteur, un homme politique ou un chanteur, des personnes qui existent mais qui appartiennent à un monde tellement lointain et inaccessible que l'on peut les considérer comme irréels.

Cherchez donc à découvrir à travers le choix de celle-ci ou de celui-là votre idéal, vos aspirations les plus secrètes, les aspects inconnus de votre caractère, cherchez à comprendre en somme, en analysant vos rêves les yeux ouverts, de quel type vous êtes. Et ne vous préoccupez pas de savoir si ces rêves coïncident avec votre réalité.
Si votre "elle" est petite et brune et que vous aimez les grandes "perches" nordiques, ou si votre "lui" est musclé et athlétique alors que vous aimez le genre intellectuel, prenez tout cela comme une ultime preuve d'amour. Dites-vous: "il est tellement différent de mon idéal et pourtant je suis bien avec lui (ou elle)".

Femmes

Choisissez parmi les personnages énumérés celui qui correspond le plus au compagnon de vos rêves.
Lisez ensuite les évalutations relatives à votre choix.
Alain Delon
Jean-Paul Belmondo
Francis Huster
Darry Cowl
Paul Newman
Philippe Noiret
Michel Blanc
Roger Moore
Paul Meurisse
Gérard Depardieu

Hommes

Choisissez parmi les femmes énumérées celle qui correspond le plus à la compagne de vos rêves.
Lisez ensuite les évaluations relatives à votre choix.

Ornella Muti
Catherine Deneuve
Liv Ullmann
Marie-Christine Barrault
Valérie Kapriski
Bo Derek
Marilyn Monroe
Bernadette Laffont
Farrah Fawcett
Jane Fonda

RÉPONSES

Femmes

Alain Delon. Il est le beau ténébreux classique, l'homme fascinant à la personnalité ambiguë et mystérieuse. Vous êtes une femme romantique, très féminine, vous acceptez aussi les histoires d'amour difficiles; votre défaut est de trop vous sacrifier pour l'homme que vous aimez au détriment de la réalisation de vos dons et ambitions.

Jean-Paul Belmondo. Vous aimez les hommes pleins de charme, pas nécessairement beaux mais sensuels et décidés. Vous êtes très sensible, impulsive aimant l'aventure. Vous cherchez un homme qui sache vous fasciner et vous "dresser".

Francis Huster. Vous avez besoin d'un garçon à cajoler, tendre et mignon, pour lui servir de mère. Vous êtes une femme de caractère, vous aimez dominer dans les rapports à deux, vous avez clairement en vue vos objectifs.

Darry Cowl. Si vous aimez l'homme aux mille histoires drôles, brillant et extraverti, même si quelque peu superficiel, cela signifie que vous avez besoin d'un rapport d'évasion dans lequel vous ne vous engagez pas à fond.

Paul Newman. Si vous avez choisi l'homme du "frisson", œil magnétique et énergique, vous êtes une femme riche en fantaisie, rêveuse, très féminine, et vous menez probablement une vie tranquille et différente de celle dont souvent vous "fantasmez" les yeux ouverts.

Philippe Noiret. C'est le genre paternel, bon bougre, sympathique, qui inspire la confiance. Si vous rêvez d'un homme qui soit aussi votre guide, c'est probablement qu'en ce moment vous vous sentez seule, pas sûre de vous et que vous avez besoin de vous appuyer sur quelqu'un.

Michel Blanc. Si vous avez choisi un genre aussi en dehors des normes, c'est que vous êtes de toute évidence une femme originale, riche en sens de l'humour, aimant l'imprévu, l'aventure et la vie au jour le jour.

Roger Moore. Pour vous, l'homme idéal, c'est l'homme-objet, le symbole de l'amour physique à consommer et à oublier. Agressive, entreprenante et très libre, vous aimez les aventures sans lendemain qui n'interfèrent pas avec votre indépendance.

Paul Meurisse. Vous aimez les hommes soigneux, méthodiques, organisés, des hommes dont le caractère est donc totalement opposé au votre. Exubérante, gaie, un peu brouillon et enfantine, il vous faut quelqu'un qui sache mettre un peu d'ordre dans votre vie chaotique.

Gérard Depardieu. Vous aimez l'homme viril par excellence, tout ressort, muscles, instinct et puissance. Vous êtes une femme très féminine, sensuelle, intelligente et passionnée, vous savez être soumise en amour, même quand vous dominez intellectuellement votre partenaire.

Hommes

Ornella Muti. Incarnation de la femme méditerranéenne par excellence, cheveux foncés, œil profond, lèvres sensuelles. Si vous aimez ce type de femme, vous êtes un homme traditionnel, un tantinet conservateur, convaincu qu'à la maison celui qui commande c'est l'homme et que la femme doit savoir rester à sa place. Dans la femme, vous cherchez avant tout une grande féminité.

Catherine Deneuve. Si vous aimez la femme énigmatique, fascinante et qui a de la classe, vous êtes un homme entreprenant et vif, qui déteste la monotonie des rapports de couple tranquille, toujours à la recherche d'une femme qui sache vous étonner et susciter votre admiration, et celle des autres.

Liv Ullmann. Si votre rêve est d'avoir une compagne douce, intelligente, compréhensive, vous avez sûrement besoin dans cette période d'une sécurité que vous ne trouvez pas dans votre rapport de couple. Les femmes agressives ne vous plaisent pas; à la passion, vous préférez la sérénité.

Marie-Christine Barrault. Si vous avez choisi Marie-Christine Barrault, vous êtes un homme aimant la famille et la tradition, vous aimez bien manger et vous amuser avec vos amis. Vous voulez à vos côtés une femme solide et gaie mais qui sache être une séductrice quand c'est le bon moment.

Valérie Kapriski. Vous aimez la femme-enfant, sensuelle et capricieuse, belle et fuyante, vous êtes un homme autoritaire, qui a l'habitude de commander, la tête sur les épaules et une solide carrière.

Bo Derek. Si la femme de vos rêves est un splendide animal, doux et sensuel, vous êtes un homme qui aime les aventures foudroyantes, la beauté comme valeur abstraite. Vous accordez une grande importance à l'apparence donc à votre aspect physique, à l'aménagement de votre maison, à votre voiture, à tous les symboles qui doivent représenter votre prestige et votre affirmation personnelle.

Marilyn Monroe. Si vous avez choisi l'incarnation, le symbole de la féminité, vous êtes un homme qui cherchez à vous rassurer sur votre rôle.
Les femmes trop entreprenantes vous angoissent et en amour, vous préférez la traditionnelle cour avec des rendez-vous, des coups de téléphone, des billets et des fleurs plutôt que les rencontres rapides et occasionnelles.

Bernadette Laffont. Vous aimez la femme énergique et décidée, sexy et agressive. En amour, vous aimez subir et être dressé, vous êtes un peu paresseux et vous laissez votre partenaire conduire le jeu de la cour, sinon vous laissez souvent tomber.

Farrah Fawcett. Vous aimez la femme belle, à dominer intellectuellement. Vous voulez un rapport sentimental sans complication et sans engagement, vous aimez la détente et les distractions, surtout parce que vous êtes plongé dans le travail ou des études intenses.

Jane Fonda. Si vous avez choisi cette beauté saine, extravertie, dynamique, sportive, vous êtes un homme gai, aimant l'action, entreprenant et sûr de vous qui, dans un rapport, cherche l'égalité avec une compagne qui sache partager vos centres d'intérêts et votre temps libre.

Êtes-vous jaloux?

“Amour veut dire jalousie...”, dit la chanson. Etes-vous d’accord avec cette affirmation, ou pensez-vous que la jalousie est un sentiment stupide et égoïste? Croyez-vous que c’est un élément psychologique absolument étranger à votre nature ou bien sa morsure vous a-t-elle souvent atteint?

Présente aussi dans le monde animal, la jalousie prend sa source dans l’instinct et dans l’inconscient et n’est pas toujours conditionnée par la culture, l’éducation ou bien la raison.

Tapie au fond de la plupart d’entre nous, elle est prête à se manifester, parfois à la moindre alerte, et à bondir, telle une tigresse, hors de nous, toutes griffes sorties. Quasiment personne n’est immunisé contre ce sentiment. Les attitudes diffèrent cependant beaucoup lorsqu’elle se présente. Certains arrivent à la contrôler et à la rationaliser, d’autres réagissent souvent de manière disproportionnée par rapport à la situation qui l’a déclenchée, et tombent dans une sorte de paranoïa, en vérifiant sans cesse le comportement, les activités et les horaires de leur partenaire. Piment de la relation amoureuse, la jalousie, lorsqu’elle ne dépasse pas certaines limites, peut être une manière de vérifier que l’intérêt de l’un envers l’autre est toujours vivant; mais elle peut aussi devenir une dange-

reuse obsession, une menace pour la liberté individuelle et pour l'avenir du couple.
Jaloux ou permissifs, ouverts ou fermés au monde extérieur, il sera, quoi qu'il en soit, amusant de vérifier quel type de jalousie est la vôtre, et de découvrir si un tigre ou une tigresse se cache en vous. Pour ce faire, répondez sincèrement aux questions suivantes par oui ou par non. Le test est identique pour les hommes et pour les femmes.

1. S'il (ou elle) reçoit un coup de téléphone d'une personne inconnue, cherchez-vous immédiatement à savoir qui c'est?
2. Un de ses mensonges vous fait-il seulement sourire?
3. Acceptez-vous que des personnes soient trop gentilles ou trop cordiales avec lui (ou elle)?
4. Pensez-vous qu'une amitié désintéressée entre un homme et une femme est impossible?
5. N'avez-vous jamais eu de doute sur le fait d'être assez bien pour lui (elle)?
6. Pensez-vous que l'infidélité dans un couple est inévitable tôt ou tard?
7. Cela vous ennuie-t-il de le (ou la) voir danser avec d'autres personnes?
8. S'il (ou elle) s'habille avec un soin particulier pour sortir un soir, pensez-vous que c'est pour séduire quelqu'un?
9. Si au cours d'une fête, il (ou elle) parle surtout avec un autre invité, boudez-vous?
10. Pensez-vous qu'il (ou elle) ne sait pas résister aux tentations?
11. Cela vous énerve-t-il qu'il (ou elle) regarde avec insistance une personne du sexe opposé?
12. N'avez-vous jamais imaginé de le (ou la) suivre sans être vu, ou d'enregistrer ses coups de téléphone?

13. Le fait qu'un soir il (elle) sorte sans vous, vous agace-t-il beaucoup?
14. N'avez-vous jamais pensé d'une personne: “celle-là (celui-là), elle (il) veut me le (la) voler”?
15. Le fait qu'il (elle) soit courtisé(e) par d'autres personnes vous flatte-t-il?
16. Vous séparer de lui (ou d'elle) pour de brèves périodes, vous rend-il très anxieux?
17. Pensez-vous que la vie sans lui (sans elle) serait inutile?
18. Cela vous ennuie-t-il qu'il (ou elle) soit très affectueux (se) avec une autre personne?
19. Les compliments envers une autre personne vous ennuient-ils?
20. Lui faites-vous confiance?
21. Pensez-vous que “le cœur est fort mais la chair est faible”?
22. Pensez-vous que les amis vous apprécient pour ce que vous êtes vraiment?
23. A l'intérieur d'un groupe, sentez-vous l'admiration des autres et la sienne envers vous?
24. Dans le cadre du travail, pensez-vous avoir le poste que vous méritez?
25. Vous surprenez-vous souvent à observer son comportement lorsqu'il (elle) se trouve au milieu des autres?
26. Pensez-vous qu'il (elle) doit être libre de faire ce qu'il (elle) veut, même sans demander votre avis?
27. Dans votre famille, avez-vous l'impression d'être traité(e) de la même manière que les autres membres?
28. Vos amis sont-ils plus disponibles et affectueux avec lui (elle) qu'avec vous?
29. Pensez-vous que s'il (elle) vous quittait, il (elle) trouverait immédiatement une autre personne pour vous remplacer?

30. Etes-vous d'accord pour faire confiance aux amis, mais pensez-vous que quand il s'agit de lui (elle), il vaut mieux ouvrir les yeux?
31. Vous considérez-vous comme unique et impossible à remplacer?
32. Désirez-vous souvent ressembler à quelqu'un qui lui plaît beaucoup ou qui représente son idéal?
33. Pensez-vous que même s'il (elle) est trés amoureux(se) de vous, cela n'exclut pas une éventuelle trahison?
34. Savez-vous reconnaître devant les autres les mérites d'une personne de votre sexe si vous la considérez supérieure à vous dans un domaine particulier?
35. Quand les choses vont au mieux, dans votre couple êtes-vous heureux et cherchez-vous à en profiter sans vous poser trop de questions?
36. Othello est-il, selon vous, un personnage en dehors du temps?

RÉPONSES ET SCORES

1 non, 2 oui, 3 oui, 4 non, 5 non, 6 non, 7 non, 8 non, 9 non, 10 non, 11 non, 12 non, 13 non, 14 non, 15 oui, 16 non, 17 non, 18 non, 19 non, 20 oui, 21 non, 22 oui, 23 oui, 24 oui, 25 non, 26 oui, 27 oui, 28 non, 29 non, 30 non, 31 oui, 32 non, 33 non, 34 oui, 35 oui, 36 non.
Attribuez-vous un point pour chaque réponse correspondant à celles indiquées ci-dessus.

SCORE COMPRIS ENTRE 36 ET 28

Bravo: vous appartenez à la rare catégorie de personnes pour lesquelles il n'est pas vrai que l'amour est synonyme de jalousie. D'ailleurs, pour vous, l'amour est tout le contraire: il signifie loyauté, confiance, liberté de jugement, ouverture envers les autres, indépendance. Vous avez confiance en vous et pensez que puisque votre partenaire a choisi d'être avec vous, il n'y a aucune raison de croire qu'il désire un autre compagnon ou qu'il envisage de vous tromper. Vous demandez en retour, à votre partenaire, la même confiance. De nombreuses scènes risquent de survenir si celui-ci n'a pas les mêmes conceptions que vous, et est d'un tempérament plutôt jaloux. Ne soyez cependant pas trop catégorique: la jalousie peut aussi être positive et être le signe d'un amour intense et passionné.

■ SCORE COMPRIS ENTRE 27 ET 15

La jalousie n'est pas pour vous un sentiment étranger. Elle peut se réveiller dans diverses circonstances: après une fête avec des amis, en vacances, à l'occasion de nouvelles rencontres. La connaissant bien, vous essayez, à chaque fois que cela vous est possible, d'en canaliser les effets afin de ne pas vous laisser aller à des scènes ou à des bouderies qui ont tendance à vous venir naturellement. Cependant, parfois, vous ne parvenez pas à la maîtriser: des tensions peuvent alors apparaître au sein de votre couple. Une fois les disputes terminées, vous n'êtes pas toujours entièrement détendu et confiant: souvent, il suffit d'un détail pour que vos soupçons renaissent.

■ SCORE COMPRIS ENTRE 14 ET 0

Vraiment, vous n'avez confiance en rien, ni en personne! Vous êtes toujours sur le qui-vive, prêt à recueillir le plus petit indice qui justifie vos suppositions. Le moindre regard de votre partenaire posé sur une autre personne que vous peut déchaîner vos foudres. Miné par votre suspicion, vous ne réussissez pas à profiter de votre relation comme elle le mérite. Votre peur d'être abandonné provient de la faible estime que vous avez de vous-même, ce qui ne vous permet pas de donner le meilleur de vous quand vous êtes en couple. Essayez de vous détendre, de prendre les choses comme elles viennent. Il est impossible que derrière chaque coin de rue se cache un(e) rival(e)!

Un test pour parents et enfants

Même si vous vous considérez comme une personne difficile à cataloguer ou à identifier à un groupe, il y a au moins deux catégories auxquelles vous appartenez à 50 % ou bien qui vous concernent toutes les deux simultanément: celle des parents et celle des enfants.
Sur les contrastes, les incompréhensions, les écarts de générations entre ces deux groupes on a déjà écrit des centaines de phrases. Même s'il est donc impossible à travers un test d'analyser les racines de ces incompréhensions, essayons cependant de comprendre dans quels domaines elles sont plus accentuées et où, au contraire, il y a des points de rencontre: dans quelle mesure y a-t-il dans votre famille une identité de vues? Autour de quels sujets vous disputez-vous le plus souvent? A quel point vos goûts sont-ils différents? Comment vont les choses entre parents et enfants chez vous? Quel que soit le résultat de ce test, rappelez-vous que même les contrastes apparemment les plus forts, les incompréhensions les plus radicales, se remettent généralement en ordre quand l'un des deux "adversaires" change de catégorie et que le fils devient lui aussi père.
Toutefois, un jeu peut être l'occasion de découvrir des informations les uns sur les autres pour mieux se connaître pour se rencontrer, pour se confronter. Selon la catégorie

à laquelle vous appartenez, celle des enfants ou celle des parents, répondez au groupe de questions qui vous concerne, séparément, en confrontant les réponses et les scores seulement quand les deux auront fait le test.

Parents

1. Aimez-vous la musique rock?
2. Aimez-vous la musique classique?
3. Aimez-vous les chanteurs de variété?
4. Préférez-vous les films engagés aux films comiques?
5. Préférez-vous les films de distraction à tous les autres?
6. Aimez-vous sortir le soir?
7. Préférez-vous passer vos vacances à la mer dans un endroit tranquille?
8. Aimez-vous les vacances en caravane ou en camping?
9. Pensez-vous qu'un "gros mot" au bon moment ne fait pas de mal?
10. Aimez-vous écouter la radio très fort plutôt qu'en bruit de fond?
11. Aimez-vous la compagnie de vos amis, en plus de celle des membres de votre famille?
12. Aimez-vous manger devant une table bien dressée, plutôt qu'avaler rapidement un sandwich?
13. Aimez-vous les "petites bouffes" à minuit?
14. Savez-vous ce qu'est un vidéo-bar?
15. Aimez-vous plaisanter en famille?
16. Aimez-vous les mini-jupes?
17. Aimez-vous porter des vêtements classiques?
18. Aimeriez-vous avoir un animal chez vous?
19. Aimez-vous l'aménagement de votre maison?
20. Lisez-vous des B.D. (bandes dessinées)?
21. Réussissez-vous à comprendre ce qui se passe dans la

tête de vos enfants sans avoir besoin qu'ils vous en parlent?

22. Aimez-vous recevoir chez vous les amis de vos enfants en leur préparant quelquefois à manger?
23. Si vous devez faire quelque chose avec vos enfants, les laissez-vous choisir?
24. Riez-vous des histoires drôles de vos enfants?
25. Pensez-vous que leur humour est incompréhensible et bizarre?
26. Vous, quand vous étiez jeune, étiez-vous mieux élevé que les jeunes d'aujourd'hui?
27. Vous fiez-vous aux choix de vos enfants, même s'ils sont différents des vôtres?
28. Leur permettez-vous de sortir le soir si vous savez où ils vont, car vous pensez qu'il est normal qu'ils s'amusent?
29. L'idée que votre fils ou fille ait un petit ami (ou une petite amie) aussi jeune vous préoccupe-t-elle beaucoup (ou vous a-t-elle préoccupée à ce moment-là)?
30. Estimez-vous normal que les enfants soient plus libres l'été et qu'ils partent en vacances seuls dès qu'ils en sont capables?
31. Pensez-vous qu'il est bien de donner tout les mois aux enfants de l'argent de poche qu'ils peuvent utiliser comme ils le veulent?
32. L'idée de leurs premières expériences sexuelles vous épouvante-t-elle et vous répugne-t-elle?
33. Etes-vous d'accord avec les études que vos enfants ont choisies?
34. Avez-vous choisi pour eux l'orientation de leurs études?
35. Depuis qu'ils sont petits, avez-vous entretenu le rêve qu'ils deviennent docteur, architecte, comptable...?

36. Vous arrive-t-il d'échanger un vêtement avec un de vos enfants?

■ Enfants

1. Aimez-vous la musique rock?
2. Aimez-vous la musique classique?
3. Aimez-vous les chanteurs de variété?
4. Préférez-vous les films engagés aux films comiques?
5. Préférez-vous les films de distraction à tous les autres?
6. Aimez-vous sortir le soir?
7. Préférez-vous passer vos vacances à la mer dans un endroit tranquille?
8. Aimez-vous les vacances en caravane ou en camping?
9. Pensez-vous qu'un "gros mot" au bon moment, ne fait pas de mal?
10. Aimez-vous écouter la radio très fort plutôt qu'en bruit de fond?
11. Aimez-vous beaucoup la compagnie d'amis en plus de celle des membres de votre famille?
12. Aimez-vous manger devant une table bien dressée plutôt qu'avaler rapidement un sandwich?
13. Aimez-vous les "petites bouffes" à minuit?
14. Savez-vous ce qu'est un vidéo-bar?
15. Aimez-vous plaisanter en famille?
16. Aimez-vous les mini-jupes?
17. Aimez-vous porter des vêtements classiques?
18. Aimeriez-vous avoir un animal chez vous?
19. Aimez-vous l'aménagement de votre maison?
20. Lisez-vous des B.D. (bandes dessinées)?
21. Comprenez-vous ce que veulent dire vos parents sans qu'ils aient à vous l'expliquer?
22. Aimez-vous inviter chez vous vos amis pour manger?
23. Aimez-vous faire des choses avec vos parents comme

d'aller manger au restaurant, faire une excursion en montagne, une soirée au cinéma?

24. Vous fiez-vous seulement de vos amis et d'aucun adulte?
25. Pensez-vous que vos parents se font trop de souci pour vous?
26. Avez vous l'impression d'être toujours "tenu en laisse"?
27. Vous fiez-vous des conseils de vos parents?
28. S'il vous arrive un ennui, téléphonez-vous tout de suite à vos parents pour qu'ils vous aident?
29. Vous sentez-vous capable de décider seul ce que sera votre futur?
30. Aidez-vous à la maison?
31. Trouvez-vous vos parents sympathiques?
32. Avez-vous peur qu'ils viennent à savoir quelque chose qui vous concerne?
33. Leur avez-vous fait connaître votre premier flirt pour voir l'effet que ça leur faisait?
34. Trouvez-vous sympathiques beaucoup d'amis de vos parents?
35. Selon vous, vos parents vous laissent-ils assez libre?
36. Quand vous êtes chez vous, vous sentez-vous à l'aise dans votre chambre et pouvez-vous faire ce que vous voulez?

RÉPONSES ET SCORES

Pour les deux: confrontez les réponses aux 20 premières questions. Attribuez un point pour chaque réponse identique pour les deux, peu importe qu'elles soient positives ou négatives.

Pour les parents: 21 oui, 22 oui, 23 oui, 24 oui, 25 non, 26 oui, 27 oui, 28 oui, 29 non, 30 oui, 31 oui, 32 non, 33 oui, 34 non, 35 non, 36 oui.

Pour les enfants: 21 oui, 22 oui, 23 oui, 24 non, 25 non, 26 non, 27 oui, 28 oui, 29 oui, 30 oui, 31 oui, 32 non, 33 oui, 34 oui, 35 oui, 36 oui.
Attribuez-vous un point pour chaque réponse correspondant à ce qui est indiqué ci-dessus. Additionnez vos scores partiels.

Pour les deux: plus le nombre de réponses identiques que vous avez donné aux 20 premières questions est important, plus l'affinité de goût, de vues, de mentalité est grande dans votre famille. Mesurez donc seuls la cohésion de votre noyau familial et cherchez à identifier dans quels secteurs vos goûts ne collent pas. Il est logique que, ayant un âge différent, vous ne préfériez pas toujours les mêmes choses, pourtant vous serez peut-être surpris de voir combien et quelles choses insoupçonnables vous avez en commun.

■ Parents

■ SCORE COMPRIS ENTRE 36 ET 28

Incroyable mais vrai, vous y êtes arrivés, chez vous il y a harmonie, confiance, identité de vues et un respect réciproque des exigences des autres et de leur personnalité. Compliments!

■ SCORE COMPRIS ENTRE 27 ET 15

Dans votre famille, il y a un bon dialogue. Il y a quelques incompréhensions, dues aux différences d'âge et de mentalité, et une certaine tendance à vouloir protéger les enfants parfois de manière excessive: apprenez à ne plus les considérer comme des enfants et à accepter aussi leurs points de vue. Il y a toutes les prémices pour établir une bonne entente, meilleure que celle actuelle qui est bonne quoi qu'il en soit.

■ SCORE COMPRIS ENTRE 14 ET 0

S'il y a quelque chose qui ne va pas, la faute ne vient jamais d'un seul côté. Pourtant, peut-être qu'avec un minimum de disponibilité et de confiance en plus de votre part, les rapports de famille ressembleraient moins à une "guerre froide". Essayez de lire plus attentivement les réponses de vos enfants à ce test.
C'est un jeu, mais il peut être révélateur et suggérer des solutions inattendues.

■ Enfants

■ SCORE COMPRIS ENTRE 36 ET 28

Beaucoup de vos amis vous envient. Vous vous entendez vraiment bien avec vos parents, vous les appréciez, les estimez et vous ne vous sentez pas étouffé. Et le mérite ne leur revient pas uniquement.

■ SCORE COMPRIS ENTRE 27 ET 15

Vos rapports en famille sont assez bons: bien sûr, vous ne pensez pas toujours de la même manière et vous devez vous affronter fréquemment. Mais votre attitude loyale et mûre, même si elle est un peu abrupte, a gagné la confiance de vos parents.

Un conseil? Cherchez à comprendre aussi leur point de vue.

■ SCORE COMPRIS ENTRE 14 ET 0

Dans ce bras de fer, ceux qui perdent le plus c'est vous. Une fois constatée la différence de vues et de buts entre vous et vos parents, ne vous conviendrait-il pas de chercher un terrain d'entente ou de communication? Cela tournerait à votre avantage pour votre indépendance et vos espaces de liberté. D'accord ce sont les parents qui tiennent le couteau par le manche mais croyez-vous vraiment qu'ils veulent l'utiliser pour couper?

Deuxième partie

Les tests psychotechniques

Comment adopter un comportement positif

par Louise Franceschini Rampazzo

Introduction

Le masque de l'acteur, multiforme et bariolé, couvrant tout le visage et variant selon les caractères qu'il représentait, voilà ce qu'était la personnalité pour nos ancêtres latins: un masque. Une attitude que nous pouvons modifier selon les circonstances à notre gré, comme un masque. Quel est donc notre "masque préféré", et que cache-t-il? Tôt ou tard, nous nous posons tous ce genre de questions: "Me suis-je bien conduit avec cet ami?". "Ai-je bien montré à mon fils ce qu'est un homme honnête et capable?", "Suis-je adapté à cet emploi?"... De tels problèmes se présentent tous les jours et ne concernent que l'aspect le plus extérieur de notre personnalité. Cependant, de la même façon instinctive, nous avons tous réfléchi, une fois au moins dans notre vie, à des questions plus fondamentales telles que: "Qui suis-je vraiment?". "Un, personne et cent mille", serait la réponse de Pirandello, convaincu que derrière chaque masque se cache un autre masque, et que parfois nous finissons par devenir le personnage que nous jouions. Mais soyez sans crainte, l'écheveau peut être démêlé: il suffit d'avoir recours à la psychologie, une science jeune qui a pour but d'étudier aussi bien les comportements humains que leur signification la plus profonde.

Cette partie vous propose plus de 30 tests qui vous aideront à connaître le type de masque que vous portez, à percevoir ce qu'il cache. Vous obtiendrez ainsi un portrait assez complet de vous-même: votre caractère, vos aptitudes et talents, les rapports que vous entretenez avec votre corps et celui des autres, avec votre famille, vos amis, votre partenaire. Êtes-vous prêt à effectuer ce passionnant voyage à l'intérieur de vous-même? Prenez alors une plume et du papier, et soyez sincère. L'enjeu n'est pas très important, il ne s'agit pas en effet d'obtenir un emploi. Cela vaut toutefois la peine de jouer franc jeu: au moins vous vous amuserez. Mais notre objectif, plus ambitieux, est de réussir à vous faire découvrir votre véritable ego.

Caractère et personnalité

Êtes-vous extraverti ou introverti?

Votre humeur est-elle toujours au beau fixe? N'avez-vous aucune difficulté à adresser la parole à un inconnu? Arrivez-vous toujours à vous sortir du pétrin? Vous enflammez-vous comme une allumette? Seriez-vous prêt à entreprendre immédiatement une expédition dans l'Antarctique?

Vous vous demandez peut-être quel est le lien entre toutes ces questions, qui concernent des situations et des comportements apparemment très différents. Ce lien existe, et comment! Insouciance, sociabilité, irascibilité, impulsivité, toutes les "qualités" de ceux qui ont répondu à ces questions par l'affirmative, ne sont que les différentes facettes d'un seul aspect fondamental du caractère: l'extraversion ou son contraire, l'introversion. Étudiés et analysés par tous les psychologues, ces deux tendances de base de notre tempérament déterminent quotidiennement nos réactions. Cependant, les caractères qui semblent les plus limpides peuvent toujours réserver des surprises: souvent la timidité atténue le côté ostentatoire des extravertis, comme certaines situations peuvent rendre très sûr de lui un introverti. Le test qui suit va vous aider à découvrir votre degré d'extraversion ou d'introversion, par une série de questions concernant des situations plus ou moins ordinaires.

QUESTIONNAIRE

Répondez aux questions suivantes de façon instinctive et sans réfléchir; marquez d'une croix le carré correspondant à votre réponse.

N **1.** Pouvez-vous garder longtemps la même position? oui non

O **2.** Mangez-vous plus vite que vos parents et amis? oui non

O **3.** Risquez-vous souvent le tout pour le tout, si l'enjeu est considérable? oui non

N **4.** Vous avez participé à un concours et gagné un voyage aventureux et légèrement dangereux: acceptez-vous de partir, quitte à chambouler votre emploi du temps et vos projets de travail? oui non

N **5.** Aimez-vous vous entourer d'amis chaleureux et gais, pour vous “déchaîner” et vous amuser? oui non

N **6.** Préférez-vous aller au théâtre plutôt qu'au cinéma? oui non

O **7.** Envisagez-vous souvent l'éventualité d'une maladie? oui non

O **8.** Si vous deviez déménager pour New York ou Vienne, opteriez-vous pour la première ville? oui non

9. Lorsque vous parlez, pesez-vous vos mots et prenez-vous le temps de réfléchir? oui non

10. Préférez-vous manger de la viande rouge et du gibier plutôt que des légumes? oui non

11. Lorsque vous avez un rendez-vous, préférez-vous vous préparer longtemps à l'avance? oui non

12. Le matin, vous levez-vous sans difficulté et plein d'énergie? oui non

13. Vous est-il arrivé de vous fâcher au point de perdre votre contrôle? oui non

14. Bougez-vous de façon agile et rapide, voire frénétique? oui non

15. Attendez-vous toujours que le feu soit vert pour traverser la rue? oui non

16. Faites-vous souvent des pauses plus ou moins longues, pendant lesquelles vous vous détendez et vous réfléchissez? oui non

17. Aimez-vous passer vos soirées au coin du feu, en bavardant tranquillement avec vos meilleurs amis? oui non

18. Riez-vous facilement? oui non

19. Préférez-vous les voyages organisés formule "tout compris", qui vous mettent à l'abri d'éventuels contretemps? oui non

20. Lorsque vous êtes invité à une soirée dansante, vous jetez-vous dans la mêlée et dansez-vous jusqu'à être épuisé?

21. Préférez-vous avoir peu de vêtements coûteux et éventuellement griffés, classiques et impérissables, plutôt que des chiffons voyants et à la mode?

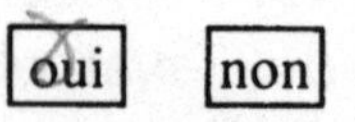

22. Tenez-vous la comptabilité de vos dépenses, en ne laissant rien au hasard?

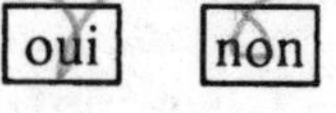

23. Êtes-vous souvent “magnifique” et généreux envers les autres lorsque tout va bien et que vous vous sentez euphorique?

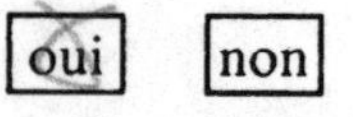

24. Dans votre enfance, frappiez-vous vos camarades plutôt que de vous laisser faire?

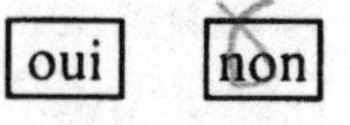

25. Vous arrive-t-il, au cours d'une soirée entre amis, pendant un jeu ou un débat, de monopoliser l'attention de tout le groupe?

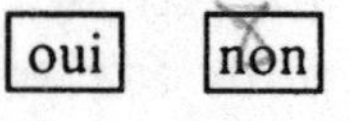

26. En cas d'échec, avez-vous tendance à penser: “Après la pluie le beau temps”?

27. Préférez-vous les pensées aux roses rouges?

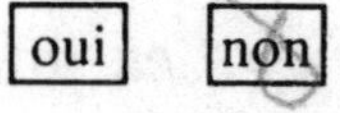

28. Êtes-vous plutôt sincère et direct, ne bluffez-vous jamais?

29. Les nouveautés vous excitent-elles au lieu de vous effrayer?

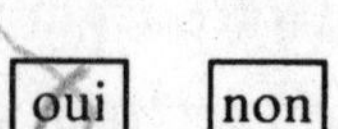

30. Estimez-vous qu'il vaut mieux vivre brièvement mais intensément? oui non

SCORE

Comptez 1 point pour chaque réponse correspondant aux suivantes:

1: non	**9**: non	**17**: non	**25**: oui
2: oui	**10**: oui	**18**: oui	**26**: oui
3: oui	**11**: non	**19**: non	**27**: non
4: oui	**12**: oui	**20**: oui	**28**: oui
5: oui	**13**: oui	**21**: non	**29**: oui
6: non	**14**: oui	**22**: non	**30**: oui
7: non	**15**: non	**23**: oui	
8: oui	**16**: non	**24**: oui	

RÉSULTATS

DE 30 À 20 POINTS

Vous êtes une personne tout à fait extravertie, avec tout ce que cela comporte de bon et de moins bon. Les côtés positifs sont les plus nombreux: extrême sociabilité, disponibilité envers les autres et une certaine dose de gaieté, qui font de vous un ami précieux, bien que parfois un peu trop envahissant et superficiel. Vous êtes également une personne très active, pleine de vitalité et d'enthousiasme; vous ne pouvez rester en place et si vous n'arrivez pas à vous défouler en pratiquant un sport ou une activité physique, vous êtes capable de veiller tard pour vous consacrer à votre travail. Vous préférez les activités pratiques à celles de l'esprit et, même dans votre travail, vous déversez l'impulsivité, l'amour du risque et le brin d'irresponsabilité qui vous sont propres et qui font presque toujours de vous un gagnant. Vos côtés négatifs: une certaine étourderie, une tendance à la superficialité et, surtout, l'irascibilité; vous n'êtes pas toujours tolérant ou à l'écoute des autres. Vous vous emportez souvent pour des problèmes futiles, mais vous oubliez votre colère très rapidement.

Néanmoins, ceux qui vous connaissent bien oublient souvent ces excès, en raison de votre générosité et sincérité.

DE 19 À 10 POINTS

Votre extraversion est moyenne: dans vos rapports avec autrui, vous faites preuve de modération, souvent par crainte d'en faire trop ou de gêner. Vous savez écouter et comprendre les autres, même si vos opinions sont différentes. Tout en ayant des rapports cordiaux avec beaucoup de personnes, rares sont celles que vous considérez comme des amis. Ce n'est qu'avec ces derniers que vous arrivez à exprimer pleinement votre personnalité et à montrer le petit grain d'originalité et de folie qui se cache sous votre comportement équilibré et pratique. Vous êtes dynamique et actif, mais vous n'agissez jamais inconsidérément. Vous n'acceptez les risques qu'après les avoir bien calculés.

DE 9 À 0 POINTS

Vous avez toutes les caractéristiques de la personne introvertie: maîtrise de vous, réserve, réflexion, prudence. Fondamentalement paisible et tranquille, vous ne cédez jamais à vos impulsions et, avant d'agir, vous pesez bien le pour et le contre. Vous sélectionnez soigneusement vos amitiés, qui doivent avoir, comme vous, l'amour de la musique, du théâtre, et un hobby pas trop "bruyant". Vous aimez également la solitude, car vous êtes un penseur; il est probable que vous appréciez la lecture ou d'autres passe-temps solitaires. Vous avez un penchant pour les activités relevant de l'esprit, qui demandent précision et patience, ainsi que pour les professions exigeant de la concentration et de la réflexion.

Êtes-vous vraiment sincère ?

Dans notre enfance, on nous disait que si nous mentions, notre nez deviendrait aussi long que celui de Pinocchio. Cela suffisait parfois à nous ôter l'envie de mentir ou tout au moins à nous donner un sentiment de culpabilité.

Dans le monde des adultes, en revanche, cette séparation nette entre la vérité et le mensonge n'existe plus: les conventions sociales, l'intérêt, la nécessité d'arriver à un compromis nous poussent souvent à proférer des vérités qui n'en sont pas, mais qui ne sont pas non plus tout à fait des mensonges. Essayons donc de découvrir par ce test jusqu'à quel point la diplomatie et l'esprit de conciliation ont voilé votre sincérité.

QUESTIONNAIRE

Cochez la réponse qui se rapproche le plus de votre comportement habituel.

1. Vous arrive-t-il de mentir, non pas méchamment, mais de façon inoffensive?

- a Je n'aime pas les mensonges, qu'ils soient méchants ou inoffensifs.
- b Un petit mensonge innocent ne fait de mal à personne!
- c J'essaie en général de ne pas mentir.

2. À la sortie d'une exposition de peinture, un panneau indique "Participation libre". Vous êtes seul, personne ne vous voit. Que faites-vous?

- a Si vous n'avez pas de monnaie, vous sortez sans rien laisser.
- b Vous filez à l'anglaise.

[c] Vous considérez qu'il est de votre devoir de laisser une petite somme.

3. Si une personne vous est très antipathique, vous arrive-t-il de dire du mal d'elle devant les autres?

[a] Vous essayez de ne pas parler de cette personne, à moins qu'elle ne vous ait fait du tort.

[b] Par principe, vous ne cassez jamais de sucre sur le dos des autres.

[c] Si cette personne est vraiment antipathique, il est possible que vous disiez du mal d'elle.

4. Pour bénéficier d'un avantage, êtes-vous prêt à donner de vous une image qui ne correspond pas à la vérité?

[a] Absolument pas.

[b] Cela vous arrive parfois.

[c] En général, vous essayez d'être toujours égal à vous-même.

5. Vous arrive-t-il de fourrer vos doigts dans votre nez lorsque vous êtes seul?

[a] Jamais de la vie!

[b] Quelle question!

[c] Parfois, très rarement.

6. De retour d'un voyage dans un pays exotique ou de vacances un peu spéciales, vous arrive-t-il de romancer votre récit en ajoutant des détails inventés ou en exagérant?

[a] Vous vous laissez parfois transporter par votre enthousiasme.

b C'est possible, mais vous ne le faites pas exprès, vous vous en apercevez après coup.

c Non, vous essayez de respecter la vérité.

7. Avez-vous déjà vu un film pornographique ou lu une revue de ce type?

a Vous êtes contre la pornographie.

b Parfois, mais cela ne vous intéresse pas vraiment.

c De temps en temps.

8. Êtes-vous sûr de remplir toujours votre devoir à 100%, ou vous arrive-t-il de l'oublier?

a Nous sommes des êtres humains: il peut nous arriver d'oublier une partie de nos devoirs.

b Vous faites toujours votre devoir jusqu'au bout.

c Généralement, vous essayez de faire le maximum.

9. Vous arrive-t-il de sourire et d'être aimable avec une personne que vous détestez, par intérêt?

a Non, jamais.

b Dans le travail, cela arrive tous les jours.

c Parfois.

10. Que pensez-vous du dicton: "Il faut tendre l'autre joue"?

a Il est difficilement applicable aujourd'hui.

b Vous êtes entièrement d'accord.

c Il est théoriquement juste, mais dans la vie de tous les jours vous réagissez de façon tout à fait différente!

SCORE

Calculez votre score selon le schéma qui suit (par exemple: si vous avez choisi la réponse b de la question 1, vous avez 1 point, etc.).

1: a3, b1, c2	**6**: a2, b1, c3
2: a2, b1, c3	**7**: a3, b2, c1
3: a2, b3, c1	**8**: a1, b3, c2
4: a3, b1, c2	**9**: a3, b2, c1
5: a3, b2, c1	**10**: a2, b3, c1

RÉSULTATS

DE 30 À 20 POINTS

Soyez sincère, au moins avec vous même: vous êtes tellement soucieux de paraître honnête, sincère et juste, que vous ne vous rendez pas compte qu'il s'agit d'une "comédie", d'un déguisement. Est-il vraiment possible que vous n'ayez jamais dit le moindre mensonge, que vous n'ayez jamais coloré un récit? Cela a dû vous arriver, au moins une fois dans votre vie: vos "non", "jamais", "absolument" sonnent faux. Vous êtes un peu menteur... malgré vous.

DE 19 À 10 POINTS

Vous êtes une personne parfaitement équilibrée: vous vous montrez diplomate quand c'est nécessaire, sans pour autant renoncer à votre honnêteté foncière. Certes, il vous arrive de ne pas toujours exprimer complètement votre pensée. Mais il s'agit dans ce cas de situations banales ou de choses insignifiantes. Pour les questions graves, votre franchise est totale, même si cela peut vous porter préjudice. Dans vos rapports avec les autres, vous êtes également sincère; toutefois, vous vous permettez de temps en temps un petit mensonge, pour ne pas blesser les personnes que vous aimez.

■ DE 9 À 0 POINTS

Votre sincérité est absolument désarmante: vous êtes prêt à reconnaître en public ce que tout le monde fait ou pense en privé, mais se garde bien d'avouer. Vous appelez les choses par leur nom et dites toujours ce que vous pensez. Vous détestez le bluff et l'hypocrisie et préférez les personnes qui, comme vous, vont droit au but. Votre sincérité absolue vous pose parfois des problèmes, dans une société où l'image que l'on donne de soi est parfois plus importante que la personnalité réelle.

■ Comment est votre mémoire?

On pourrait comparer la mémoire à un magasin, plus ou moins rempli, plus ou moins ordonné, selon son propriétaire. En effet, elle ne fonctionne pas de la même manière pour tout le monde: chacun ne retient que les choses qui le frappent ou l'intéressent. Et ce qui passionne une personne peut être complètement insignifiant pour une autre. Par ailleurs, certains d'entre nous se rappellent mieux ce qu'ils voient, d'autres ce qu'ils entendent, certains se souviennent mieux des événements lointains et vice versa. Enfin, il y en a qui sont "systématiques" même dans leurs souvenirs, d'autres qui mélangent les dates et les événements. Chacun de nous organise donc son "magasin" selon ses goûts et ses capacités. Les deux tests qui suivent vous aideront à découvrir quel type de mémoire vous avez et, surtout, si vous avez une bonne ou une mauvaise mémoire.

QUESTIONNAIRE

À la page suivante se trouvent trois tableaux. Observez attentivement le premier tableau pendant 30 secondes en essayant de retenir les mots qui y figurent et leur ordre. Couvrez ensuite le tableau et notez sur le schéma vierge ce que vous avez lu, si possible dans l'ordre. Faites la même chose avec le tableau des chiffres: observez-le pendant 30 secondes, ensuite couvrez la page et essayez de le reproduire sur le schéma vierge.

Observez ensuite le troisième tableau: le second dessin est presque semblable au premier, à l'exception de 10 détails: trouvez-les en moins de 2 minutes.

Exercice A

			A
FAIRE	DIRE	LUI	SALUT
AVEC	JAMAIS	SI	VA
SUR	GEL	JAMAIS	TON
MON	NIL	CHIEN	PEINE

Exercice B

			B
75	89	65	41
93	88	42	569
10	6	33	8
68	23	50	17

Exercice C

C

Exercice A

A

faire	dire	lui	
avec	jamais		
sur	ciel	jamais	
mon	nil		peine

Exercice B

B

Exercice C

C

Exercice D

Répondez aux questions suivantes.

1. Vous rappelez-vous toujours les anniversaires de vos amis ou parents?

[a] oui [b] pas toujours [c] non

2. Pouvez-vous retrouver un objet dans l'obscurité?

[a] oui [b] rarement [c] non

3. Au téléphone, reconnaissez-vous la voix de votre interlocuteur?

[a] oui [b] souvent [c] jamais

4. Pouvez-vous reconnaître une chanson que vous ne connaissez pas bien en n'entendant que les premières notes?

[a] oui [b] parfois [c] jamais

5. Lorsque vous sortez faire des courses, dressez-vous une liste des articles à acheter?

[a] oui [b] oui, si je dois faire de nombreux achats

[c] toujours

6. À quel âge remontent vos premiers souvenirs d'enfance?

[a] à l'âge de 3 ans [b] à l'âge de 4 ans [c] à l'âge de 5 ans

7. Pouvez-vous reconnaître un aliment à son odeur?

[a] oui [b] seulement si je l'aime [c] jamais

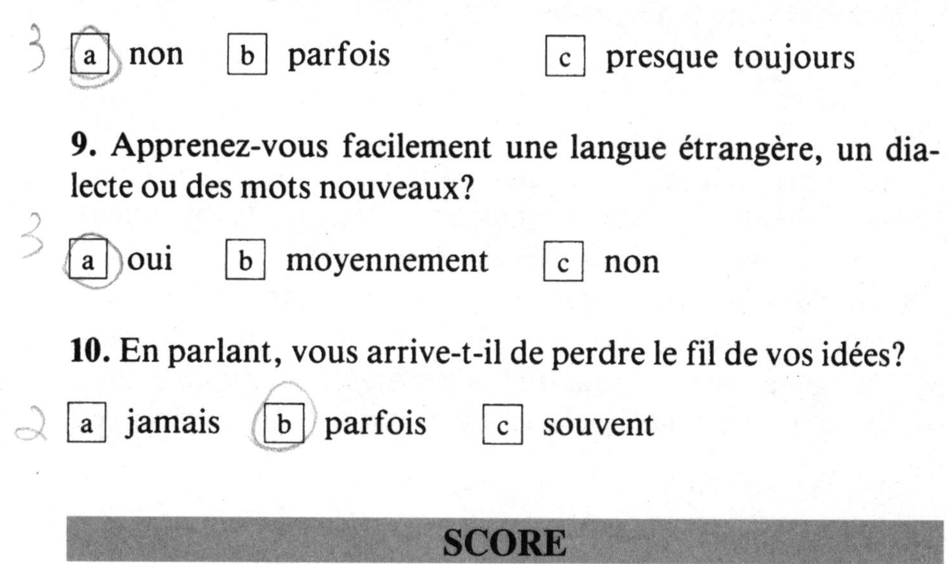

8. Vos occupations vous empêchent-elles de vous souvenir de vos petites promesses?

[a] non [b] parfois [c] presque toujours

9. Apprenez-vous facilement une langue étrangère, un dialecte ou des mots nouveaux?

[a] oui [b] moyennement [c] non

10. En parlant, vous arrive-t-il de perdre le fil de vos idées?

[a] jamais [b] parfois [c] souvent

SCORE

Exercice A: comptez 1 point pour chaque groupe de lettres placé au bon endroit (maximum 16 points).

Exercice B: comptez 1 point pour chaque groupe de chiffres placé au bon endroit (maximum 16 points).

Exercice C: comptez 1 point pour chaque détail trouvé. Voici les éléments manquant sur le deuxième dessin: un rayon de soleil, une hirondelle, un arbre en haut à droite, une patte de la vache, une fenêtre du clocher, la croix de l'église, une branche de l'arbre à gauche, une partie de la palissade de la maison, une partie du champ cultivé en haut à gauche, un buisson en bas à droite (maximum 10 points).

Exercice D: comptez 1 point pour chaque réponse c; 2 points pour b; 3 points pour a (max. 30 points).

RÉSULTATS

Avez-vous une bonne mémoire?

DE 72 À 40 POINTS

Si vous avez obtenu environ 70 points, vous avez une mémoire prodigieuse! Mais cela est très rare. Au-dessous de 70 points, vous avez une mémoire supérieure à la moyenne: non seulement vous vous rappelez toujours ce qui vous est utile, mais vous avez également une grande capacité de concentration, d'attention et de systématisation, qui vous permet de ranger votre "magasin" de façon schématique et précise et de trouver facilement les informations dont vous avez besoin.

DE 39 À 20 POINTS

Vous avez une bonne mémoire, surtout si votre score dépasse 30 points: non seulement vous vous souvenez facilement de tout ce qui concerne votre travail, votre vie affective et privée, mais vous êtes également très attentif, vous savez capter et introduire dans votre "banque de données" les informations qui échappent généralement aux autres. D'où vos brillantes "prestations", même en dehors de votre travail: une personne qui se souvient d'un parfum ou d'une date est toujours appréciée.

DE 19 À 0 POINTS

Plus votre score est bas moins vous avez de mémoire. Il ne s'agit probablement pas d'une incapacité à se rappeler, mais plutôt d'un problème concernant la phase de "stockage": il se peut que vous n'arriviez pas à vous concentrer en ce moment et que vous ayez du mal à retenir même les choses les plus importantes. Les réponses suivantes vous feront découvrir quel type de mémoire vous fait défaut: vous pourrez ainsi vous entraîner et essayer de l'améliorer, surtout s'il s'agit de la mémoire à court terme. Commencez par exemple à tenter de retenir des numéros de téléphone ou bien écoutez et sélectionnez les principales informations données par la télévision. Peut-être ne les écoutez-vous que d'une oreille, ce qui explique vos oublis!

Quel type de mémoire avez-vous?

EXERCICES A ET B. Si vous avez obtenu le maximum de points dans ces deux exercices, vous avez une mémoire immédiate (c'est-à-dire qui concerne les événements les plus récents) particulièrement développée, de type conceptuel.

EXERCICE C. Si vous avez obtenu le maximum de points dans cet exercice, vous avez une mémoire de type visuel: vous retenez plus facilement les images que les concepts abstraits.

EXERCICE D. Si vous avez obtenu le maximum de points dans les 5 premières questions de cet exercice, votre attention n'est pas très soutenue, mais votre mémoire à moyen terme est plutôt développée. En revanche, si vous avez obtenu le maximum de points dans les 5 dernières questions, vous vous rappelez plutôt les événements lointains. C'est une caractéristique des personnes d'un certain âge.

Êtes-vous anxieux?

Le seul véritable antidote contre le stress et le plus efficace est un caractère peu anxieux, capable de réagir de façon équilibrée aux stimuli du milieu environnant. Ce test vous aidera à découvrir si vous possédez cette capacité ou si vous êtes une personne anxieuse et, de ce fait, plus exposée au stress.

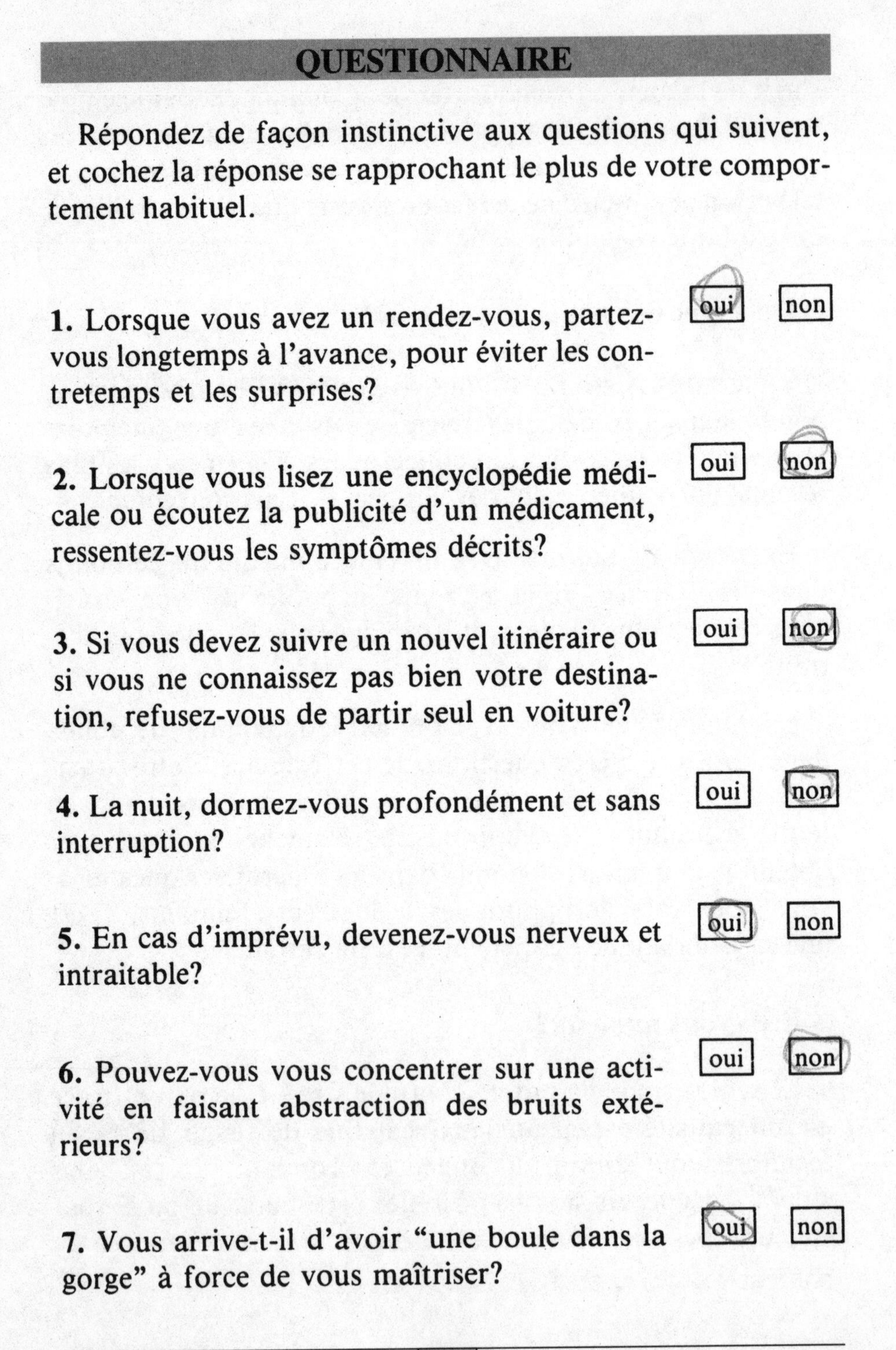

QUESTIONNAIRE

Répondez de façon instinctive aux questions qui suivent, et cochez la réponse se rapprochant le plus de votre comportement habituel.

1. Lorsque vous avez un rendez-vous, partez-vous longtemps à l'avance, pour éviter les contretemps et les surprises? oui non

2. Lorsque vous lisez une encyclopédie médicale ou écoutez la publicité d'un médicament, ressentez-vous les symptômes décrits? oui non

3. Si vous devez suivre un nouvel itinéraire ou si vous ne connaissez pas bien votre destination, refusez-vous de partir seul en voiture? oui non

4. La nuit, dormez-vous profondément et sans interruption? oui non

5. En cas d'imprévu, devenez-vous nerveux et intraitable? oui non

6. Pouvez-vous vous concentrer sur une activité en faisant abstraction des bruits extérieurs? oui non

7. Vous arrive-t-il d'avoir "une boule dans la gorge" à force de vous maîtriser? oui non

8. Lorsque vous entrez seul dans un endroit public, avez-vous l'impression que tout le monde vous regarde ou que votre présence est déplacée?

oui non

9. Avez-vous souvent l'impression de ne pas être à la hauteur de la situation?

10. Si au cours d'une soirée vous vous apercevez que votre bas a filé ou que votre chemise est tachée, pouvez-vous continuer à vous amuser comme si de rien n'était?

11. Si un membre de votre famille est en retard, pensez-vous tout de suite au pire et vous faites-vous du souci tant qu'il n'est pas rentré à la maison?

12. Vérifiez-vous plusieurs fois si la porte d'entrée, le gaz et l'eau sont bien fermés lorsque vous partez?

13. Avez-vous des habitudes, observez-vous des rites pendant la journée (le café à une certaine heure, la cigarette après le repas, la sieste) auxquels vous ne pouvez renoncer?

14. Digérez-vous facilement et sans problèmes?

15. Vous arrive-t-il d'avoir des bouffées de chaleur ou des sueurs froides sans raison?

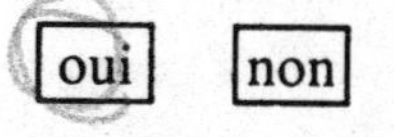

16. Partez-vous en vacances sans avoir réservé une chambre d'hôtel? oui non

17. Préférez-vous être accompagné lorsque vous devez vous rendre chez le médecin, passer un examen ou affronter une situation difficile? oui non

18. Avez-vous des tics?

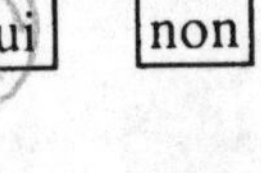

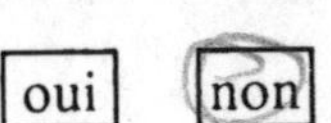

19. Ne vous détendez-vous complètement que pendant les vacances?

20. Le soir, préparez-vous soigneusement tout ce dont vous aurez besoin le lendemain (vêtements, papiers, sac)?

SCORE

Comptez 2 points pour les réponses qui correspondent aux combinaisons suivantes:

1: oui	**6**: non	**11**: oui	**16**: non
2: oui	**7**: oui	**12**: oui	**17**: oui
3: oui	**8**: oui	**13**: oui	**18**: oui
4: non	**9**: oui	**14**: non	**19**: oui
5: oui	**10**: non	**15**: non	**20**: oui

(maximum 40 points)

RÉSULTATS

■ DE 40 À 25 POINTS

Vous êtes réellement anxieux, surtout si votre score avoisine 40 points. Vous avez du mal à goûter les plaisirs de l'existence et vous avez tendance à ne relever que ses côtés négatifs. Vous reconnaissez difficilement que vous êtes anxieux et vous préférez incriminer vos problèmes quotidiens, le travail, la famille. En réalité, vous confondez la cause et l'effet: c'est votre anxiété qui provoque votre humeur noire. Essayez d'en parler à quelqu'un et de voir les choses sous un autre angle: une façon différente d'affronter les problèmes contribue parfois à les résoudre.

■ DE 24 À 14 POINTS

Votre anxiété est celle de la plupart des habitants des grandes villes. À savoir que votre tranquillité n'est pas à toute épreuve, mais généralement vous réagissez bien au stress et aux stimuli extérieurs. Si vous devez soutenir une épreuve difficile ou un examen, vous serez légèrement plus anxieux et nerveux, mais de manière passagère. La preuve en est que vous arrivez à vous maîtriser en parlant à quelqu'un, en fumant une cigarette, en vous promenant. Vous n'êtes donc pas anxieux par nature.

■ DE 13 À 0 POINTS

Vous avez de la chance: vous appartenez en effet à la catégorie restreinte des non anxieux. Non seulement vous vous adaptez aux conditions de vie de notre époque sans trop souffrir, mais vous savez aussi en tirer profit. Vous ne connaissez ni l'ulcère, ni les digestions difficiles, ni l'insomnie. Vous avez probablement trouvé votre soupape de sécurité: un sport ou une technique de relaxation.

■ Êtes-vous ambitieux?

Quel type d'ambition avez-vous? Une ambition qui vous incite à combattre contre vous-même ou bien qui vous pousse à rivaliser avec les autres? Dans la vie, préférez-vous réussir par n'importe quel moyen ou bien réaliser vos aspirations, même si elles ne vous amènent pas en haut de l'échelle sociale? Rêvez-vous que votre nom figure sur le "Who's who", ou aspirez-vous à une existence heureuse, mais anonyme? Bref, quelle forme a votre ambition?

QUESTIONNAIRE

Répondez sincèrement aux questions suivantes, en cochant la réponse qui se rapproche le plus de votre façon de penser.

1. Avez-vous souvent la sensation d'avoir gaspillé votre journée, parce que vous étiez fatigué ou que vous ne vous sentiez pas bien?

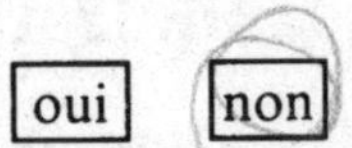

2. Pensez-vous que le sport et les hobbies sont une perte de temps?

3. Si vous faites quelque chose, le faites-vous bien ou pas du tout?

4. Êtes-vous chargé de la direction d'une association culturelle, politique, récréative, ou souhaitez-vous l'être?

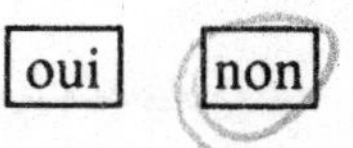

5. Préférez-vous passer vos vacances là où se réunit l'élite plutôt que dans un endroit quelconque?

6. Êtes-vous d'accord avec le proverbe "Il ne faut jamais remettre à demain ce qu'on peut faire le jour même"?

7. Comparez-vous souvent les résultats de votre travail à ceux des autres?

8. Vous arrive-t-il de penser qu'une personne moins valable que vous possède une voiture plus puissante et une maison plus belle que la vôtre?

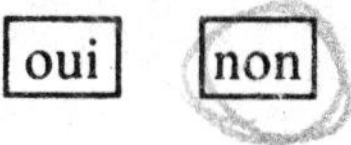

9. Pensez-vous que la façon de s'habiller et l'aspect extérieur n'ont pas d'influence sur le succès personnel?

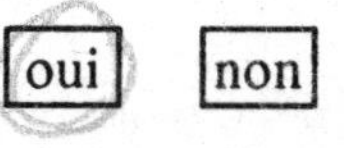

10. Préférez-vous recouvrir vos murs de reproduction que vous aimez plutôt que choisir une ou deux pièces de valeur?

11. Le soir à la maison pensez-vous avec satisfaction à ce que vous avez fait pendant la journée?

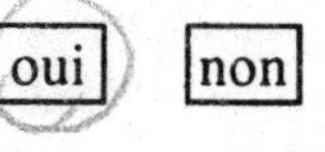

12. Estimez-vous que pour éviter les déceptions il ne faut pas viser trop haut?

oui non

13. Êtes-vous déjà allé dans une salle de gymnastique ou vous faire bronzer artificiellement uniquement pour avoir une belle apparence?

14. Possédez-vous des vêtements et des accessoires portant une griffe?

15. Vous arrive-t-il d'être très jaloux de quelqu'un?

16. Croyez-vous que les gens qui font carrière plus rapidement que vous ont tous été pistonnés?

17. Pour obtenir une mutation ou un avancement, hésitez-vous à rivaliser avec un ami?

18. Accomplir toujours son devoir, est-ce ce qui compte le plus dans la vie?

19. Si vous avez le choix entre un travail qui vous plaît et un travail qui ne vous plaît pas mais qui vous rapporte plus d'argent et de prestige, choisissez-vous le premier?

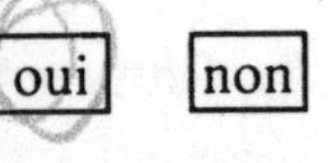

20. Organisez-vous des soirées pour inviter "des gens influents"?

21. Pour Noël, préférez-vous recevoir de l'argent plutôt qu'un cadeau?

22. Préférez-vous vivre dans un petit logement dont vous êtes propriétaire plutôt que dans un appartement plus joli et luxueux, en location?

23. Consacrer du temps aux personnes âgées, aux enfants et à la famille, est-ce une perte de temps?

24. Pour votre travail renoncez-vous à beaucoup de choses, même à celles qui feraient plaisir à vos proches?

25. Estimez-vous qu'on n'est rien dans la vie sans un bon emploi et une carrière assurée?

26. Aux feux verts, essayez-vous de démarrer plus vite que les autres automobilistes?

27. En train, voyagez-vous toujours en première classe?

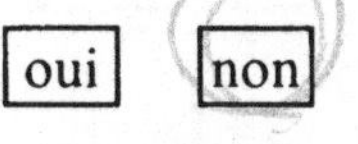

28. Comptez-vous les étoiles de l'hôtel ou du restaurant où vous avez été invité?

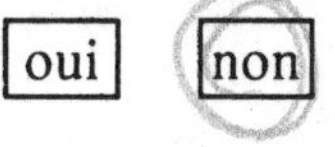

29. Pensez-vous que l'amour est plus important que la carrière?

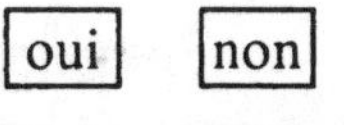

30. Préférez-vous emprunter l'escalier roulant plutôt que monter à pied?

SCORE

Comptez 1 point pour chaque réponse correspondant aux combinaisons suivantes:

1: non	**10**: oui	**19**: non	**28**: oui
2: oui	**11**: oui	**20**: oui	**29**: non

3: oui	**12**: non	**21**: oui	**30**: oui
4: oui	**13**: oui	**22**: non	
5: oui	**14**: oui	**23**: oui	
6: oui	**15**: oui	**24**: oui	
7: oui	**16**: non	**25**: oui	
8: oui	**17**: oui	**26**: oui	
9: oui	**18**: non	**27**: oui	

RÉSULTATS

■ DE 30 À 20 POINTS

Vous êtes extrêmement ambitieux et votre plus grande aspiration est de devenir une personne importante. Toutes vos énergies tendent vers ce but, souvent aux dépens des rapports affectifs et des moments de détente. Vous êtes un bosseur, acharné, combatif, plein d'énergie et de ressources; les valeurs auxquelles vous croyez le plus sont la productivité et le bon déroulement de votre carrière. Lorsqu'il s'agit d'atteindre un but, vous n'avez d'égards pour personne. Vous considérez la vie comme une compétition: que le meilleur gagne coûte que coûte! Un bon statut social, des revenus élevés et un emploi prestigieux, voilà votre objectif.

■ DE 19 À 10 POINTS

Vous êtes satisfait et équilibré, vous avez une bonne dose d'ambition, mais également des principes solides qui ne vous permettent pas d'écraser ou de négliger les autres pour atteindre un but. Vous aimez votre travail et vous vous engagez à fond: vous considérez en effet votre activité comme un moyen d'exprimer vos capacités et vous n'êtes satisfait que si vous y arrivez, indépendamment du niveau atteint. Cependant, d'autres choses sont aussi importantes que le travail: quelques heures de détente, si possible à l'air libre, de bons rapports avec la famille et les proches, des loisirs enrichissants pour l'esprit. En fin de compte, l'argent pour vous ne fait pas le bonheur.

■ DE 9 À 0 POINTS

Votre type d'ambition ne coïncide pas avec celui de la plupart des gens, ce qui ne signifie pas que vous n'êtes pas ambitieux; néanmoins, vos objectifs sont différents: une vie tranquille, calme, en paix avec vous-même et avec les personnes que vous aimez, une activité vous permettant d'exprimer toute votre créativité et votre talent, ou de gagner le strict minimum pour pouvoir vous consacrer à vos intérêts. Ceux-ci sont nombreux: la nature et les animaux, les sports vous permettant d'être en contact avec la nature, l'apprentissage des langues ou d'autres disciplines qui peuvent vous enrichir sur le plan spirituel et élargir vos horizons... Dès que vous avez un peu d'argent, au lieu d'acheter une nouvelle voiture ou renouveler votre garde-robe, vous préférez généralement partir en voyage, acheter de nouveaux disques, des livres ou... un saxophone!

■ Êtes-vous actif, réaliste, innovateur?

On rencontre parfois des personnes super-actives et dynamiques, concrètes et habiles, ouvertes à tout ce qui est nouveau et moderne ou, à l'opposé, des personnes tranquilles et sédentaires, rêveuses et idéalistes, attachées au passé et aux souvenirs. Auquel de ces types ressemblez-vous le plus?

Voici trois tests destinés à mettre en évidence trois aspects de la personnalité de chacun: l'activisme ou son contraire, la passivité; le réalisme ou l'idéalisme; l'esprit d'innovation ou de conservation. Vous allez découvrir en quelle mesure vous êtes doté de ces caractéristiques et si votre personnalité est homogène ou pleine de facettes et de nuances.

QUESTIONNAIRE

Cette épreuve comprend 5 tableaux, 2 pour chaque test. Faites un test à la fois: d'abord le A et le B, ensuite le C et le D, et en dernier lieu le E et le F. Choisissez chaque fois trois éléments de chaque tableau sans réfléchir, et cochez les lettres se rapportant aux 3 mots ou aux 3 images que vous préférez. Vérifiez ensuite votre score.

Test A

☐ a ☐ b ☐ c ☐ d ☐ e ☐ f ☐ g ☐ h ☐ i

Test B

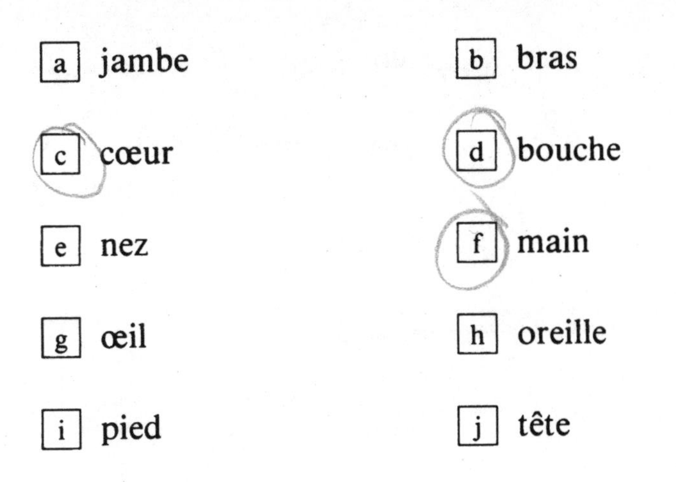

a jambe
b bras
c cœur
d bouche
e nez
f main
g œil
h oreille
i pied
j tête

Test C

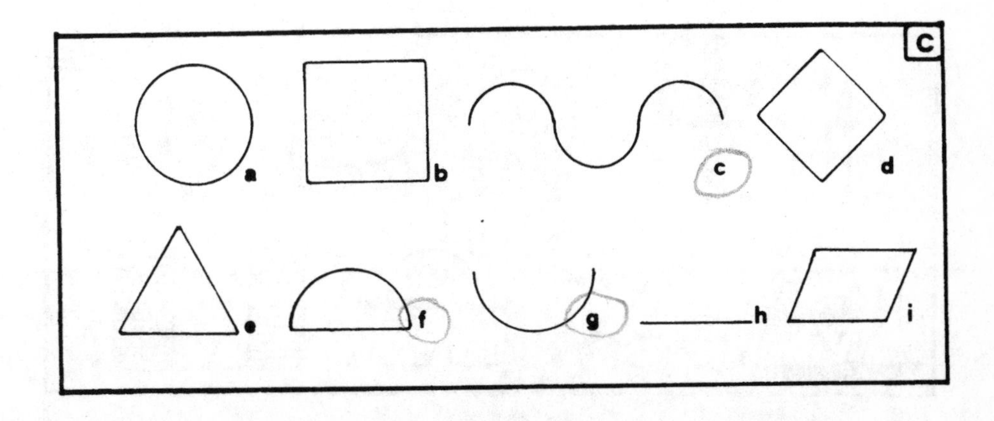

Test D

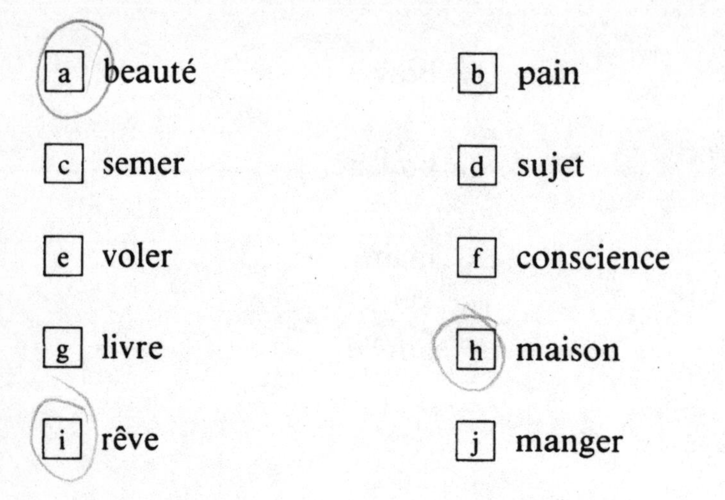

a beauté
b pain
c semer
d sujet
e voler
f conscience
g livre
h maison
i rêve
j manger

Test E

a b c d e f g h i

Test F

a sprint — b rapide

c rouge — d marron

e œil — f bouche

g pantalon — h jeans

i mouvement — j stabilité

k vivant — l vigoureux

m almanach — n agenda

o ouvrir — p fermer

q bruit — r silence

SCORE

Comptez 1 point pour chaque réponse correspondant à l'une des suivantes:

Test A = a, d, e, f, g	**Test D** = b, c, g, h, j
Test B = a, b, d, e, f, i	**Test E** = c, d, e, g, i
Test C = b, d, e, h, i	**Test F** = a, c, e, h, i, k, n, o, q

RÉSULTATS

■ Êtes-vous actif ou passif?

Tests A et **B** (Additionnez les scores des 2 tests, et multipliez par 2 le résultat obtenu: maximum 12 points)

■ DE 12 À 9 POINTS

Vous êtes vraiment super-actif: affairé et énergique, vous aimez toutes les activités physiques, même pénibles, et les sports, surtout s'ils exigent puissance et mouvement. Lorsque vous exercez une activité sédentaire, vous supportez difficilement les horaires imposés et les obligations. Plein d'enthousiasme et d'entrain, vous vous réveillez toujours "gonflé à bloc" et vous passez d'une activité à l'autre sans jamais ressentir la fatigue.

■ DE 8 À 4 POINTS

Vous êtes assez actif, sans être impétueux: vous aimez peser le pour et le contre et bien réfléchir avant de prendre une initiative. Vous préférez les sports de plein air, surtout s'ils vous permettent de vous détendre, car vous vous dépensez beaucoup dans le travail.

■ DE 3 À 0 POINTS

Vous êtes indolent et tranquille, vous préférez la réflexion à l'action: chaque fois que vous devez prendre une décision, il vous faut du temps pour passer de la phase théorique à la phase pratique, ainsi que pour récupérer vos forces. Vous vous fatiguez, vite et vos mouvements sont toujours lents et calmes. Généralement vous n'aimez pas les sports, surtout s'ils exigent rapidité ou puissance. Vous êtes plus attiré par les jeux de cartes et de société, ou les sports "calmes".

Êtes-vous réaliste ou idéaliste?

Tests C et **D** (Additionnez les scores des 2 tests, et multipliez par 2 le résultat obtenu: maximum 12 points)

DE 12 À 9 POINTS

Les gens qui vous connaissent affirment que vous avez les pieds sur terre et la tête sur les épaules; vous êtes en effet extrêmement pratique et concret. Vous détestez les abstractions et préférez la réalité aux théories. De ce fait, vous exercez rarement une activité intellectuelle, hormis la recherche scientifique, basée sur les expériences. À l'école, vous n'avez jamais été un brillant élève: votre compétence, même si elle est excellente, est due à votre expérience.

DE 8 À 4 POINTS

Vous êtes rationnel, ce qui vous permet de défendre vos idéaux sans oublier les nécessités pratiques. Ceci est un atout dans votre vie professionnelle. Sur le plan sentimental, on estime cependant généralement que vous n'êtes pas assez instinctif.

DE 3 À 0 POINTS

Romantique, spirituel, idéaliste, vous avez toujours la tête dans les nuages. Votre vie se fonde sur des principes auxquels vous renoncez difficilement, au risque de paraître têtu. Vous ne vous intéressez pas aux problèmes matériels et vous choisissez toujours ce qui vous paraît juste, parfois même au préjudice de votre intérêt. Sur le plan sentimental vous vous donnez complètement, surtout si vous rencontrez une personne qui partage votre vision idéale de l'existence.

■ Êtes-vous innovateur ou conservateur?

Tests E et **F** (Additionnez les scores des 2 tests, et multipliez par 2 le résultat obtenu: maximum 12 points)

■ DE 12 À 9 POINTS

Le futur, ainsi que tout ce qui est nouveau ou en évolution vous séduit beaucoup plus que le passé. Créatif et plein d'initiatives, vous aimez les activités originales et insolites, ou exercer une profession en pleine évolution, comme l'informatique. Vos rapports sentimentaux sont rarement fondés sur les souvenirs: vous préférez partager avec votre compagnon ou votre compagne des projets et des intérêts stimulants.

■ DE 8 À 4 POINTS

Vous avez trouvé le juste milieu entre le passé et le futur: vous conservez tous les côtés positifs des traditions, mais vous n'hésitez pas à embrasser une nouvelle cause ou de nouvelles hypothèses de travail si vous vous rendez compte qu'elles sont meilleures. Cet équilibre et votre objectivité vous aident tant dans le domaine du travail que dans vos rapports familiaux: quel que soit votre âge, vous ne serez jamais gêné par le fossé des générations.

■ DE 3 À 0 POINTS

Vous aimez le passé et tout ce qui appartient à la tradition: en un mot, vous êtes un conservateur. Vous quittez rarement le chemin habituel et vous avez tendance à imposer cette attitude aux autres, ce qui peut vous poser des problèmes dans le domaine du travail.

Arrivez-vous à vous contrôler?

Les Anglais l'appellent "self-control". La plupart des gens attribuent aux peuples nordiques cette capacité de maîtriser leurs émotions et leurs impulsions. Une caractéristique que les méditerranéens ou latins semblent ignorer. Pourtant, un soupçon de self-control est toujours utile dans nos rapports avec les autres et pour maîtriser certaines situations, lorsque, déjà stressés par un rythme de vie frénétique, nous réagissons de façon violente et agressive. Il en va de notre santé (et de celle des autres). Le test suivant va vous apprendre dans quelle mesure vous pouvez vous contrôler.

QUESTIONNAIRE

Répondez avec sincérité aux questions suivantes, en essayant de vous identifier au personnage décrit et d'imaginer vos réactions. Vous avez trois possibilités: cochez celle qui se rapproche le plus de votre comportement habituel.

1. Vous faites la queue depuis deux heures devant le guichet d'une administration. Une personne vient d'arriver et essaie de passer devant tout le monde. Comment réagissez-vous?

- a Vous commencez à hurler, vous la prenez par le collet et la catapultez à l'arrière de la queue.
- b Vous laissez tomber, pensant que ça va bientôt être votre tour.
- c Vous lui demandez poliment de faire la queue, en expliquant que vous attendez depuis deux heures et que vous n'avez pas l'intention de céder votre place, si ce n'est pour des raisons valables.

2. Dans une discussion entre amis concernant le football, la politique ou tout autre sujet “chaud”, comment vous comportez-vous?

- [a] Vous essayez d’écouter les autres et de vous faire écouter, mais sans vous échauffer, car l’important est de passer un agréable moment.
- [b] Si les autres ne sont pas du même avis que vous, vous commencez à vous échauffer et si vraiment ils ne veulent pas entendre raison, vous finissez par vous fâcher sérieusement.
- [c] Vous participez rarement à une discussion, vous préférez vous borner à écouter les autres.

3. Estimez-vous qu’une claque de temps en temps ne fait pas de mal?

- [a] Absolument, il y a des gens avec qui on ne peut raisonner!
- [b] Seulement s’il s’agit de vous défendre ou de défendre une personne faible, attaquée injustement.
- [c] Jamais! Il ne faut jamais perdre la tête et en venir aux mains. À quoi sinon servirait la parole?

4. Un ami ou une amie ne s’adresse a vous que pour se plaindre de ses malheurs. Que lui répondez-vous?

- [a] Que vous avez déjà assez de vos malheurs et que vous aimeriez qu’il vous fiche la paix!
- [b] Qu’il pourrait essayer de voir les choses sous un autre angle et profiter des amis d’une autre manière: se détendre et oublier momentanément ses problèmes est la meilleure façon de les résoudre.

[c] C'est ça l'amitié: vous avez de la compassion pour lui et vous essayez de le consoler.

5. Avez-vous déjà cassé des assiettes au cours d'une dispute?

[a] Une fois seulement, mais c'était vraiment une exception.
[b] Jamais.
[c] Souvent: mieux vaut casser des assiettes que la tête des autres!

6. Vous êtes au cinéma et soudain l'image est coupée. Que faites-vous?

[a] Vous sifflez et vous criez "image"...
[b] Vous attendez calmement que le film soit réparé: vous êtes sorti pour vous amuser et vous n'êtes pas pressé.
[c] Si l'interruption est trop longue, vous sortez de la salle et vous demandez qu'on vous rembourse le prix du ticket.

7. Vous êtes au volant et votre voiture est bloquée dans un embouteillage. Que faites-vous?

[a] Vous garez votre voiture et vous marchez jusqu'au prochain arrêt de bus.
[b] Vous êtes ennuyé, mais vous savez que la seule solution est d'attendre tranquillement. Vous allumez la radio.
[c] Vous commencez à klaxonner et à lancer des invectives contre les conducteurs les plus proches.

8. Vous lisez tranquillement votre journal et quelqu'un près de vous commence à tapoter sur la table. S'il n'arrête pas au bout d'un certain temps, que faites-vous?

a Vous lui dites qu'il vous gêne.

b Vous le laissez faire: il finira tout de même bien par se lasser.

c Vous le regardez avec insistance et d'un air agacé, pour qu'il comprenne qu'il vous gêne.

9. Vous êtes en train de regarder un film d'amour: les deux protagonistes ne se voyaient pas depuis longtemps et ils se rencontrent par hasard sur une plage presque déserte. Selon vous, que vont-ils faire?

a Ils s'embrassent, se débarrassent rapidement de leurs vêtements et commencent à faire l'amour de façon sauvage.

b Ils tombent dans les bras l'un de l'autre et ils restent longtemps dans cette position, émus, incrédules et sans paroles.

c "C'est vraiment toi? Je n'en crois pas mes yeux! Mais que fais-tu ici?". Une fois prononcés ces premiers mots, ils commencent à parler sans interruption en racontant toute leur vie.

10. Vous buvez votre café au comptoir et un monsieur renverse sur vous le contenu de son verre. Comment réagissez-vous?

a Vous lui dites: "Regardez ce que vous avez fait! Vous ne pouvez pas faire attention?"

b Vous êtes ennuyé, mais vous acceptez quand-même ses excuses avec un sourire: au fond, il ne l'a pas fait exprès.

c Vous l'insultez grossièrement.

SCORE

Calculez vos points en suivant ce schéma:

1: a1, b3, c2	**6:** a1, b3, c2
2: a2, b1, c3	**7:** a2, b3, c1
3: a1, b2, c3	**8:** a1, b3, c2
4: a1, b2, c3	**9:** a1, b3, c2
5: a2, b3, c1	**10:** a2, b3, c1

RÉSULTATS

DE 30 À 20 POINTS

Vous vous maîtrisez tellement bien que l'on peut se demander comment vous arrivez à vous libérer des tensions et des conflits accumulés pendant la journée. Dans certains cas, votre attitude est même trop tolérante, voire résignée.

DE 19 À 10 POINTS

En toutes circonstances, même la plus insolite et explosive, vous faites toujours preuve de mesure, d'équilibre et de modération.

Vous êtes donc capable de vous maîtriser sans sortir de vos gonds pour des motifs futiles, mais si la situation l'exige vous réagissez comme il se doit et vous ne vous laissez pas faire. Une bonne dose de rationalité et un peu d'humour vous aident à être toujours maître de vous-même.

DE 9 À 0 POINTS

Votre tempérament est comme une allumette: inflammable. Vous avez un penchant pour les disputes et vous ne perdez pas une occasion de faire comprendre aux autres qu'il ne faut pas jouer avec le feu, même quand cela n'est pas vraiment nécessaire. Voilà pourquoi, souvent, vous vous rendez ridicule sans le savoir. Impulsif et irascible, il suffit de peu pour que vous perdiez le contrôle de vous-même et que vous "éclatiez". Cependant, une fois que vous vous êtes défoulé, vous vous réconciliez rapidement avec les autres.

Quels sont vos rêves les plus fréquents?

Tout le monde rêve; c'est une fonction indispensable pour garder son équilibre et sa santé. Mais les rêves ne sont pas seulement une nécessité, ils sont également une source intarissable d'informations sur la véritable personnalité. Malheureusement il n'est pas toujours aisé de déchiffrer leurs codes. Quel est le message renfermé dans vos rêves les plus fréquents? Nous allons vous aider à le découvrir par le biais de ce test qui n'en est pas vraiment un. Il s'agit plutôt d'une liste d'images, dont l'explication est fournie par la psychanalyse, mais aussi par la tradition populaire, qui depuis des milliers d'années propose sa propre clé des songes. Cherchez dans cette liste les éléments qui reviennent le plus fréquemment dans vos rêves: vous apprendrez peut-être quelque chose de nouveau sur vous.

• *Le feu.* Tous les psychanalystes reconnaissent que le feu symbolise le désir sexuel, la force déferlante de l'amour physique. La tradition populaire donne également une interprétation positive de cet élément, qu'elle considère comme le héraut de l'abondance, de la fécondité, de l'amour et du pouvoir. À moins qu'il ne se transforme en incendie destructeur.

• *La neige et la glace.* Frigidité, caractère froid, introverti et renfermé: selon la psychanalyse, la froideur de ces éléments correspond à une certaine froideur d'âme, à un manque d'abandon.

• *Les dents.* Les dents ont également une signification sexuelle, qui varie selon le contexte: des dents fortes et robustes symbolisent l'agression; des dents fragiles, qui bougent ou qui tombent, peuvent symboliser pour l'homme la crainte d'être impuissant, et pour la femme la crainte d'être stérile, ou toute autre crainte associée à la sexualité.

• *La mort.* "Ta vie sera plus longue", disait-on dans le temps à ceux qui rêvaient leur mort. La psychanalyse également considère que les rêves de mort ne sont pas négatifs: ils annoncent un changement ou un tournant important de la vie, la fin de quelque chose qui sera remplacé par quelque chose d'autre.

• *Les vêtements.* Lorsqu'on en rêve, ils révèlent ou cachent certains aspects de la personnalité. Certains psychanalystes considèrent que les vêtements représentent la condition psychologique de celui qui en rêve: si on se sent à l'aise dans un vêtement, on se sent également à l'aise avec soi-même, alors qu'un vêtement inadapté peut indiquer une gêne.

• *Le pain.* Symbole de bon augure et de prospérité pour les anciens, le pain est lié, selon Freud, à l'image de la personne qu'on aime ou qu'on désire; il est également un symbole phallique.

• *La maison.* D'après Freud, la maison représente le corps humain, d'après Jung notre âme. La solidité, la beauté ou la fonction de la maison peuvent donc, suivant le contexte du rêve, se rapporter à des qualités de notre personne.

• *La table.* Selon Freud, elle représente le lit, de même que la nourriture représente la sexualité. De quel genre de table avez-vous rêvé? Bien garnie ou pauvre, grande et attirante ou sale et pleine de miettes? À vous d'interpréter.

• *Nager.* Jung affirme que l'eau est le symbole de la naissance et de la mort: nager signifie donc savoir vivre et affronter la vie d'une façon ou d'une autre. Examinez donc votre style: dans votre rêve, nagez-vous pour ne pas vous noyer ou pour vous amuser?

• *Le tribunal.* Si vous être en train de revoir votre comportement ou de faire un examen de conscience, il est possible que vous rêviez d'un tribunal ou d'un procès. Attention: une ambiance trop tendue indique un sentiment de culpabilité excessif. Vous risquez d'avoir bientôt des problèmes psychologiques.

• *La barque.* La psychanalyse voit dans la barque la féminité, le sein maternel, la grossesse, la protection. Comment est votre barque? Sûre et accueillante ou fragile et prête à couler?

• *L'arbre.* Pour les anciens comme pour les psychanalystes modernes l'arbre est le symbole de la vie, de notre personnalité, de la force vitale. S'il est haut et élancé, il a des caractéristiques masculines; s'il est plein de racines et de fruits, il a des caractéristiques féminines.

• *Le cheval.* Si Freud considère le cheval comme le symbole de la liberté sexuelle et des désirs érotiques, Jung étend sa signification à la force vitale en général, à l'instinct primordial, y compris (mais pas seulement) l'instinct sexuel.

• *L'araignée.* Elle est oppressante et capable d'envelopper sa proie dans sa toile: rêver une araignée indique donc la sensation ou la crainte d'être opprimé par quelque chose ou par quelqu'un.

• *Le diable.* Un objet ou une personne que vous craignez ou que vous considérez de façon négative se transforme, dans votre rêve, en un diable ou un monstre malfaisant. Il en est de même pour les tentations, sentiments de culpabilité, désirs sexuels interdits. Quel est le diable qui vous tourmente?

Aptitudes et talents

Quelles sont vos aptitudes?

Avec le temps chacun de nous a pu vérifier s'il maniait mieux le marteau ou le stylo, s'il était plus doué pour la vente ou pour la recherche scientifique. Mais si les tests d'aptitude ont surtout la fonction d'orienter les jeunes et les étudiants vers telle ou telle autre activité ou discipline, ils peuvent également fournir aux adultes des renseignements précieux et inattendus. La preuve en est que les grandes entreprises se servent justement de ces tests pour sélectionner le personnel et placer l'homme qu'il faut à la place qu'il faut.

Quelles sont les qualités requises pour bien exercer une certaine activité?

Dans quels domaines pouvez-vous donner le meilleur de vous-même?

Le test suivant va vous aider à découvrir des talents qui n'ont pas encore vu le jour et qui ne se sont pas encore manifestés pleinement chez vous.

Même si vous ne sucez plus votre pouce depuis longtemps, ce test pourra encore vous étonner, vous révéler des dons oubliés, ou bien confirmer que vous avez fait le bon choix, que vous connaissez vos capacités.

QUESTIONNAIRE

Répondez à la série de tests destinés à sonder vos différentes aptitudes. À la fin de ces épreuves, calculez votre score.

Géométrie dans l'espace

Test A

Laquelle de ces six figures n'est pas à sa place? Cochez la lettre correspondant à la figure qu'il faut écarter.

☐ a ☐ b ☐ c ☐ d ☐ e ☐ f

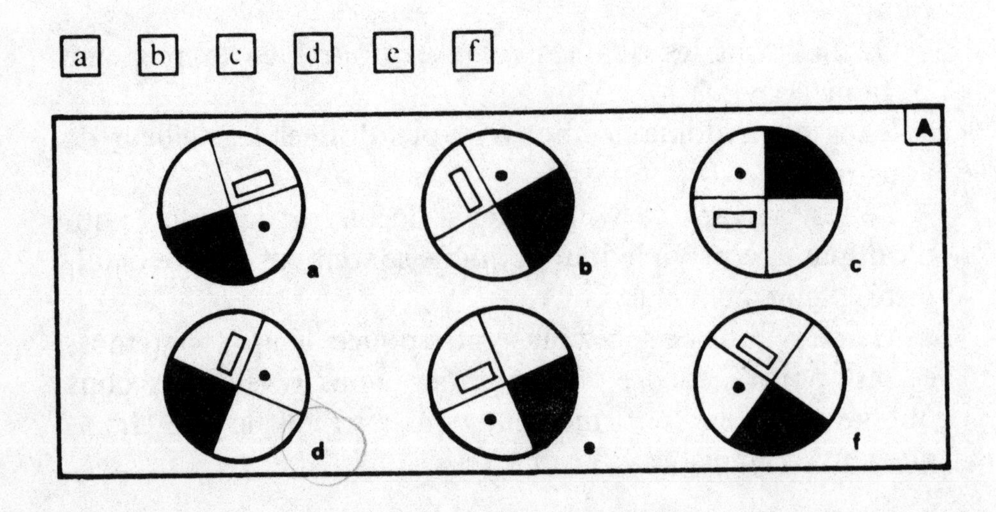

Test B

Combien de surfaces composent chacune des six figures géométriques suivantes? Marquez leur nombre dans les petits carrés correspondant à chaque figure.

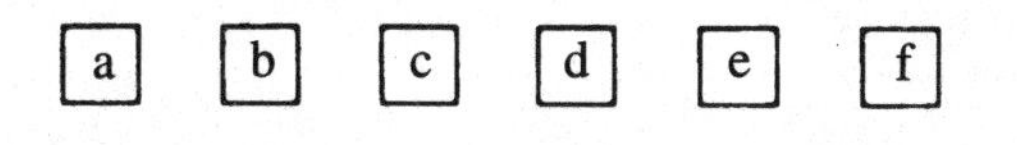

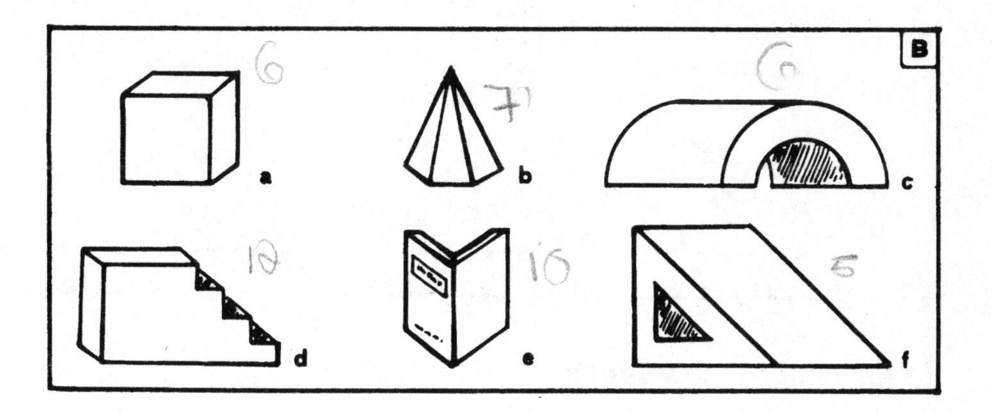

Test C

Laquelle de ces six figures devrait être exclue du groupe? Cochez la lettre correspondant à la figure qu'il faut écarter.

a b c d e f

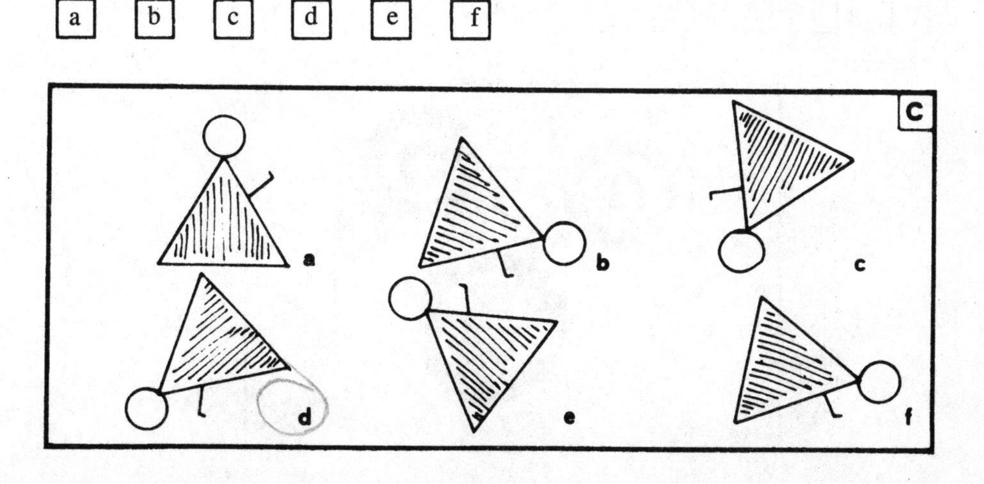

Test D

Quelles sont, dans ce groupe, les deux figures jumelles? Cochez les lettres correspondant aux deux figures.

a b c d e f

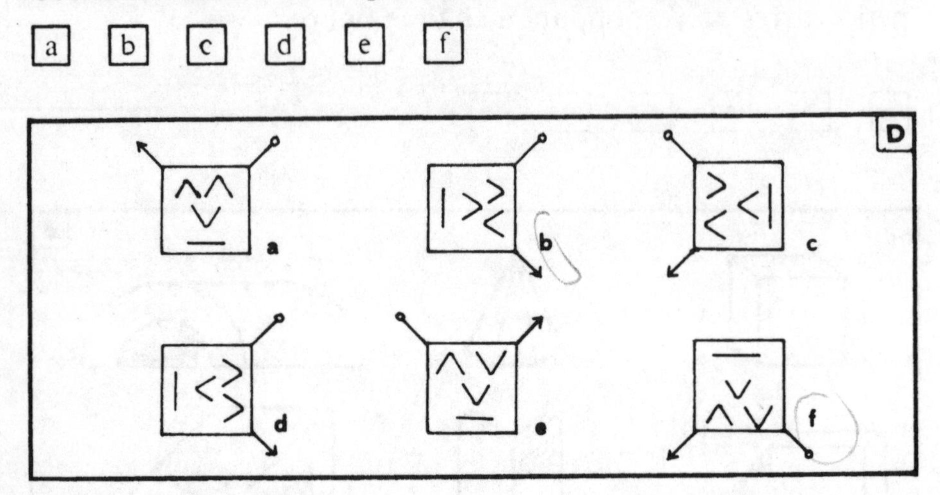

Technique et mécanique

Test E

Lequel de ces engrenages tourne dans le sens des aiguilles d'une montre? Cochez les lettres correspondant à la figure choisie.

a b c d e f

Test F

Observez attentivement cette représentation hypothétique de la tour de Pise: en supposant que le centre de gravité se trouve au point B, pensez-vous que la tour va rester debout (a) ou bien tomber (b)? Cochez la case correspondant à votre réponse.

☐ a ☐ b

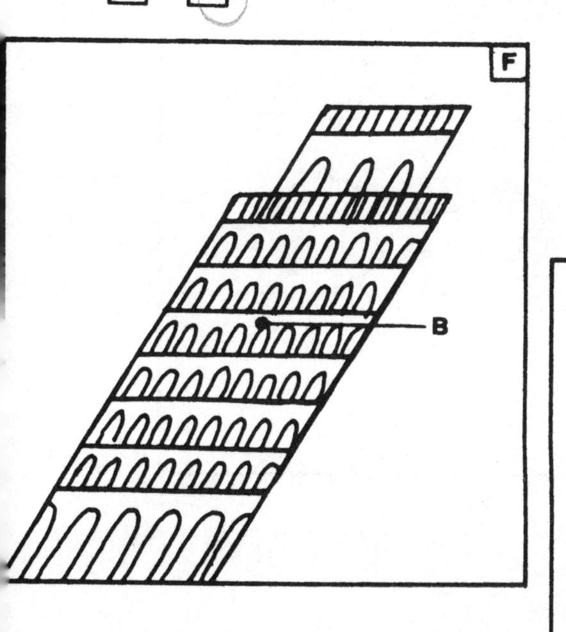

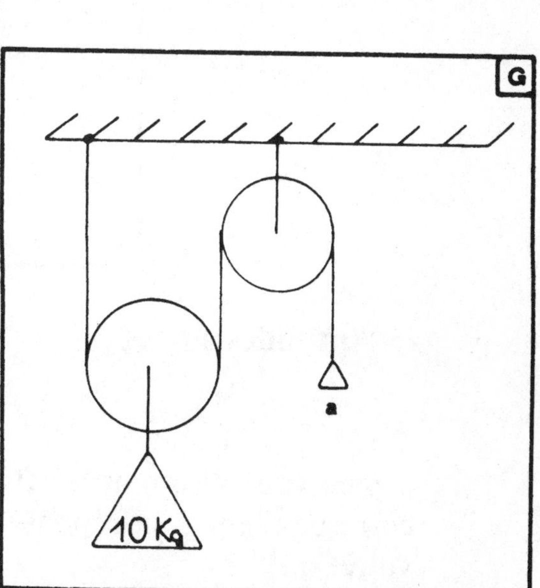

Test G

Observez attentivement le dessin ci-dessus: quelle force doit-on appliquer au point A pour soulever la poulie folle supportant un poids de 10 kilos? En d'autres termes, combien de kilos faut-il appliquer au point A? Marquez ce chiffre dans la case.

☐ 11

Test H

Observez attentivement le dessin suivant: si la voiture avait un accident et sortait de la chaussée, quelle trajectoire suivrait-elle? Cochez la case correspondant à votre réponse.

[a] [b]

Aptitudes à l'art

Test I

Que vous inspirent les figures suivantes? Cochez la case correspondant à la réponse qui se rapproche le plus de la vôtre.

1

[a] un taureau

[b] une personne la tête en bas, exécutant un saut mortel

[c] autre chose

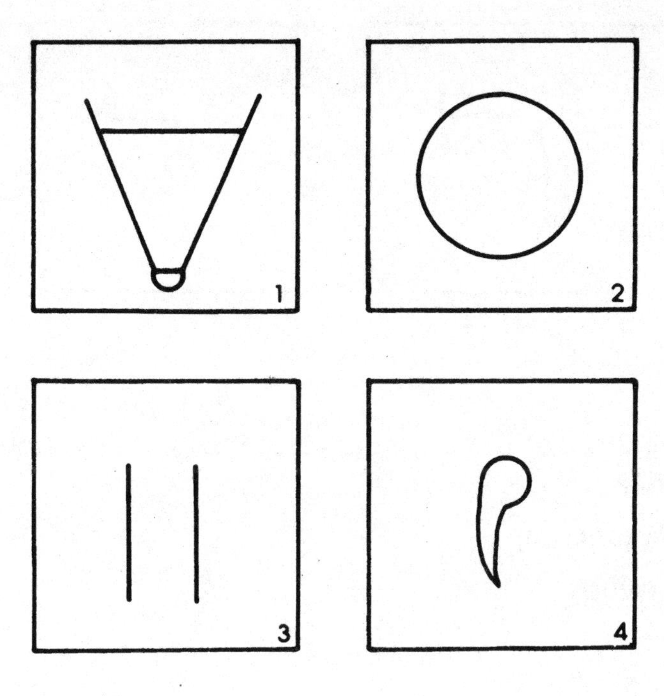

2

- a une circonférence
- b un hoola hop
- c autre chose

3

- a des rails
- b deux poteaux télégraphiques bavardant entre eux
- c autre chose

4

- a une virgule
- b un spermatozoïde
- c autre chose

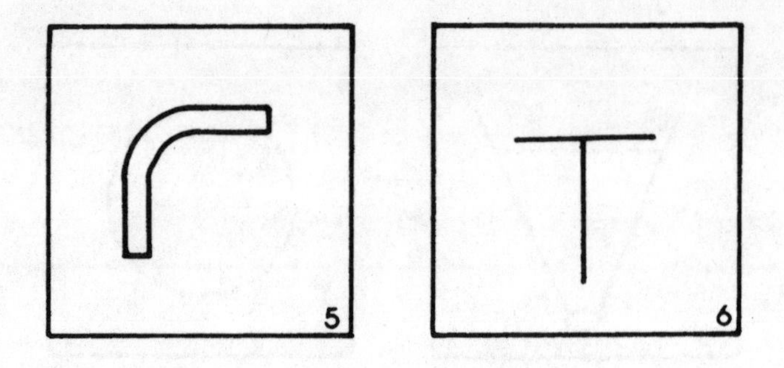

5

- [a] le symbole d'un virage sur les panneaux de signalisation routière
- [b] un boomerang
- [c] autre chose

6

- [a] la lettre T
- [b] une table exposée au Musée d'Art Moderne de New York
- [c] autre chose

Test J

Citez au moins cinq nuances de bleu.

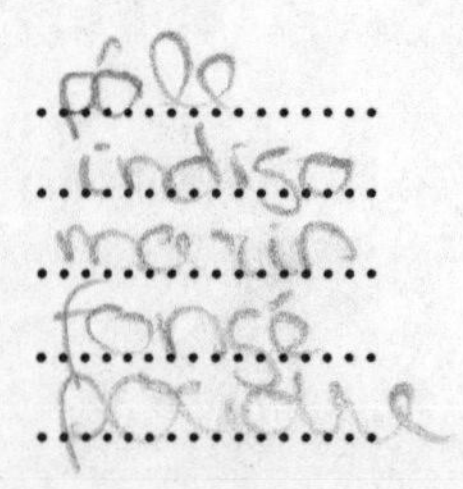

Test K

Observez attentivement les deux premiers couples de figures. En vous basant sur le principe de complémentarité des deux premiers couples, indiquez parmi les six figures du dessous le deuxième membre du troisième couple.

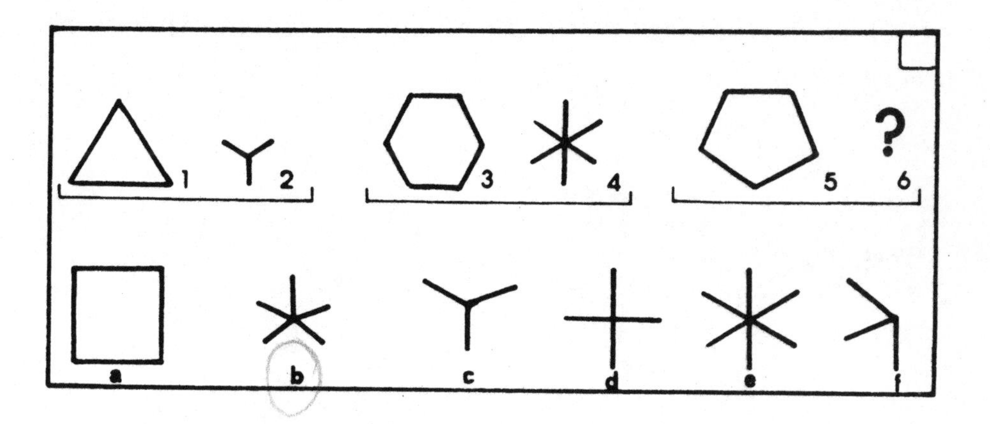

Test L

Laquelle de ces cinq figures est différente des autres? Trouvez-la en moins d'une minute.

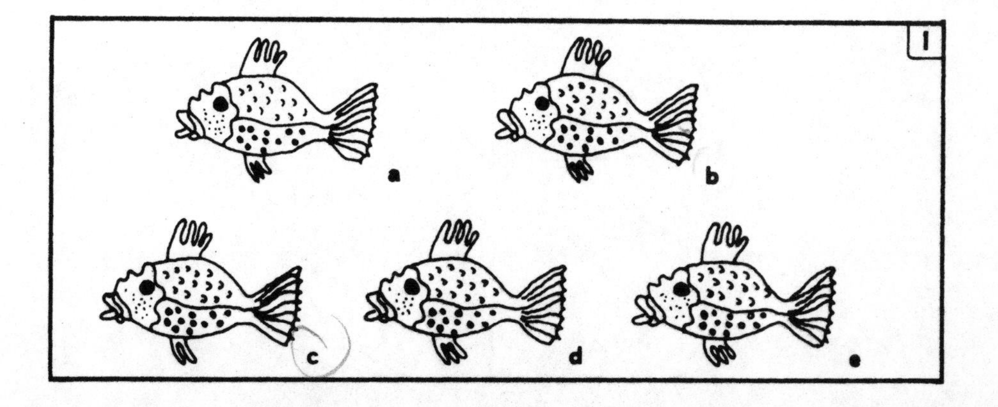

Arithmétique

Test M

Quel nombre continue cette série? Inscrivez-le dans la case vide.

6 8 12 20 36 ☐

Test N

Quel chiffre manque-t-il sur ce tableau? Inscrivez-le dans la case vide.

6	2	9
7	4	6
5	☐	8

Test O

Qu'est-ce que ces chiffres ont en commun?

732 9 69 261 48 27 1524

....

Test P

Trouvez sur ce dessin les différents couples de chiffres et devinez pourquoi ils ont été couplés.

....

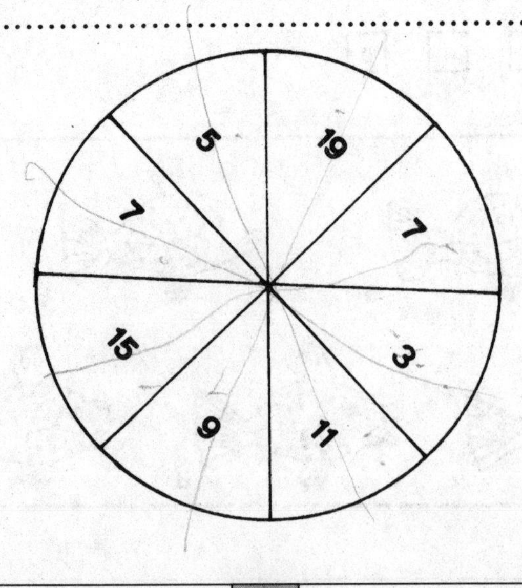

Test Q

Complétez cette série avec le chiffre manquant.

10 4 3-8 6 1-7 3 2-9 5   ☐

Test R

Quel est le chiffre manquant sur le quatrième triangle?

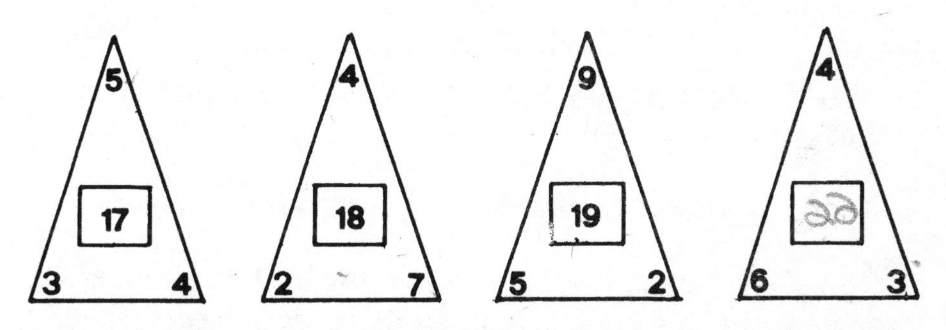

SOLUTIONS ET SCORE

Géométrie dans l'espace

Comptez 1 point pour chaque réponse correcte.

Test A = d

Test B = a6, b7, c4, d12, e10, f8

Test C = d

Test D = b, f

Technique et mécanique

Comptez 1 point pour chaque réponse correcte.

Test E = a, d, f

Test F = b (en effet la projection du barycentre se trouve en dehors de la base de la tour)

Test G = 5

Test H = a (la voiture serait poussée dans cette direction par la force centripète du virage)

Aptitudes à l'art

Test I = comptez 1 point pour chaque réponse b et 2 points pour chaque réponse c

Test J = comptez 1 point si vous avez trouvé 5 nuances

Test K = comptez 1 point si la réponse est b (c'est en effet la seule figure qui, comme dans les deux cas précédents, partage en deux tous les côtés du polygone)

Test L = comptez 1 point si la réponse est c (la première figure en bas a 2 pointes au lieu de 3)

Arithmétique

Comptez 1 point pour chaque réponse correcte

Test M = 68 (chaque chiffre est obtenu en multipliant par deux le précédent et en soustrayant 4 du résultat, donc 36 × 2–4 = 68)

Test N = 4 (sur chaque ligne la somme des trois chiffres est égale à 17: 5 + 8 + 4 = 17)

Test O = ils sont tous divisibles par 3

Test P = les couples sont formés de 2 quartiers opposés par la pointe, dont les chiffres sont pour l'un le double de l'autre, augmenté de 1 (ex. 9, 19, c'est-à-dire 9 + 9 + 1)

Test Q = 2 (chaque groupe de 3 chiffres est composé de 2 chiffres dont la différence est le double du troisième chiffre Ex: 10–4 = 6; 6:2 = 3 - 9–5 = 4; 4:2 = 2)

Test R = 22 (le chiffre se trouvant au milieu du triangle est obtenu en multipliant les deux chiffres de la base et en ajoutant au résultat le chiffre du sommet. Ex. $3 \times 4 = 12$, $12 + 5 = 17$; $6 \times 3 = 18$, $18 + 4 = 22$)

RÉSULTATS

Géométrie dans l'espace

(max. 9 points)

DE 9 À 6 POINTS

Avoir le sens de l'espace et la capacité d'appréhender les liens existant entre les volumes, les figures et les différentes surfaces est un élément fondamental du raisonnement et de l'intelligence, très important dans certaines professions. Si vous avez obtenu dans ce test le meilleur score, c'est que vous pouvez sans peine excercer les métiers suivants: architecte, ingénieur, mais aussi chauffeur, pilote, tourneur, géomètre ou maçon. Indépendamment de votre activité, votre capacité logique est élevée et votre intelligence est concrète: vous préférez en effet l'expérience à la théorie pure.

DE 5 À 3 POINTS

Votre sens de la spatialité n'est pas très élevé. De ce fait, vous n'excellez pas dans les activités citées ci-dessus, bien que vos prestations soient tout à fait honorables. D'ailleurs, certaines capacités peuvent être développées par l'expérience: des études appropriées ou des occupations stimulant les perceptions spatiales vous aideront dans ce sens.

■ DE 2 À 0 POINTS

Combien de bosses vous faites-vous par jour? Votre sens de la spatialité est tellement faible que vous devez sûrement en faire les frais dans votre vie quotidienne. Vous appartenez sans doute à la catégorie des personnages à la Woody Allen, un peu gauches et maladroits, mais géniaux sous d'autres aspects.

■ Technique et mécanique

(max. 7 points: multipliez votre score par 2)

■ DE 14 À 9 POINTS

Si vous avez obtenu ce score, vous avez probablement eu un excellent résultat dans le test précédent. En effet, les aptitudes à la spatialité vont de pair avec les aptitudes à la mécanique. Avoir des dons dans ce domaine signifie être capable de comprendre les différents processus (mécaniques, techniques, physiques) qui règlent la vie autour de nous. Vous êtes donc en mesure d'accomplir des activités manuelles exigeant de telles capacités (électricien, mécanicien, charpentier), mais aussi des activités plus théoriques, ayant pour but d'appréhender et de connaître les principes et les phénomènes qui nous entourent (physicien, astronome, chercheur).

■ DE 8 À 4 POINTS

Votre aptitude à la mécanique est moyenne. Vous pouvez donc par exemple réparer une machine à laver ou changer un pneu, de préférence en vous aidant d'un manuel d'instructions, mais vous ne pouvez en faire plus: en effet, le fonctionnement des mécanismes qui vous entourent ou les lois physiques régissant l'univers ne vous intéressent pas.

Vous ne serez probablement jamais ingénieur ou électricien.

DE 3 À 0 POINTS

La mécanique, ce n'est pas votre fort. Mais ne vous faites pas de souci: qui fait vivre les techniciens, si ce n'est les personnes comme vous, qui ne savent rien réparer? Votre activité s'exerce probablement dans d'autres secteurs, sans doute artisiques ou intellectuels.

Aptitudes à l'art

(max. 15 points)

DE 15 À 10 POINTS

Imagination, créativité, mais également "coup d'œil", bonnes réactions aux stimuli visuels: l'habileté artistique, surtout dans le domaine figuratif, est une synthèse de tous ces éléments, que vous semblez posséder à merveille. Cela ne veut pas dire que vous êtes le nouveau Giotto ou Matisse, mais vous êtes plus doué pour l'expression figurative ou l'intuition que pour le raisonnement logique. Doté d'imagination et de sensibilité, vous donnez le meilleur de vous-même dans une activité exigeant ces capacités: scénariste, directeur artistique, illustrateur, etc. Mais un employé administratif ou un facteur faisant preuve de créativité et d'inventivité peuvent également être utiles dans leur milieu de travail.

DE 9 À 5 POINTS

Votre créativité et votre sensibilité aux stimuli visuels sont moyennes. Vous n'êtes pas particulièrement imaginatif, ni totalement dénué d'inventivité: vous avez des capacités artistiques "normales". Ce mode d'expression ne vous intéresse pas outre mesure, mais dans vos moments de détente vous pouvez réaliser quelque chose d'original avec vos pinceaux ou tout autre technique. Il se peut que vos capacités s'expriment mieux dans le domaine du bricolage ou, si vous êtes une femme, de la couture et du tricot. Mais, selon toute probabilité, votre activité professionnelle touche des secteurs complètement étrangers à l'art.

■ DE 4 À 0 POINTS

Décidément, le monde de l'art et de l'imagination est bien loin de vos préoccupations. De toute évidence, votre activité se situe dans des secteurs qui nécessitent précision, organisation et respect des règles plutôt qu'inventivité ou originalité, dons que vous ne semblez pas posséder.

■ Arithmétique

(max. 6 points: multipliez votre score par 2)

■ DE 12 À 8 POINTS

Les comptables, les cybernéticiens, les statisticiens, les économistes, les mathématiciens et tous ceux qui jonglent quotidiennement avec les chiffres devraient obtenir, comme vous, le maximum de points. Si votre activité se situe parmi celles qui viennent d'être citées, votre score ne fait que confirmer votre prédisposition innée aux chiffres, que vos études ou votre activité ont développée ultérieurement. En revanche, si ce n'est pas dans ce domaine que vous travaillez, c'est sans doute dans vos hobbies que vous exprimez vos talents, dans des jeux exigeant de la logique et du calcul (échecs, bridge). Ce don est sûrement accompagné d'une intelligence remarquable.

■ DE 7 À 4 POINTS

Votre capacité numérique est normale. Vous n'excellez pas dans le domaine des abstractions mathématiques, mais vous pouvez gérer sans difficulté le budget familial ou celui de votre activité, si vous êtes installé à votre compte. Cependant, vous avez plutôt d'autres aptitudes, par lesquelles vous vous exprimez pleinement. Même pendant vos loisirs, vous préférez vous consacrer à des jeux ou à des hobbies n'exigeant ni logique ni précision. Il se peut aussi que vous détestiez cordialement les jeux de cartes et que vous préfériez la roulette.

DE 3 À 0 POINTS

Votre esprit refuse catégoriquement de pénétrer les mécanismes les plus élémentaires des mathématiques: il préfère d'autres systèmes. Sans doute avez-vous des aptitudes d'un tout autre genre, aussi développées que votre aversion pour les sciences exactes.

Quelles sont vos capacités?

Dans le chapitre précédent, vous avez pu évaluer votre prédisposition à l'arithmétique, à l'art ou à la mécanique, découvrir vos penchants pour telle ou telle activité. Mais il existe d'autres capacités, d'autres qualités qui, dans le milieu du travail, sont utiles, voire indispensables, indépendamment du secteur professionnel concerné: ce sont l'habileté, les bons réflexes, l'inventivité, la logique, l'esprit de décision, la flexibilité et l'esprit d'adaptation, la clairvoyance. Évidemment, il est rare de trouver toutes ces qualités dans une même personne.

Le groupe de tests qui suit va vous révéler quelles sont vos principales capacités: c'est à vous, ensuite, de les exploiter au mieux. Si votre activité présente exige précisément la qualité dont vous êtes le plus doté, tant mieux pour vous. Sinon, ces tests mettront en évidence le fait que vos capacités ne sont pas, pour le moment, exploitées à fond. Si vous n'avez pas encore choisi votre voie, ces indications précieuses pourront vous y aider.

QUESTIONNAIRE

Exécutez l'ensemble des tests sur les différents types de capacité, puis calculez vos scores.

Avez-vous de bons réflexes?

Test A

En moins de 2 minutes, remplissez de points tous les carrés de ces deux grilles.

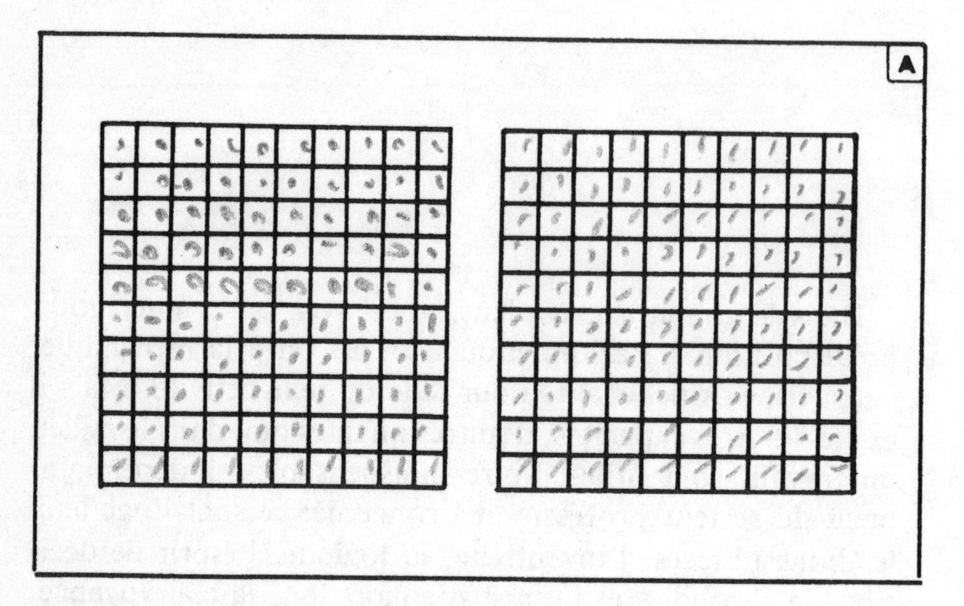

Test B

Observez attentivement la première rangée de figures: quelle figure, parmi celles de la deuxième rangée, complète de façon cohérente la série? Cochez la case dont la lettre correspond à la figure choisie. Temps maximum: 30 secondes.

☐ a ☐ b ☐ c ☐ d ☐ e

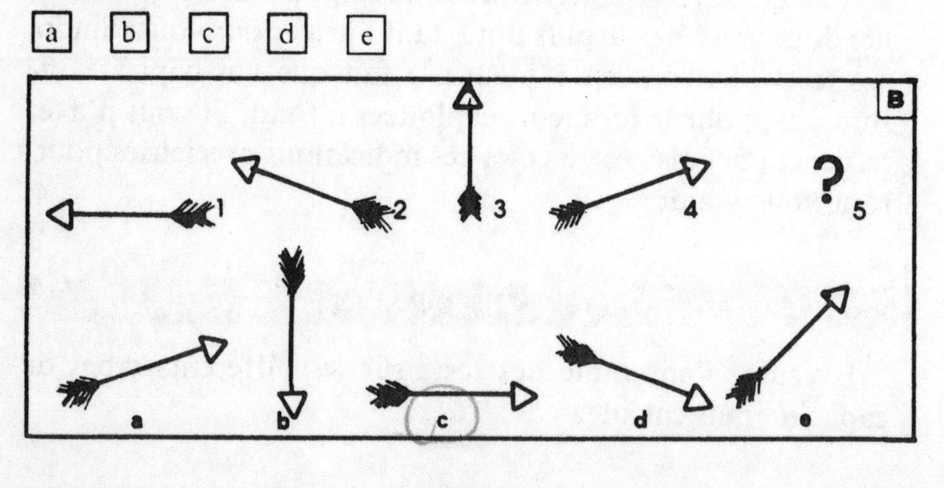

Test C

En 2 minutes maximum, suivez les instructions suivantes.

Fermez le livre, mais sachez qu'il y a contrordre à la première instruction, qui ne doit pas être suivie. Et maintenant continuez: si la moitié de 538 est 267, alors tournez la page, sinon écrivez ci-après le prénom de Zola......................., à moins qu'il ne soit encore en vie. Si le mot AÉROPORTUAIRE ne contient pas toutes les consonnes de l'alphabet, écrivez tous les chiffres compris entre 20 et 10, mais dans l'ordre inverse .... Maintenant rappelez-vous le nom du quatre-vingt dix-septième département métropolitain français, à moins qu'il n'y en ait moins: dans ce cas écrivez le nom de la capitale de notre pays avant les invasions germaniques .... Enfin entourez d'un rond le mot LUI, à moins que ce signe ne soit également une lettre de l'alphabet et signez le test de trois croix si vous n'êtes pas analphabète.

Test D

Observez attentivement la première rangée de figures: quelle figure, parmi celles de la deuxième rangée, complète la série? Cochez la case dont la lettre correspond à la figure choisie. Temps maximum: 30 secondes.

[a] [b] [c] [d]

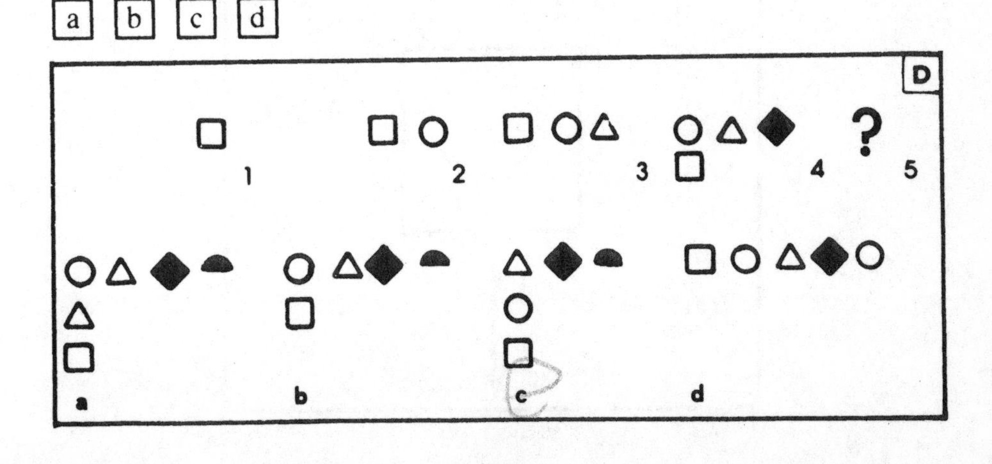

Test E

Lisez une seule fois les chiffres qui suivent, et trouvez la faute: 9 18 27 36 45 54 62 81 90.

....

■ Êtes-vous ingénieux et créatif?

Test F

Observez le dessin: il s'agit d'une piscine carrée pleine d'eau, avec un îlot carré au centre. La distance entre le bord de la piscine et l'îlot est de 2 mètres. Comment pouvez-vous arriver jusqu'à l'îlot sans vous mouiller, en ne possédant que deux planches d'une longueur de 2 mètres?

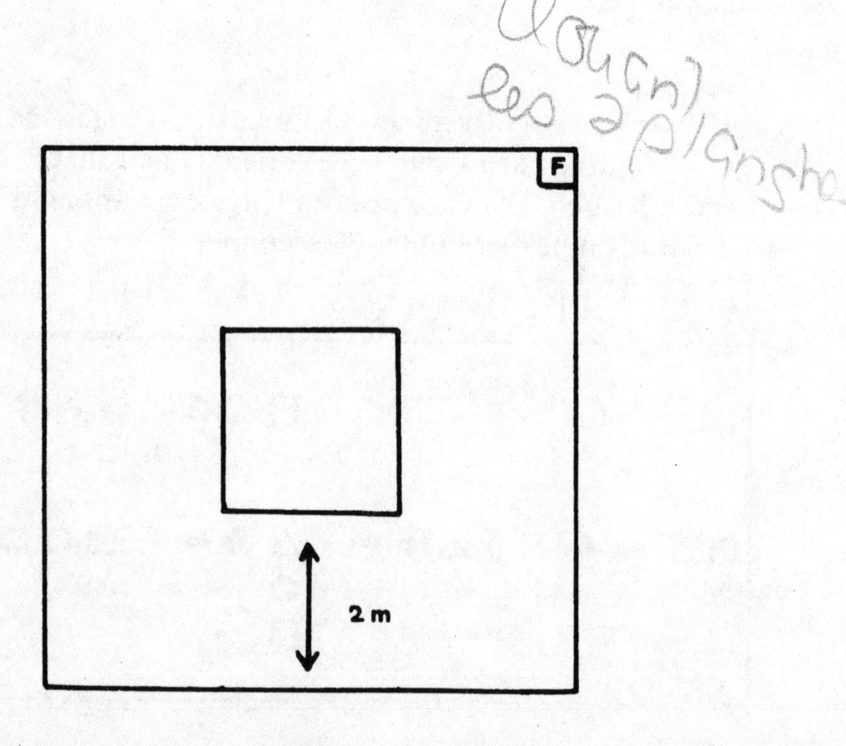

Test G

Combien de triangles se trouvent sur ce dessin? Observez-le attentivement et écrivez la réponse dans la case.

☐

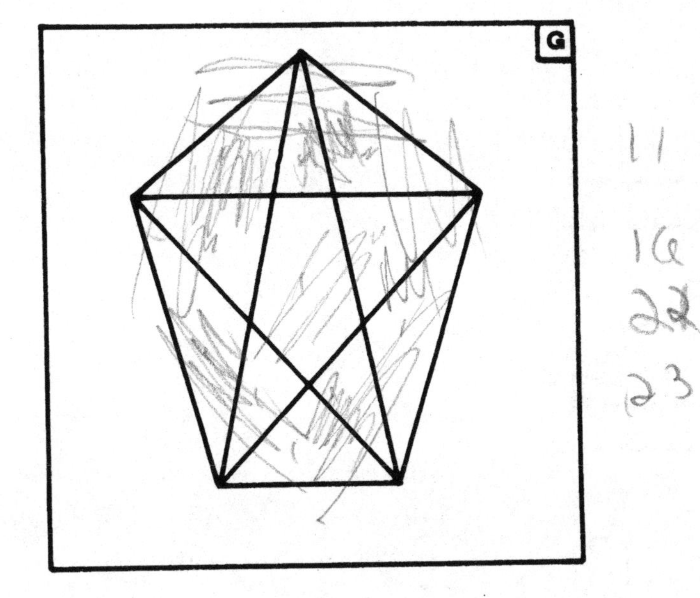

Test H

Deux mères et deux filles vont ensemble au marché et achètent 3 tartes. En rentrant chez elles, chacune porte une tarte. Comment est-ce possible?

....

Test I

Que vous suggèrent ces figures? Donnez trois définitions au maximum pour chaque image:

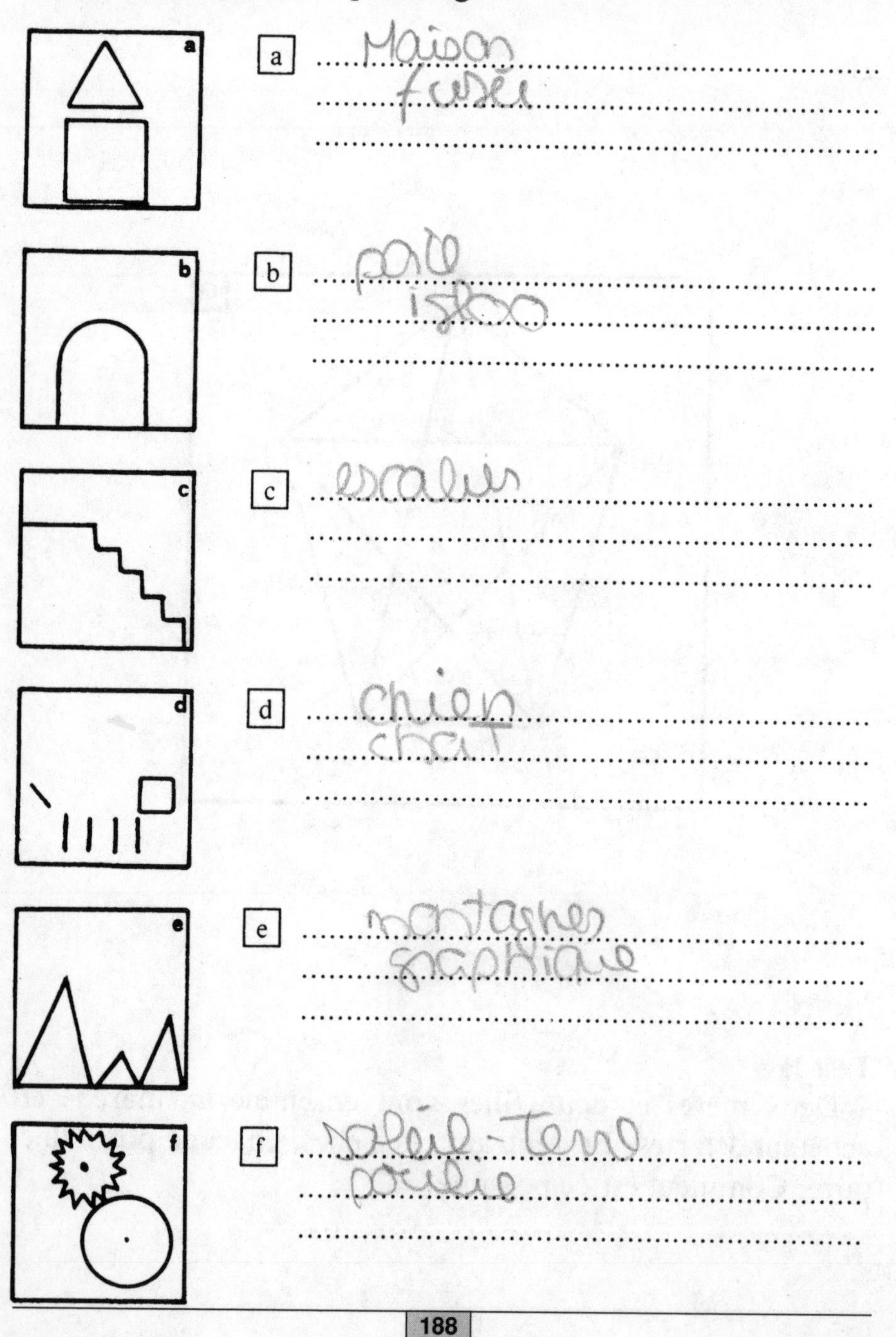

Test J

Cherchez le premier terme de comparaison des expressions suivantes:

a .... comme un clou

b .... comme une mule

c .... comme la suie

d .... comme un renard

e .... comme un agneau

f .... comme une fourmi

Êtes-vous logique?

Test K

Effectuez mentalement et approximativement ces opérations et cochez la solution qui vous paraît exacte.

1. $5283 \times 18 : 75 =$

a 30.752

b 4057,20

c 563,84

d 1267,92

2. $28930 \times 14 =$

a 356790

b 98765

c 405020

d 7880090

3. $741:18 \times 85 =$

- a 77204
- b 865403
- c 2249,46
- d 3391,7

4. $850 \times 96 + 814 =$

- a 82414
- b 81989
- c 960800
- d 74006

Test L

Est-ce qu'un décimètre cube de glace, contenu dans un récipient d'un litre, va déborder lorsqu'il se transforme en liquide? Et s'il s'agissait d'un décimètre cube de fer?

....

Test M

Christine et Robert forment un couple solide et uni, d'âge moyen. Robert a 48 ans, alors qu'elle... ne veut pas le dire. Essayez de deviner son âge, en sachant que Robert a actuellement le double de l'âge qu'avait Christine au moment où il avait l'âge qu'elle a actuellement.

☐

Test N

Une mère offre des bonbons à ses enfants. "Combien pouvons-nous en avoir?" demandent les petits. "Je vous en donnerai une certaine quantité, mais seulement si vous la devinez: sachez qu'en multipliant la moitié de cette quantité par son tiers, on obtient 24. Alors, à combien de bonbons avez-vous droit?" Si vous le savez, écrivez-le dans la case ci-dessous.

□

Avez-vous la faculté d'adaptation?

Test O

Vous tenez dans vos mains un verre de cristal très fragile. Comment peut-on le laisser tomber d'une hauteur d'un mètre sans qu'il se casse?

....

Test P

Combien pesait "Big Boy", la plus grosse locomotive jamais construite, qui desservait les États-Unis entre les années 1930 et 1949? Nous ne voulons pas une réponse exacte, mais une réponse sensée, qui soit proche de la vérité. Essayez donc de réfléchir aux dimensions d'une locomotive quelconque, et répondez en cochant une des cases ci-dessous.

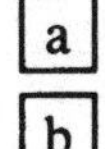

[a] 540 tonnes
[b] 30 quintaux
[c] 785 quintaux
[d] 5400 tonnes

Test Q

Vous avez perdu la clé d'une grosse vieille serrure. Comment pouvez-vous résoudre ce problème? Vous disposez de

6 objets: choisissez celui qui peut vous être le plus utile et cochez la case correspondante.

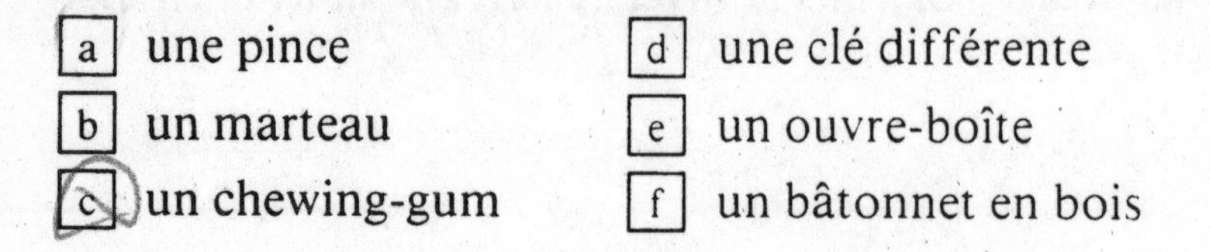

- a une pince
- b un marteau
- c un chewing-gum
- d une clé différente
- e un ouvre-boîte
- f un bâtonnet en bois

Test R

Un vieux tailleur décide de léguer à chacun de ses 11 enfants un morceau de la précieuse amulette qu'il a gardée toute sa vie: c'est un bout de tissu rond, qu'il veut partager en onze parts, en faisant le moins d'effort possible, vu son état de santé. Les parties ne doivent pas forcément être égales, car c'est la qualité qui compte. Il prend un morceau de craie et il trace 4 lignes droites sur le tissu: les enfants n'auront plus qu'à couper en suivant les lignes. Comment le vieux tailleur a-t-il pu partager l'amulette en 11 parties, inégales, en ne traçant que 4 lignes droites? Essayez!

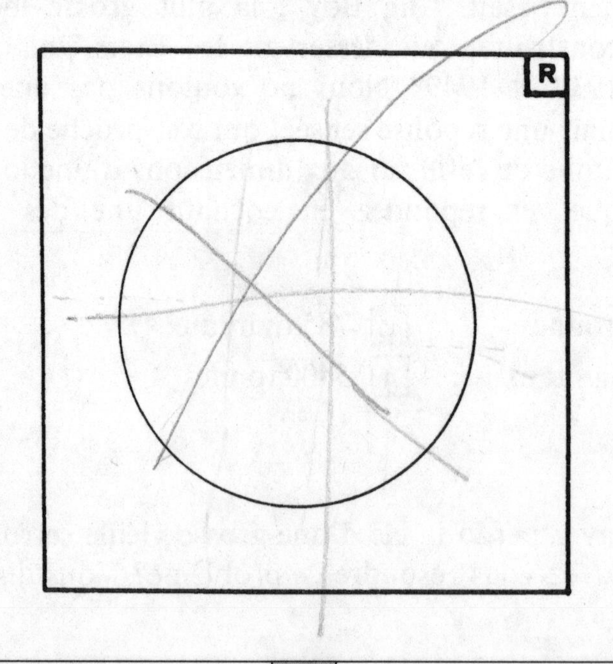

Avez-vous l'esprit de décision?

Test S

Décidez en 30 secondes quelles sont les trois rangées de figures ayant le plus de côtés. Sachez que vous n'avez pas le temps matériel d'additionner tous les côtés des figures. Vous devez, d'un coup d'œil, faire votre choix. Cochez les cases dont les lettres correspondent à vos 3 réponses.

[a] [b] [c] [d] [e] [f]

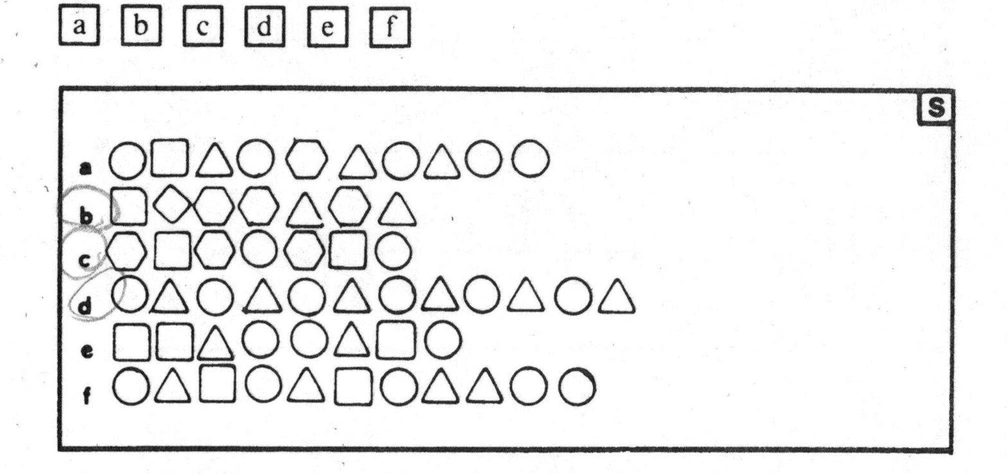

Test T

Décidez en 30 secondes quelles sont les trois rangées contenant le plus grand nombre de lettres. Ici aussi, vous n'avez pas le temps d'additionner. Cochez les cases dont les lettres correspondent aux 3 réponses choisies.

[a] E E E EE E E EE E

[b] MMMMM MMM M M MMMM

[c] IIIIII III III IIII

[d] XII XIIXI XIIX IIXI II

[e] OWO O WO WOW W WO W

[f] JI JJIIJJJ I II JIJIJJ

Test U

Décidez en 30 secondes quels sont les 2 rectangles ayant le plus grand nombre de sections. Cochez les lettres correspondant aux figures choisies.

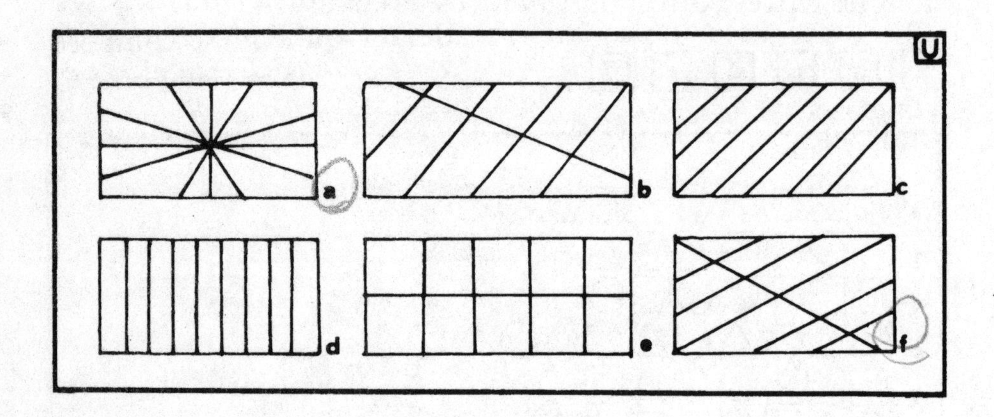

Test V

Décidez en 30 secondes lequel de ces 6 objets pèse le plus lourd.

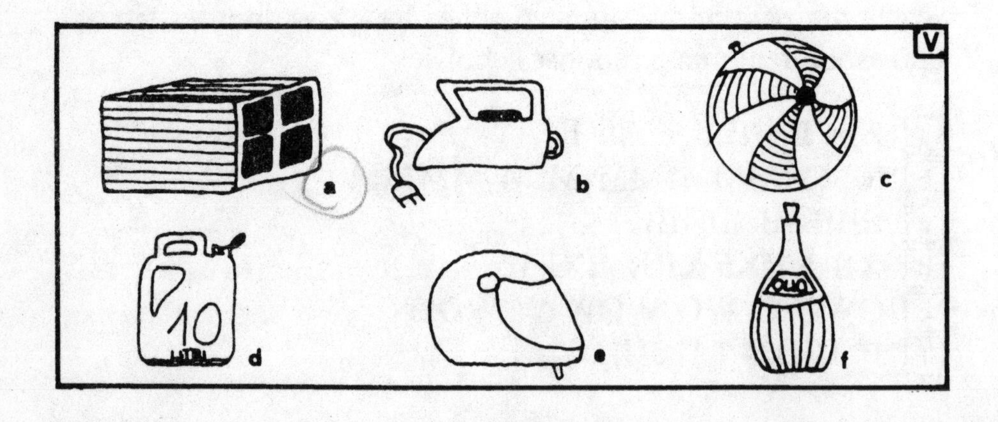

Êtes-vous clairvoyant?

Test W

Un paysan doit planter 64 plants de tomates selon le schéma ci-après. Étant donné son expérience, il connaît un itinéraire lui permettant de ne passer qu'une seule fois à l'endroit où il pose un plant, sans jamais revenir sur ses pas et sans croiser l'itinéraire déjà tracé. Sauriez-vous trouver cet itinéraire optimal, en considérant qu'il n'est composé que de lignes droites horizontales et verticales (jamais obliques) et qu'il doit nécessairement commencer et terminer aux points indiqués?

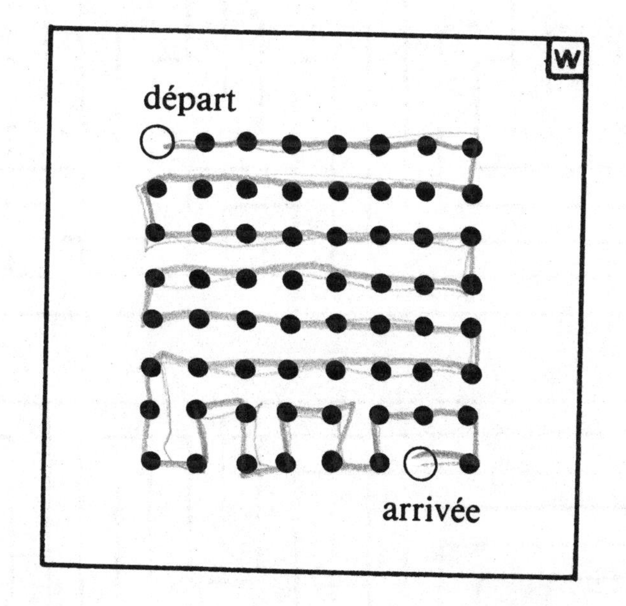

Test X

Essayez de sortir des labyrinthes suivants en un minimum de temps (3 minutes au maximum). Vous ne pouvez commencer le deuxième ou troisième labyrinthe si vous n'avez pas terminé celui qui précède. Servez-vous d'un crayon pour tracer votre itinéraire.

1
2
3

SOLUTIONS ET SCORE

Avez-vous de bons réflexes?

Test A = comptez 3 points si vous avez rempli tous les carrés en moins de 2 minutes

2 points si vous avez raté la cible (mis des points en dehors des carrés) moins de 10 fois

1 point si vous avez raté la cible moins de 20 fois

0 point si vous avez raté la cible plus de 20 fois ou si vous n'avez pas terminé le test.

Test B = c; comptez 1 point si avez répondu correctement dans les délais indiqués.

Test C = comptez 1 point pout chaque instruction suivie à la lettre et dans les délais requis: vous ne deviez pas fermer le livre, vous ne deviez pas tourner la page car la moitié de 538 est 269, mais vous deviez écrire le prénom Émile, car Zola est mort. Étant donné que le mot AÉROPORTUAIRE contient toutes les voyelles et non toutes les consonnes de l'alphabet, vous deviez écrire 11, 12, 13, 14, 15, 16, 17, 18, 19 et, puisque les départements français ne sont pas au nombre de 97, vous deviez écrire LUTÈCE, le nom de Paris avant les invasions germaniques (IIIe siècle apr. J.-C.). Enfin, puisque le rond peut représenter la lettre 0, il ne fallait pas entourer le mot LUI, mais signer le test de trois X X X, étant donné que vous n'êtes pas analphabète.

Test D = c; comptez 1 point si vous avez répondu exactement dans les délais requis.

Test E = 63, 72... comptez 1 point si vous avez trouvé la faute tout de suite.

Test F = comptez 1 point si votre réponse correspond à celle du dessin.

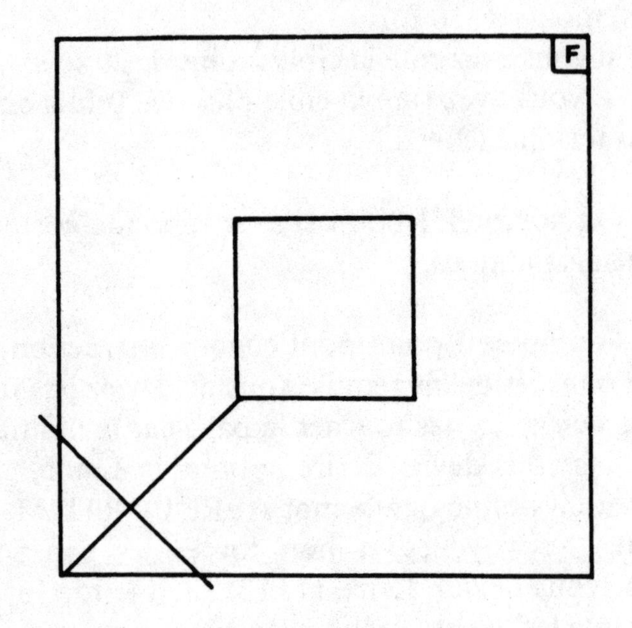

Test G = il y a plus de 35 triangles: comptez 3 points si vous en avez trouvé plus

2 points si vous en avez trouvé de 20 à 35

1 point si vous en avez trouvé de 10 à 20

0 point dans les autres cas.

Test H = il n'y a que 3 femmes: la grand-mère, la mère et la fille: comptez 1 point si vous avez répondu correctement.

Test I = comptez 1 point pour chaque définition, à condition qu'elles soient différentes des définitions suivantes:

a) maison
b) galerie
c) escalier
d) chien
e) montagnes
f) mécanisme.

Test J = comptez 1 point pour chaque comparaison différente de:

a) maigre
b) têtu
c) amer
d) rusé
e) doux
f) laborieux ou économe.

Êtes-vous logique?

Comptez 1 point pour chaque réponse exacte.

Test K = 1 d
2 c
3 c
4 a

Test L = l'eau ne déborde pas, car son volume diminue; en revanche, le fer déborde, car en fondant son volume augmente.

Test M = 36.

Test N = 12.

Avez-vous la faculté d'adaptation?

Comptez 1 point pour chaque réponse exacte.

Test O = en laissant tomber le verre d'une hauteur supérieure à deux mètres, il va dégringoler pendant un mètre sans se casser, et ensuite il va se briser au sol.

Test P = a.

Test Q = c (avec un chewing-gum on peut faire un moule de la serrure et l'amener ensuite chez le serrurier, pour qu'il en fasse un double).

Test R =

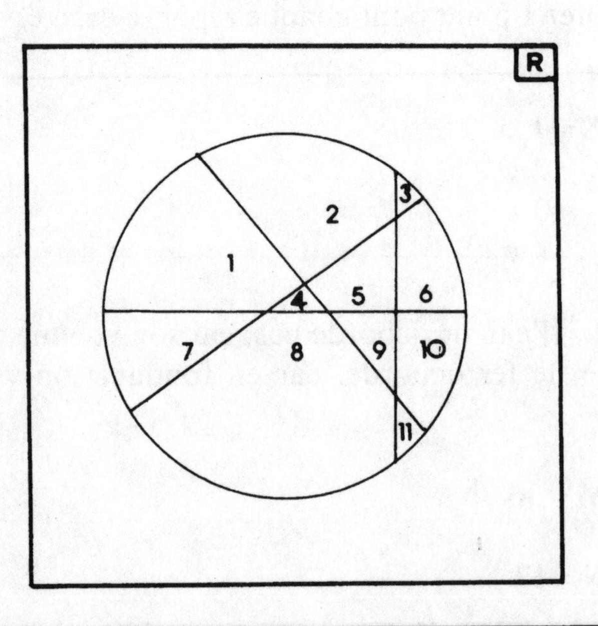

Avez-vous l'esprit de décision?

Comptez 1 point pour chaque réponse exacte.

Test S = b, c, f.

Test T = c, d, f.

Test U = a, f.

Test V = f.

Êtes-vous clairvoyant?

Comptez 1 point pour chaque bonne solution, en vérifiant les images suivantes.

Test W =

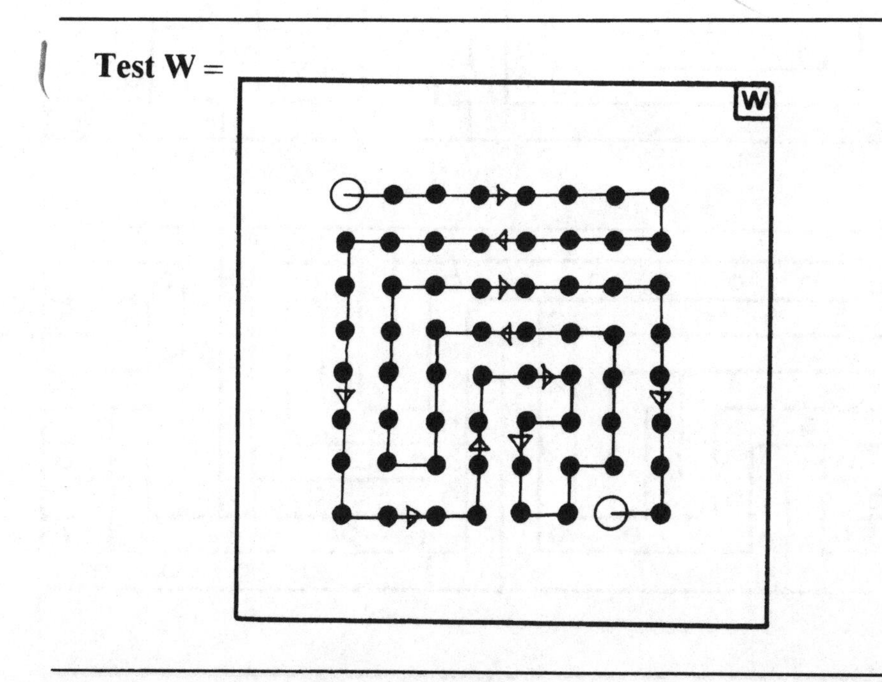

Test X

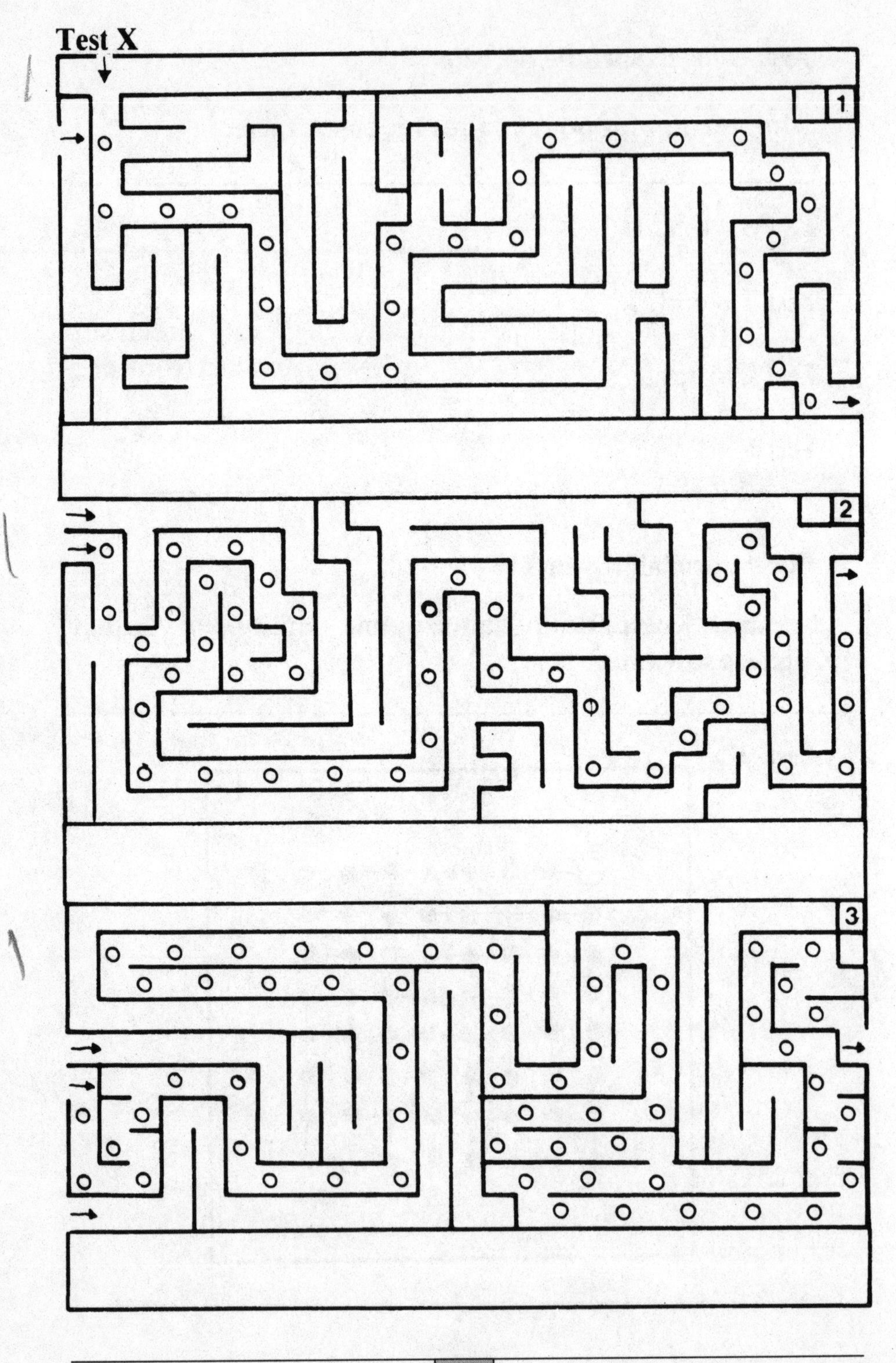

Avez-vous de bons réflexes?

(max. 12 points)

DE 12 À 8 POINTS

Votre rapidité et votre capacité à réagir aux stimuli sont supérieures à la moyenne. Vous savez donc affronter les situations les plus difficiles et dans votre profession vous prenez toujours la bonne décision, même lorsque tous les autres ont perdu la tête. Voilà pourquoi les jaloux prétendent que vous n'avez que du flair et de l'instinct: en réalité, il s'agit d'une rapidité de réaction exceptionnelle aux stimuli externes, vous permettant d'effectuer en un minimum de temps certaines associations mentales.

Cette qualité vous est également fort utile en dehors du milieu professionnel: dans les sports exigeant démarrage et réflexes rapides, lorsque vous attrapez quelque chose qui est en train de tomber ou lorsque vous évitez un obstacle, vous êtes toujours plus habile que les autres. Souvenez-vous donc de cette vertu: n'exercez pas la profession de bibliothécaire, ce serait vraiment du gâchis!

DE 7 À 4 POINTS

Vos réflexes sont moyens. Vos réactions aux stimuli externes sont semblables à celles de la plupart des adultes. Vous n'êtes ni une flèche ni un escargot: dans les jeux exigeant des réflexes vous vous en tirez toujours à bon compte, mais vous êtes davantage doué pour les sports de résistance que pour les sports plus rapides. Dans votre profession vous manifestez la capacité de répondre rapidement, de réagir aux imprévus, de saisir un problème et de le résoudre en un clin d'œil.

Certes, vous trouverez toujours quelqu'un qui a de meilleurs réflexes que vous: mais vous le battez sûrement sur d'autres terrains.

■ DE 3 À 0 POINTS

Combien de fois avez-vous réussi à attraper un objet qu'on vous a lancé à l'improviste? Vu le résultat du test, pas très souvent! Vous ne devez pas non plus saisir très rapidement les choses dont on parle ou les meilleures occasions.

Il est probable que cette qualité ne soit pas indispensable dans la profession que vous exercez actuellement, mais que vous devez faire preuve de pondération, de réflexion et de calme, qualités qui ne vous font sûrement pas défaut.

■ Êtes-vous ingénieux et créatif?

(max. 29 points)

■ DE 29 À 18 POINTS

La capacité d'inventer ou de créer quelque chose, de toujours trouver une solution en cas d'imprévu est une de vos principales caractéristiques. En général, cette qualité est un signe d'intelligence: en effet, ceux qui la possèdent ne se contentent pas d'utiliser ce qui a déjà été conçu ou réalisé par les autres, mais ils préfèrent trouver des solutions personnelles. Ceci ne signifie pas que vous êtes un original dans votre habillement, dans votre attitude ou dans votre mode de vie. Votre originalité se révèle dans les petites choses: langage dénué de lieux communs, achats de bon goût mais pas nécessairement "à la page", choix personnels et indépendants de la mode. Bref, être inventif ne signifie pas seulement avoir un cerveau "bien fait" mais aussi savoir l'utiliser en toute occasion, sans jamais le laisser reposer, ni par paresse, ni par commodité. Cette qualité est très utile, aussi bien dans la vie professionnelle et les études que dans la vie de tous les jours.

■ DE 17 À 9 POINTS

Votre ingéniosité et votre créativité sont normales. La plupart des personnes chargées de trouver de nouvelles formules, de résoudre des problèmes insolites ou de décider de nouvelles stratégies se comportent plus ou moins comme vous. N'espérez pas avoir une place au paradis des créateurs, mais sachez que vous êtes à l'abri de toute surprise: votre bon sens ne peut pas vous conduire en dehors des chemins battus, ce qui, dans certaines professions, est un véritable atout.

■ DE 8 À 0 POINTS

Votre devise semble être: "Mieux vaut la vieille voie que le nouveau sentier". Votre capacité d'inventer quelque chose d'original est très réduite et vous trouvez rarement le "petit truc" permettant de s'en tirer en toute occasion. Vous ne ressentez pas le besoin de stimuler votre créativité. Votre profession est sans doute de celles qui nécessitent une certaine rigidité, que vous n'avez pas de mal à accepter. Et si les choses changeaient, ne vous en faites pas: le cas échéant, l'ingéniosité se réveille.

■ Êtes-vous logique?

(max. 7 points: multipliez par deux votre score)

■ DE 14 À 9 POINTS

Le résultat obtenu montre que vos capacités logiques sont élevées. Vous savez toujours résoudre pour le mieux les problèmes qui se posent. Bien raisonner est une qualité rare, difficile à acquérir: si dans l'antiquité tous les grands philosophes donnaient des cours de logique, nous ne pouvons actuellement entraîner notre cerveau qu'avec les leçons du quotidien. Leçons que vous avez parfaitement assimilées, et cela est tout à votre avantage.

■ DE 8 À 4 POINTS

La logique n'est pas votre fort et vous le savez: vous n'avez probablement jamais connu la dimension rationnelle, vous vivez plutôt dans celle de l'intuition, du trait de génie, de l'improvisation. Il convient que vos qualités soient exploitées dans le juste domaine: ce serait pénible pour vous d'être comptable ou notaire! De même que pour vos clients!

■ DE 3 À 0 POINTS

Vu le résultat du test, on peut dire que vous n'êtes pas du tout... logique. De toute évidence, vous êtes incapable d'avoir de la suite dans les idées. Mais ne vous découragez pas, essayez d'être cohérent: apprendre à bien raisonner ne peut que vous profiter.

■ Avez-vous la faculté d'adaptation?

(max. 12 points)

■ DE 12 À 9 POINTS

La capacité d'ajuster son comportement à chaque circonstance est une qualité essentielle dans toute activité professionnelle. Une qualité qui ne vous fait pas défaut. De ce fait, quel que soit votre métier, vous ne manquerez pas de succès: cette versatilité est votre cheval de bataille. Le score obtenu dans ce test souligne en effet une faculté d'adaptation hors du commun: dans le travail elle correspond à une grande agilité mentale (le contraire de l'attitude des routiniers), dans les rapports avec les autres elle engendre disponibilité et tolérance, dans la vie en général elle permet de profiter au mieux de chaque situation.

■ DE 8 À 4 POINTS

Votre capacité d'adaptation est moyenne. Vous êtes toutefois capable d'affronter et de résoudre les problèmes quotidiens en adaptant vos moyens à l'exigence du moment. En revanche, si les problèmes sont insolites, hors du commun, vous risquez d'être en difficulté: vous êtes un peu moins habile dans les questions nécessitant un traitement spécial. C'est la raison pour laquelle vous préférez vous occuper toujours des mêmes choses, plutôt que de changer continuellement de centre d'intérêt, ce qui exige pour vous beaucoup d'efforts. Il est de ce fait peu probable que vous participiez à une traversée du désert ou à un trekking dans l'Himalaya.

■ DE 3 À 0 POINTS

“Pourquoi s'adapter aux choses et aux personnes?”, vous demandez-vous. Effectivement, vous n'en ressentez pas le besoin ou vous n'êtes pas habitué à le faire. Votre profession est sans nul doute répétitive et routinière, elle ne révèle pas les capacités d'adaptation que vous possédez mais que vous n'utilisez jamais. Il se peut que votre position sociale, votre prestige ou votre âge obligent les autres à s'adapter à votre façon d'être, de penser et d'agir.

Avez-vous l'esprit de décision?

(max. 9 points)

DE 9 À 6 POINTS

Vous êtes une personne décidément... décidée! Sûr de vous-même et de vos choix, vous êtes l'artisan de votre vie et de votre destin. En effet, vous savez surmonter les obstacles et les épreuves que la vie vous impose, grâce à votre solidité et à votre sens des réalités. Des qualités sur lesquelles vous pouvez compter à chaque instant. Rapidité dans les décisions, peu d'hésitation dans les moments importants, sang-froid, autant de qualités qui font de vous une personne difficile à manipuler. Votre score indique d'ailleurs que dans votre profession, vous avez probablement une fonction de commandement ou de coordination. Vous pouvez également avoir une activité autonome, que vous exercez avec succès. Votre esprit de décision est en outre une bonne chose pour l'organisation de votre vie familiale.

DE 5 À 3 POINTS

Vous êtes une personne moyennement décidée et déterminée. Dans un monde où tout est relatif, vous vous accordez le bénéfice du doute chaque fois qu'un choix difficile s'impose. Voilà pourquoi vous préférez temporiser face aux problèmes, bien peser le pour et le contre, plutôt que de vous lancer dans des décisions que vous pourriez regretter par la suite. Cette attitude fait de vous une personne équilibrée et modérée, mais ne se laissant pas écraser par les autres.

DE 2 À 0 POINTS

Les décisions importantes et foudroyantes, vous préférez... les différer ou les laisser aux autres. Vous n'êtes vraiment pas ce qu'on appelle une personne décidée, et vous connaissez probablement bien cet aspect de votre caractère, qui vous rend assez vulnérable et facile à convaincre. Fondamentalement, vous n'avez pas confiance en vous-même, dans vos capacités et dans votre intuition. Vous avez donc besoin de vous appuyer sur les autres, et en particulier sur une personne autoritaire, qui soit en mesure de vous guider et d'assumer les responsabilités qui vous pèsent. Ce qui ne vous empêche pas de critiquer les décisions d'autrui!

Êtes-vous clairvoyant?

(max. 4 points: multipliez votre score par 3)

DE 12 À 9 POINTS

Votre capacité de prévoir les choses est excellente. Vous êtes particulièrement habile dans la programmation et la planification des actions à moyen et long termes, et vous réussissez à tous les coups. Cette clairvoyance et cette capacité de considérer les problèmes selon une optique plus vaste font de vous un collaborateur précieux, en particulier dans le secteur commercial. Tourné vers l'avenir, nullement conservateur, capable d'innovation tout à fait originales, vous êtes en mesure de gérer vos rapports de façon intelligente, tant dans vos relations que dans vos loisirs, et de surmonter tout obstacle contingent pour arriver au nœud de la question.

DE 8 À 4 POINTS

La capacité de "voir plus loin que le bout de son nez" est une qualité rare. Vous la possédez raisonnablement et ceci vous aide parfois à prévoir les actions de vos interlocuteurs, à comprendre les exigences du marché, comme à choisir attentivement une orientation ou une spécialisation, toutes situations qui requièrent une bonne dose de clairvoyance. Cultivez donc cette qualité si précieuse.

■ DE 3 À 0 POINTS

Vous êtes impulsif et immédiat, incapable de calculs ou de longues réflexions et plutôt enclin à prendre des décisions hâtives. Voilà pourquoi vous risquez souvent gros ou ne prévoyez pas la portée et les conséquences de certains choix. Cependant, si vous avez un peu de "nez", vous pourrez pallier ce handicap.

Votre corps et vous

Votre corps et vous: autrement dit, un vieil ami et vous ou un inconnu et vous. Bref, comment vivez-vous avec votre corps? L'aimez-vous vraiment? C'est ce que vous allez découvrir avec ces 3 tests, qui essaient de définir votre attitude à l'égard de votre corps: en premier lieu, la mesure dans laquelle vous l'acceptez. Ensuite, votre degré de bien-être physique. Et en dernier lieu, votre véritable rapport avec le corps. Vous serez sans doute surpris des résultats.

Le bulletin du corps

Complétez le tableau ci-après, en donnant une note de 1 à 4 aux différentes parties du corps, selon le critère suivant: 1 point aux parties que vous n'aimez pas du tout, 2 points à celles que vous aimez très peu, 3 à celles que vous aimez assez, 4 à celles que vous appréciez le plus. Essayez d'être objectif mais pas trop sévère et souvenez-vous que vous ne devez pas juger selon les canons de beauté abstraite, mais exclusivement selon votre point de vue personnel. Si au fond vous aimez votre gros nez car il est sympathique et original, donnez-lui 4 points; si vos jambes parfaites vous laissent complètement indifférent, donnez-leur moins de points.

1. Cheveux	☐	**16.** Organes génitaux	☐
2. Front	☐	**17.** Bassin	☐
3. Yeux	☐	**18.** Dos	☐
4. Nez	☐	**19.** Derrière	☐
5. Bouche	☐	**20.** Cuisses	☐
6. Dents	☐	**21.** Jambes	☐
7. Oreilles	☐	**22.** Genoux	☐
8. Visage	☐	**23.** Chevilles	☐
9. Cou	☐	**24.** Pieds	☐
10. Épaules	☐	**25.** Taille	☐
11. Bras	☐	**26.** Minceur	☐
12. Mains	☐	**27.** Structure du corps	☐
13. Seins et thorax	☐	**28.** Teint	☐
14. Hanches	☐	**29.** Tonicité	☐
15. Ventre	☐	**30.** Jugement d'ensemble	☐

SCORE

Additionnez tous les points: le total vous donnera la réponse qui vous concerne.

RÉSULTATS

■ DE 120 À 110 POINTS

L'amour que vous portez à votre corps est parfaitement narcissique. Vous vous plaisez tellement qu'on se demande si vous n'êtes pas totalement dénué de sens critique.

Néanmoins, une attitude de ce genre a une influence positive: votre sûreté entraîne et séduit.

■ DE 109 À 60 POINTS

Vous êtes bien dans votre peau: vous ne vous sentez pas parfait, mais vous savez que certains petits défauts peuvent parfois être séduisants. De toute façon, vous ne voyez presque pas vos défauts: vous trouvez en effet que votre corps est extrêmement agréable et vous avez un bon rapport avec lui, aussi bien en lui donnant du plaisir qu'en le recevant. Un score comme le vôtre laisse présager une sexualité sans problème.

■ DE 59 À 30 POINTS

Vous acceptez et aimez votre corps modérément, sans exagération. Pourquoi cette attitude "tiède"? Un simple test n'est pas en mesure de l'expliquer: trouvez vous-même la réponse. Vous êtes déjà sur la bonne voie, vous pourriez arriver à vous aimer un peu plus.

■ DE 29 À 0 POINTS

Décidément, vous ne vous plaisez pas, ou bien vous êtes trop sévère avec vous-même. Pourquoi? Une maladie, un malaise temporaire peuvent expliquer ce refus de votre corps.

Mais si cette attitude négative dure depuis longtemps, ce n'est pas bon signe. Se sentir mal dans sa peau peut compromettre les rapports avec les autres, pas seulement avec soi-même. Et la vie sexuelle est également atteinte. Essayez de vous aimer un peu plus et de vous juger moins sévèrement: les autres feront de même!

Quel est votre degré de bien-être?

Répondez sincèrement aux questions suivantes, en cochant la réponse qui se rapproche le plus de votre situation habituelle:

1. Que faites-vous le soir avant de vous coucher?

[0] Vous faites les choses qui vous plaisent et qui vous détendent et, si vous n'arrivez pas à vous endormir, vous prenez une tisane.

[×] Vous buvez un coup devant la télé.

[+] Vous travaillez tard ou bien vous sortez et vous faites la fête.

2. Que mangez-vous habituellement à midi?

[+] Des aliments diététiques, ensuite vous allez dans un cours de gymnastique jusqu'à la fin de votre pause.

[0] Vous essayez de prendre un repas léger mais normal, si possible assis à table.

[×] Un sandwich au café du coin ou un hamburger vite fait.

3. Si vous avez la migraine, que faites-vous?

- [0] Vous sortez faire un tour.
- [×] Vous prenez un cachet.
- [+] Vous vous faites du souci, car votre rendement va baisser.

4. Si quelqu'un vous énerve, que faites-vous?

- [×] Vous commencez à crier et vous tapez du poing sur la table.
- [0] Vous expliquez votre point de vue de façon calme mais ferme et irrévocable.
- [+] Vous partez en serrant les poings et vous êtes nerveux pendant toute la journée.

5. Quand faites-vous l'amour habituellement?

- [×] Le samedi ou quand vous avez le temps.
- [0] Lorsque vous en avez envie, ce qui est très fréquent.
- [+] Après avoir vu un film porno ou des images excitantes.

6. Pratiquez-vous un sport ou faites-vous de l'exercice?

- [×] Rarement, ou plutôt presque jamais.
- [+] Lorsque vous avez pris quelques kilos.
- [0] Régulièrement, mais sans exagérer.

7. Généralement, comment est votre alimentation?

- [×] Plutôt riche: vous aimez la bonne cuisine.
- [0] Variée: vous aimez manger, mais vous essayez également de vous contrôler sans faire trop de sacrifices.
- [+] Cela dépend: vous alternez des périodes d'abondance et des périodes de régime strict.

8. Si vous avez sommeil au volant, que faites-vous?

[+] Vous accélérez pour arriver à destination plus vite.

[×] Vous vous arrêtez pour prendre un café et ensuite vous repartez.

[0] Vous vous arrêtez un instant et vous faites quelques mouvements pour vous dégourdir.

9. Avez-vous le temps, en dehors du travail, de pratiquer une activité que vous aimez?

[×] De temps en temps, mais vous n'avez pas de passion particulière.

[+] Vous travaillez trop pour pouvoir vous permettre ce luxe.

[0] Vous arrivez souvent à trouver du temps pour vous, malgré vos nombreuses occupations.

10. Vous arrive-t-il de souffrir de petits malaises, comme la grippe, la migraine, la mauvaise digestion, les rhumes, de petites douleurs?

[0] Très rarement.

[+] Souvent, hélas.

[×] Parfois, mais vous n'y donnez pas trop d'importance.

RÉSULTATS

Comptez le nombre des 3 différents symboles graphiques se trouvant près des réponses. Le symbole dominant vous donnera l'explication qui vous concerne.

■ Symbole dominant: 0

Félicitations: malgré le rythme de la vie actuelle, pas toujours adapté à l'homme, vous avez réussi à trouver un équilibre qui vous assure un bon degré de votre bien-être. Votre santé est bonne, ainsi que votre résistance au stress.

■ Symbole dominant: x

Vous pourriez vous sentir beaucoup mieux, si vous étiez moins paresseux ou négligent: vous ne vous préoccupez pas du tout de votre bien-être. Il ne vous est jamais arrivé d'être à l'écoute de votre corps, réglé par une “horloge biologique” très précise. Pourtant, essayez de réfléchir à la qualité de votre vie: dormez-vous bien, mangez-vous avec appétit, digérez-vous bien, avez-vous des désirs sexuels ardents, bougez-vous sans peine et avec aisance? Une réponse affirmative ne dépend que de vous: commencez par bouger un peu plus et par diminuer la dose d'alcool, café et médicaments de tout genre.

■ Symbole dominant: +

Un rythme de travail et de vie trop intense pour vos possibilités réelles, la tension et la fatigue accumulées sont à l'origine de votre malaise actuel, qui peut se résumer en un seul mot: stress. Arrêtez-vous un instant et demandez-vous si ça vaut la peine de soumettre votre physique à un tel surmenage: la qualité de votre vie est aussi importante que votre compte en banque. Si ce n'est plus.

■ Quel rapport avez-vous avec votre physique?

Répondez sincèrement aux questions suivantes, en cochant la réponse qui se rapproche le plus de votre façon de penser ou d'agir.

1. Vous regardez-vous souvent dans le miroir? oui non

2. Accrochez-vous des photos de vous sur les murs de votre chambre? oui non

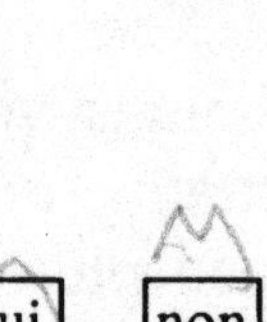

3. Lorsque vous achetez un vêtement, outre le côté pratique et habillé, faut-il qu'il vous aille vraiment bien et qu'il mette votre physique en valeur?

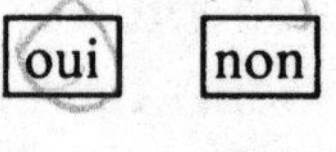

4. Consacrez-vous beaucoup de temps à votre toilette, aimez-vous être parfumé, bien coiffé et avoir les ongles faits?

5. Êtes-vous d'accord avec le dicton "Un esprit sain dans un corps sain"?

6. Vous sentez-vous à l'aise en maillot de bain?

7. Vous baladez-vous souvent tout nu à la maison, n'êtes-vous pas gêné si votre famille vous voit en petite tenue?

8. Si votre enfant touche innocemment vos organes génitaux, êtes-vous gêné?

9. Pensez-vous que l'homme doit assister à l'accouchement de sa compagne? oui non

10. Pensez-vous qu'il faut enseigner aux enfants la pudeur? oui non

11. Est-ce que le contact physique avec des personnes n'appartenant pas à votre famille, comme les amis ou les connaissances, vous gêne? oui non

12. Aimez-vous faire ou recevoir des "câlins"?

13. Bougez-vous avec aisance et aimez-vous les sports? oui non

14. Y a-t-il des vêtements que vous n'avez jamais porté par crainte du ridicule?

15. Aimez-vous danser? oui non

SCORE

Comptez 1 point pour chaque réponse correspondant aux combinaisons suivantes:

1: oui	**5**: oui	**9**: oui	**13**: oui
2: oui	**6**: oui	**10**: non	**14**: non
3: oui	**7**: oui	**11**: non	**15**: oui
4: oui	**8**: oui	**12**: oui	

RÉSULTATS

■ DE 15 À 10 POINTS

Vous avez d'excellents rapports avec votre corps: vous le portez avec spontanéité et naturel, sans jamais être gêné ou embarrassé. Vous le considérez vraiment comme un ami: vous le montrez sans trop de pudeur, vous le soignez et l'habillez avec amour et vous savez en tirer du plaisir, en mangeant, par la tendresse, l'érotisme. Cette attitude est celle d'une personne équilibrée, dépouvue de tabous et de complexes, psychologiquement stable.

■ DE 9 À 5 POINTS

Vous avez un rapport normal avec votre corps, mais pas trop "affectueux": vous le soignez comme il convient, mais vous n'en faites pas trop. Vous êtes particulièrement sensible à la nécessité de mener une vie saine, afin de préserver la santé de votre corps, mais vous n'aimez pas particulièrement son image et vous préférez vous donner sur le plan intellectuel que physique.

■ DE 4 À 0 POINTS

Vous refusez complètement tout ce qui concerne votre corps, vous avez tendance à nier toutes ses manifestations. Vous affichez un profond désintérêt pour la mode, la gymnastique, les parfums, qui ne sont pour vous que des frivolités. Cette rigidité, qui sur le plan affectif se transforme en incommunicabilité, cache probablement quelques problèmes. Il faudrait que vous ayez le courage et l'envie de les affronter.

Vous et l'amour

Êtes-vous des séductrices et des séducteurs parfaits?

L'histoire de l'humanité est peuplée de personnages qui sont le symbole même de la séduction: Ève, Cléopâtre, le Don Juan mythique de Mozart, Casanova ou Mata Hari ne sont que les représentants les plus célèbres parmi ceux qui ont transformé la conquête amoureuse en un véritable art. Quant à vous, possédez-vous également cette vertu, la séduction, qui rend tous le monde désirable et irrésistible, même le plus insignifiant des hommes ou la plus fade des femmes? Vous allez le découvrir en effectuant ce test.

QUESTIONNAIRE

Répondez sincèrement aux questions suivantes, en cochant la réponse qui se rapproche le plus de votre comportement habituel. Les questions sont partagées en deux secteurs, un pour les hommes et un pour les femmes.

Vous ne devez évidemment répondre qu'aux questions qui vous concernent.

Pour les hommes

1. Vous venez de faire la connaissance d'une fille que vous espérez revoir, que faites-vous?

[a] Vous marquez votre numéro de téléphone sur un billet amusant que vous glissez dans la poche de son manteau à son insu.
[b] Vous le lui dites.
[c] Vous demandez à votre meilleur ami de tâter le terrain.

2. Dans le train, vous êtes assis près d'une femme séduisante, mais plutôt mûre. Comment vous comportez-vous?

[a] Vous lisez tranquillement votre journal.
[b] Vous remarquez avec plaisir que le charme n'a pas d'âge.
[c] Vous tentez le coup, en tout cas vous n'avez rien à perdre.

3. Vous invitez votre compagne au cinéma. Quel film choisissez-vous?

[a] L'empire des sens.
[b] La rose pourpre du Caire.
[c] Autant en emporte le vent.

4. Vous marchez dans la rue et vous croisez une fille qui vous sourit. Comment réagissez-vous?

[a] Vous lui souriez à votre tour.
[b] Vous lui lancez une phrase égrillarde.
[c] Vous tournez la tête de l'autre côté.

5. À la gare, vous courez embrasser une femme qui vous tourne le dos et vous vous apercevez que vous vous êtes trompé de personne. Que lui dites-vous?

[a] Vous bredouillez des excuses et vous vous sauvez.

[b] "Excusez-moi, je me suis trompé de personne. C'est une erreur vraiment regrettable!".

[c] Rien et vous continuez à l'embrasser.

6. Quel est le meilleur endroit pour fixer un premier rendez-vous à une femme?

[a] Le hall d'un hôtel.

[b] Une discothèque.

[c] Devant la vitrine d'un fleuriste... où vous entrerez avec elle pour lui offrir un bouquet de fleurs.

7. Vous devez choisir le menu d'un petit dîner intime. Quel plat préférez-vous?

[a] Aïoli.

[b] Cocktail de crevettes.

[c] Deux œufs au plat.

8. Avec laquelle de ces femmes aimeriez-vous passer une soirée?

[a] Raquel Welch.

[b] Catherine Deneuve.

[c] Huguette Bouchardeau.

9. Vous devez avouer à votre compagne que vous avez eu une aventure sans importance. Comment faites-vous?

[a] En sortant de la maison, vous lui dites de se baisser, car ses cornes risquent de heurter le montant de la porte.

[b] Vous lui faites écouter le Don Juan de Mozart, à l'endroit où il chante: "È tutto amore. Chi ha una sola è fedele verso l'altra è crudele"[1].

[c] Vous lui expliquez que l'homme est un chasseur et que depuis hier la chasse est ouverte.

10. Vous voulez lui faire un petit cadeau sans importance, mais allusif. Qu'est-ce que vous achetez?

[a] Un porte-jarretelles en soie.

[b] Un petit bouquet de piments.

[c] Un ours en peluche.

Pour les femmes

1. Vous devez préparer un petit dîner pour deux. Quel menu choisissez-vous?

[a] Spaghetti au pistou.

[b] Oiseaux sans tête.

[c] Riz aux truffes.

2. Vous décidez d'accrocher au mur de votre chambre quelque chose de personnel. Que choisissez-vous?

---

[1] C'est de l'amour. Celui qui n'est fidèle qu'à une seule femme est cruel envers les autres.

[a] Une reproduction géante de Paul Newman.

[b] La photo de votre ami.

[c] L'agrandissement d'une très belle diapositive sur laquelle vous montez à cheval au bord de la mer.

3. À qui aimeriez-vous ressembler?

[a] À Marylin Monroe.

[b] À Raquel Welch.

[c] À Grace Kelly.

4. Quelles sont vos lectures préférées?

[a] "L'art d'aimer" d'Ovide.

[b] Les romans d'amour.

[c] "Dona Flor et ses deux maris", de Jorge Amado.

5. À votre avis, que représente le travail pour une femme?

[a] Une façon de faire voir aux hommes ce dont les femmes sont capables!

[b] Une occasion pour trouver un mari.

[c] Une partie importante de la vie, mais pas la seule.

6. Vous êtes sur le point de sortir avec votre ami et vous découvrez qu'il a un trou dans la poche latérale de son pantalon. Que faites-vous?

[a] Vous prenez immédiatement une aiguille et du fil.

[b] Vous lui demandez de changer de pantalon pour pouvoir le coudre plus tard.

[c] Vous continuez à explorer la poche avec votre main pour voir... jusqu'où elle est déchirée.

7. À votre avis, qu'est-ce qui excite le plus un homme?

- [a] Un tailleur de coupe masculine.
- [b] Le monokini.
- [c] Des bas noirs avec couture.

8. Vous marchez dans la rue et un homme vous fait un compliment audacieux, sans être vulgaire. Comment réagissez-vous?

- [a] Vous rougissez.
- [b] Vous souriez imperceptiblement et vous continuez à marcher.
- [c] Vous commencez à balancer les hanches de manière provocante.

9. Vous devez sortir ce soir, mais vous n'avez pas le temps de faire ces trois petites opérations de toilette, absolument indispensables. Vous êtes obligée d'en chosir une: laquelle?

- [a] Mettre du vernis à ongles.
- [b] Épiler vos jambes.
- [c] Raccourcir une jupe que vous venez d'acheter et que vous ne pouvez mettre ainsi.

10. Décidément, vous ne savez pas comment le "prendre": quel système choisissez-vous?

- [a] Le prendre par son point faible.
- [b] Le prendre... de court.
- [c] Le prendre au lasso.

SCORE

À chaque réponse est associé un des symboles suivants:
△ ○ □

Vérifiez sur le schéma ci-après le nombre de symboles obtenus: le symbole prédominant vous donnera l'explication qui vous concerne.

Pour les hommes	△	○	□	Pour les femmes	△	○	□
1:	c	a	b	**1:**	a	c	b
2:	a	b	c	**2:**	b	c	a
3:	c	b	a	**3:**	c	b	a
4:	c	a	b	**4:**	b	c	a
5:	a	b	c	**5:**	b	c	a
6:	b	c	a	**6:**	a	c	b
7:	a	b	c	**7:**	a	c	b
8:	c	b	a	**8:**	a	b	c
9:	c	b	a	**9:**	c	b	a
10:	c	a	b	**10:**	a	b	c

RÉSULTATS

Pour les hommes

Symbole dominant: ○

Félicitations! Si Casanova était encore vivant, il aurait dépensé des sommes folles pour suivre un stage chez vous. De la mesure, de la classe, une virilité certaine mais pas trop affichée: vous êtes le roi de l'amour.

Symbole dominant: □

Trop direct et immédiat, trop macho, trop vulgaire, trop… tout. Les hommes comme vous ne sont plus à la mode: même Rambo se comporte tendrement avec les femmes. Certes, le facteur sonne toujours deux fois. Mais ne restez pas pendu à la sonnette!

Symbole dominant: Δ

D'accord, en amour, ce sont ceux qui fuient qui gagnent. Mais ne prenez pas vos jambes à votre cou!

Pour les femmes

Symbole dominant: ○

Ce n'est pas pour rien que le premier séducteur de l'histoire était… une femme, Ève. Sa pomme est arrivée jusqu'à vous: le jeu subtil de la séduction n'a pas de secret pour vous. Vous possédez toutes les armes qu'une femme désire avoir et vous vous en servez au bon moment. L'homme capable de vous résister n'est pas encore né.

Symbole dominant: □

L'émancipation de la femme, c'est bien: mais êtes-vous vraiment convaincue que l'égalité des sexes consiste à utiliser les mêmes méthodes que les hommes en amour? Vous feriez mieux de réfléchir à la supériorité des armes féminines, lorsqu'il s'agit de séduire un homme. Séduire, c'est attirer à soi, et non traîner de force!

Symbole dominant: Δ

Votre indice de séduction est vraiment au-dessous de zéro. Votre timidité et/ou votre rigueur morale vous empêchent de vous laisser aller et de mener le jeu. Ce sont là des vertus un peu démodées, mais elles peuvent parfois séduire. Ne désespérez pas!

Comment se porte votre couple?

Désir, jalousie, connaissance de l'autre, tendresse, communication: cinq faces de l'amour qui ont un rôle important dans chaque couple, mais à des degrés différents. Certains couples ne peuvent pas vivre sans des scènes de jalousie, qui ont le pouvoir de rallumer le désir et l'intérêt de l'autre. D'autres couples expriment leur union par le langage du corps et la tendresse. D'autres encore n'ont pas l'air de couples, tellement leur caractère et leurs points de vue divergent, mais ils communiquent profondément dans l'acte sexuel. Chacun de nous a donc fondé sa vie de couple sur des équilibres très personnels, pouvant satisfaire les besoins de chacun. Le groupe de tests qui suit a pour but de mesurer le désir, la jalousie, le besoin de tendresse, la connaissance de l'autre et la capacité de communication de chacun des partenaires. Le score final ne vas pas seulement vous dire en quelle quantité et de quelle façon ces composantes existent chez vous, mais également dans quelle mesure votre partenaire les ressent ou les ignore.

Vous avez donc la possibilité de prendre le pouls de votre couple en comparant vos résultats non pas à un modèle statique et abstrait, mais à ceux de votre compagnon: un voyage émouvant dans le monde secret qui n'appartient qu'à vous deux!

QUESTIONNAIRE

Le groupe de questions qui suit a pour but de sonder 5 aspects de votre façon d'aimer. Nous avons regroupé les questions des 5 tests en un seul bloc, de façon à ne pas dévoiler le jeu: en effet, il est facile de "piloter" inconsciemment ses réponses, si l'on sait quel est le thème du test. Si, par exemple, vous avez décidé que vous ne devez pas être jaloux, il se peut qu'involontairement vos réponses tendent dans ce sens. Mieux vaut ne pas savoir à quel test appartiennent les questions: vous le découvrirez à la fin. Un autre avertissement: ces tests doivent être accomplis séparément et honnêtement, d'abord par la femme et ensuite par l'homme. Celui-ci doit cacher les réponses de sa femme, pour ne pas se laisser influencer. Répondez aux questions suivantes par un oui ou un non, que vous inscrirez dans la case qui vous est réservée.

	Homme	Femme
o **1.** Aimez-vous marcher main dans la main?		
* **2.** Si votre salaire est augmenté, est-ce que vous lui téléphonez immédiatement pour le lui dire?		
+ **3.** Vous arrive-t-il de penser à son corps lorsqu'il/elle est absent/e?		
– **4.** Savez-vous quelle est sa couleur préférée?		
× **5.** Pensez-vous qu'une amitié désintéressée entre hommes et femmes est possible?		

* **6.** Estimez-vous qu'entre vous le dialogue est bon?

o **7.** Appréciez-vous le fait que votre partenaire vous donne un sobriquet?

* **8.** Votre partenaire est-il toujours le premier à connaître vos secrets?

+ **9.** Le soir, regardez-vous tous les programmes à la télé ou bien lisez-vous jusque tard, avant de vous coucher?

o **10.** Votre partenaire vous embrasse-t-il souvent sans motif?

– **11.** Votre partenaire aime-t-il se promener sous la pluie?

× **12.** Si votre partenaire s'habille bien le soir pour sortir, estimez-vous que c'est pour taper dans l'œil de quelqu'un?

+ **13.** Trouvez-vous que vos rapports sexuels sont assez fréquents?

* **14.** Si quelque chose vous tracasse, préférez-vous en parler tout de suite?

+ **15.** Y a-t-il toujours quelque chose de nouveau que vous aimeriez essayer lorsque vous faites l'amour avec lui/elle?

– **16.** Est-ce que votre partenaire consulte souvent l'horoscope?

o **17.** Estimez-vous que votre partenaire exprime son amour également par des gestes? ☐ ☐

× **18.** Vous croyez-vous assez bien pour lui/elle? ☐ ☐

* **19.** Si votre partenaire est habillé d'une façon qui ne vous plaît pas, est-ce que vous le lui dites? ☐ ☐

– **20.** Savez-vous quel est son parfum préféré? ☐ ☐

+ **21.** Aimez-vous faire de temps en temps l'amour dans un endroit insolite ou interdit? ☐ ☐

o **22.** Vous arrive-t-il de lui dire qu'il/elle est trop envahissant/e? ☐ ☐

× **23.** Êtes-vous sûr/e que votre partenaire est toujours sincère avec vous? ☐ ☐

– **24.** Vous souvenez-vous du dernier livre qu'il/elle a lu? ☐ ☐

* **25.** Préférez-vous qu'il n'y ait aucun secret entre vous? ☐ ☐

+ **26.** Lorsque vous revenez du travail, est-ce que vous pensez encore aux problèmes de la journée? ☐ ☐

o **27.** Lorsque vous êtes sur le point de vous endormir, sentez-vous le besoin d'un contact physique avec lui/elle? ☐ ☐

- **28.** Pouvez-vous prévoir ses réactions à l'avance?

× **29.** Est-ce que cela vous ennuie de voir votre partenaire danser un slow avec une autre personne?

* **30.** Lorsque vous vous rencontrez le soir, vous racontez-vous tous les menus détails de la journée?

+ **31.** Vous arrive-t-il souvent de sentir le désir monter et de ne pas passer à l'action?

- **32.** Si votre partenaire voit une photo de votre ex-ami/e, savez-vous ce qu'il/elle va dire?

o **33.** Est-ce que vous aimez lui "voler" un vêtement, comme une écharpe ou un tee-shirt, et le mettre quand il /elle n'est pas là?

× **34.** Quand votre partenaire est au téléphone, lui demandez-vous tout de suite à qui il/elle parle?

* **35.** S'il/elle est de mauvaise humeur, lui demandez-vous tout de suite pourquoi?

- **36.** Est-ce que vous croyez qu'il/elle serait capable de changer le pneu de la voiture?

+ **37.** Lui avez-vous déjà dit "ce n'est pas le moment" lorsqu'il/elle vous fait des avances?

o **38.** Trouvez-vous l'odeur de sa peau agréable? ☐ ☐

– **39.** En regardant "Love Story", verse-t-il/elle quelques larmes? ☐ ☐

× **40.** Lorsque vous vous séparez de lui/elle, êtes-vous particulièrement anxieux et agité? ☐ ☐

+ **41.** Estimez-vous que l'entente sexuelle est importante pour la réussite du couple? ☐ ☐

* **42.** Si un soir vous n'avez pas envie d'aller manger chez ses parents, est-ce que vous le lui dites? ☐ ☐

o **43.** Aimez-vous les massages sur le dos ou d'autres parties du corps? ☐ ☐

× **44.** S'il/elle fait des compliments à quelqu'un d'autre, cela vous gêne-t-il? ☐ ☐

+ **45.** Si quelqu'un vous parle de son activité sexuelle intense, cela vous fait-il réfléchir? ☐ ☐

× **46.** Êtes-vous fier si quelqu'un lui fait la cour? ☐ ☐

* **47.** Estimez-vous qu'un couple doit parler de tout, même des choses désagréables? ☐ ☐

– **48.** Dans son enfance, a-t-il/elle eu quelque traumatisme grave? ☐ ☐

49. Êtes-vous gêné s'il/elle vous fait des câlins devant les autres?

50. Lorsque vous êtes en voyage d'affaires, espérez-vous qu'il/elle reste à la maison le soir?

SCORE ET RÉSULTATS

Comptez vos points séparément. Ensuite comparez-les, pour voir dans quels tests vous avez les mêmes points de vue, et dans quels tests vos sentiments et désirs diffèrent. Votre score vous permet de trouver ensuite une réponse individuelle pour chaque test.

■ Ressentez-vous de la jalousie?

Comptez 1 point pour chaque réponse correspondant aux suivantes:

5: oui
12: oui
18: non
23: non
29: oui
34: oui
40: oui
44: oui
46: non
50: oui
(max. 10 points: multipliez par 2)

■ DE 20 À 10 POINTS

Auprès de vous, Otello fait figure d'homme libéral! Vous n'arrivez décidément pas à séparer l'amour et la jalousie. Qu'en pense votre partenaire?

DE 9 À 5 POINTS

Vous savez contrôler votre jalousie mais de temps en temps un petit soupçon tout à fait irrationnel fait surface et provoque l'esclandre. Ne vous en faites pas: même si votre partenaire s'énerve, en réalité ces esclandres sont pour lui la preuve que vous vous intéressez à lui/elle.

DE 4 À 0 POINTS

Comment est-il possible que vous n'ayez jamais le moindre petit doute? Avouez-le, vous avez triché, ou alors vous êtes d'origine anglo-saxonne! Rappelez-vous que prudence est mère de sûreté...

Avez-vous besoin de tendresse?

Comptez 1 point pour chaque réponse correspondant aux suivantes:

1: oui	**17:** oui	**33:** oui	**48:** oui (max. 10 points:
7: oui	**22:** non	**38:** oui	multipliez par 2)
10: oui	**27:** oui	**43:** oui	

DE 20 À 10 POINTS

Oui, vous avez besoin de tendresse, mais votre désir semble être satisfait. Et si le score de votre partenaire ressemble au vôtre, nul doute que vous naviguez tous deux vers Cythère...

DE 9 À 5 POINTS

Vous aimez les câlins, mais vous préférez parfois la manière forte et, lorsque vous êtes avec des amis, vous essayez de ne pas trop vous bécoter. Cependant, inutile de bluffer: derrière une apparence de pierre se cache un cœur tendre!

DE 4 À 0 POINTS

Vous êtes vraiment un dur! “Tendres passions” n’est pour vous que le titre d’un film, qui d’ailleurs ne vous a pas du tout ému. Personne n’arrive donc à percer votre cuirasse? Qu’en pense votre partenaire?

Brûlez-vous de désir?

Comptez 1 point pour chaque réponse correspondant aux suivantes:

3: oui	**15:** oui	**31:** non	**45:** non
9: non	**21:** oui	**37:** non	(max. 10 points: multipliez par 2)
13: oui	**26:** non	**41:** oui	

DE 20 À 10 POINTS

Vous brûlez, vous brûlez, il n’y a pas de doute. Votre appétit sexuel est redoutable. Vous vous entendez très bien avec votre partenaire, même sous les draps. Si son score est égal au vôtre, il vaudrait mieux que vous preniez une cuillerée de bromure chacun!

■ DE 9 À 5 POINTS

Parfois vous brûlez, parfois vous vous éteignez: est-ce à cause du travail, du stress, de l'habitude? Vous pouvez trouver une réponse en comparant vos réponses + avec celles de votre partenaire. Mais rappelez-vous que même en amour "l'appétit vient en mangeant"!

■ DE 4 À 0 POINTS

"No sex please, we are British" (Pas de sexe, s'il vous plaît, nous sommes Anglais") semble être votre film préféré. Mais êtes-vous sûr qu'il en est de même pour votre partenaire?

■ Arrivez-vous à dialoguer?

Comptez 1 point pour chaque réponse affirmative aux questions qui suivent:

2, 6, 8, 14, 25, 30, 35, 42, 47
(max. 10 points: multipliez par 2)

■ DE 20 À 10 POINTS

Vous dialoguez, et comment! Sincérité, entente, facilité de communication, compréhension: d'après vos réponses, il s'agit là des ingrédients quotidiens de votre relation. Mais est-ce que le score de votre partenaire coïncide avec le vôtre? Sinon il s'agit plutôt d'un monologue.

■ DE 9 À 5 POINTS

Si le dialogue est un des principaux éléments d'une bonne entente, un peu de mystère et de silence en sont quelque fois l'assaisonnement: telle est votre philosophie. Votre partenaire aime-t-il également les mets savoureux?

■ DE 4 À 0 POINTS

Comment arrivez-vous à lui dire: "Passe-moi le sel"? Avez-vous inventé un langage codé? Votre communication avec l'"âme sœur" ne semble pas passer par la parole. Peut-être réussissez-vous à lui transmettre votre affection d'une autre manière: votre devise est sans doute "les baisers sont des paroles"!

■ Connaissez-vous vraiment votre partenaire?

Pour compter vos points, vous devez maintenant vous faire aider de votre partenaire: lui seul pourra vous confirmer s'il est vrai que vous connaissez son parfum ou sa couleur préférée. Comptez 2 points pour chaque réponse, parmi les suivantes, que votre partenaire aura confirmé.

4, 11, 16, 20, 24, 28, 32, 36, 39, 48

■ DE 20 À 10 POINTS

Vous connaissez votre partenaire à la perfection.

■ DE 9 À 5 POINTS

Vous avez encore pas mal de choses à découvrir sur votre partenaire: vous ne devez pas vous connaître depuis longtemps, ou alors il a bien su brouiller les pistes pour que vous n'en sachiez pas trop sur son compte. Sa tactique? Charme et mystère, comme Mata Hari. Et son score dans le même test? Attention, avec quelqu'un comme lui/elle, il ne faut jamais jouer cartes sur table!

■ DE 4 À 0 POINTS

"Mon partenaire, ce parfait inconnu": voilà un livre que vous pourriez écrire! Vous ne vous connaissez que depuis un mois, ou alors vous êtes vraiment très distrait/e: ne vous en faites pas, il y a toujours un remède. Commencez par lui demander comment il/elle s'appelle.

Vous et les autres

Êtes-vous un leader?

Avez-vous assez de charisme pour influencer votre groupe d'amis, diriger vos subordonnés, tenir les rênes de la famille, lancer un nouveau courant philosophique ou politique, être à la tête de votre équipe de football? Bref, êtes-vous un véritable leader, ou bien aimez-vous vous considérer comme tel? Vous le saurez en effectuant ce test, qui a pour but de découvrir si vous avez les atouts nécessaires pour vous distinguer du commun des mortels et pour en imposer aux autres, non par l'autoritarisme mais par vos qualités intrinsèques.

QUESTIONNAIRE

Répondez sincèrement aux questions suivantes, en cochant la réponse qui se rapproche le plus de votre façon de penser ou d'agir.

1. Instinctivement, aimez-vous le rouge?

2. Si un problème ne vous concerne pas directement, essayez-vous quand même de le résoudre, ou bien laissez-vous les autres “se débrouiller”?

oui non

3. Dans votre enfance, vous arrivait-il souvent de proposer un jeu auquel tout le monde s’empressait de participer?

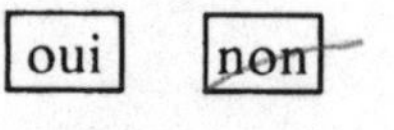

4. Êtes-vous assez original et ne vous laissez-vous pas trop influencer par les modes?

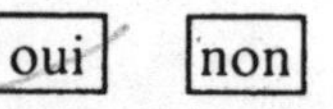

5. Si vous êtes mal luné, préférez-vous éviter les tâches difficiles, pour ne pas faire de dégâts?

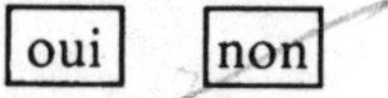

6. Vous arrive-t-il souvent de vous absenter de votre travail pour des raisons de santé?

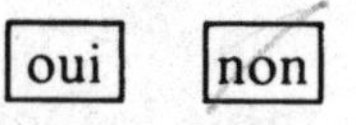

7. Êtes-vous très recherché par vos amis?

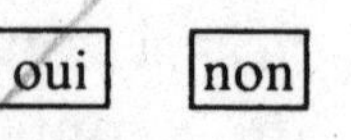

8. Si vous êtes en danger, perdez-vous facilement la tête et vous comportez-vous de façon inconsidérée?

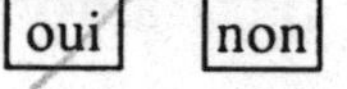

9. Généralement, lorsque vous sortez en groupe, est-ce vous qui conduisez la voiture?

10. Lorsque vous êtes au restaurant avec des amis ou votre famille, est-ce vous qui conseillez généralement aux autres un plat ou un vin?

oui non

11. Vous arrive-t-il d’élever la voix pour qu’on vous écoute et qu’on vous obéisse?

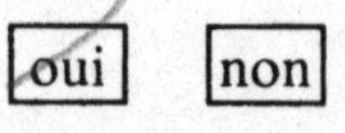

12. Si vous êtes à l'étranger ou dans une ville que vous ne connaissez pas, vous chargez-vous de demander des renseignements, de consulter le plan, de choisir l'hôtel?

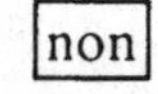

oui non

13. En amour, prenez-vous presque toujours l'initiative?

oui non

14. Vous arrive-t-il souvent d'être envié par les autres ou d'entendre des phrases du genre "pour toi, tout marche toujours sur des roulettes"?

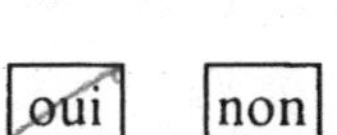

oui non

15. Estimez-vous que pour se faire respecter par ses subordonnés, il faut toujours avoir une poigne de fer?

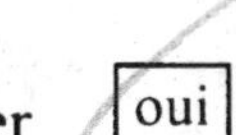

oui non

SCORE

Comptez 1 point pour chaque réponse correspondant aux suivantes:

1: oui	**5:** non	**9:** oui	**13:** oui
2: oui	**6:** non	**10:** oui	**14:** oui
3: oui	**7:** oui	**11:** non	**15:** non
4: oui	**8:** non	**12:** oui	

RÉSULTATS

■ DE 15 À 11 POINTS

Vous avez le charisme d'un leader: en toute situation, vous ne renoncez pas à assumer une responsabilité, même quand elle est lourde, et, par instinct, vous ne vous préoccupez pas seulement de votre intérêt, mais aussi de celui des autres. Néanmoins, vous n'êtes pas envahissant ni despotique: votre autorité est reconnue spontanément par les autres et il ne vous est jamais arrivé d'imposer votre avis de force. Persuasion, sympathie, sûreté et enthousiasme sont les qualités qui font de vous un meneur de foules.

■ DE 10 À 5 POINTS

Vous avez des aptitudes au commandement, mais vous ne savez pas toujours les exploiter à fond, par paresse ou timidité. Il est probable que, dans votre profession, vous pourriez avoir de plus grandes responsabilités si vous aviez plus confiance en vous-même et en vos qualités incontestables. Les années et l'expérience vont assurément permettre à votre leadership de s'exprimer pleinement. Vous êtes très écouté et considéré dans votre entourage.

■ DE 4 À 0 POINTS

Vous êtes né pour vous "occuper de vos oignons" et pour laisser les autres prendre les décisions qui ne vous touchent pas ou qui exigent de vous trop d'énergie. Même dans le travail, vous n'avez pas un poste à responsabilité. Toutefois, si vous croyez que vous êtes sous-estimé, il est peut-être temps de faire un examen de conscience et de reconsidérer votre attitude sur les plans professionnel et relationnel.

Êtes-vous capable de vivre avec les autres?

Société, connaissances, amitiés, famille: de quelle façon vivez-vous dans ces milieux si différents, mais si imbriqués les uns dans les autres? Êtes-vous dévoué envers votre prochain, engagé sur le plan social, impliqué dans la vie familiale, ou bien êtes-vous un individualiste inconditionné, ne supportant pas les règles imposées par la cohabitation et le contact avec les gens? Aimez-vous rester seul chez vous et n'éprouvez-vous presque jamais le besoin de mettre le nez dehors, ou bien tout le monde entre-t-il chez vous comme dans un moulin? Voici une série de 6 tests, qui apportera une réponse à ces questions et essaiera, en dépassant les attitudes les plus extérieures et les déclarations d'altruisme plus ou moins hypocrites, de repérer votre véritable disponibilité envers les autres, du milieu le plus vaste, la société, juqu'au plus restreint, la famille, en passant par les simples connaissances et les amitiés profondes.

QUESTIONNAIRE

Répondez sincèrement et instinctivement aux 6 groupes de questions, en cochant la réponse qui se rapproche le plus de votre façon habituelle d'agir et de penser. Vérifiez ensuite (mais seulement à la fin) les points obtenus dans chaque test séparément.

Êtes-vous doté de sens civique?

1. D'après vous, est-ce que la plupart des gens ne respectent les lois que par peur d'être punis?

a Oui, dans la plupart des cas.

b Non.

2. Sans les immigrés, vivrait-on mieux dans votre ville?

a Oui.

b Quelle sottise!

3. Pensez-vous que les personnes mentant par intérêt sont:

a Nombreuses.

b Rares.

4. Lorsque vous voyez des gendarmes ou des policiers, que faites-vous?

a Vous faites un détour, on ne sait jamais!

b Vous vous sentez protégé.

5. Avez-vous déjà assisté à une réunion du Conseil municipal de votre ville?

a Parfois.

b Jamais.

6. Avez-vous déjà aidé votre bureau de vote à dépouiller un scrutin?

a Oui.

b Non.

7. Que pensez-vous des personnes qui se font pistonner pour éviter le service militaire?

a Ils ne sont pas bêtes!

b Et si tout le monde faisait de même?

8. Avez-vous déjà participé à une manifestation en faveur de quelque chose ou à une souscription?

a Oui.

b Non.

9. Que pensez-vous du service civil?

a C'est mieux que le service militaire.

b Évidemment, deux ans c'est beaucoup, mais si l'on y croit pourquoi ne pas le faire?

10. Dans presque toutes les villes, il y a des conteneurs pour jeter les bouteilles en verre. Les utilisez-vous?

a Presque toujours.

b Vous n'avez pas toujours le temps de séparer les bouteilles du reste des ordures, et vous jetez tout ensemble.

11. Pensez-vous que pour améliorer la société, il faut avant tout:

a Changer de gouvernement.

b Commencer par faire son devoir jusqu'au bout.

12. Dans la plupart des lieux publics, il est interdit de fumer. Qu'en pensez-vous?

a C'est tout à fait normal.

b C'est de l'intransigeance inutile.

13. Lorsque vous achetez un produit détersif, faites-vous attention à son degré de biodégradation?

 Avec la pollution actuelle, c'est complètement inutile.

b Vous essayez de le faire.

14. Vous marchez dans la rue et il n'y a personne autour de vous: laissez-vous votre chien faire ses besoins sur le trottoir?

[a] Où voulez-vous qu'il les fasse?

[b] Vous essayez de l'amener dans des endroits où il ne gêne personne.

15. Si vous regardez la télé tard dans la nuit, baissez-vous le son?

[a] Oui.

[b] Non.

Êtes-vous tolérant avec les autres?

1. Si l'on vous fait une sale blague, comment réagissez-vous?

[a] Vous faites contre mauvaise fortune bon cœur.

[b] Vous vous fâchez.

2. D'après vous, les personnes trop aimables sont-elles intéressées?

[a] Oui.

[b] Non.

3. Est-ce que les personnes s'empiffrant aux dîners ou aux soirées vous gênent?

[a] Pas particulièrement.

[b] Oui, d'ailleurs vous ne les invitez plus.

4. Si un ami, que vous venez de présenter au groupe dont vous faites partie, essaie à tout prix d'être le roi de la soirée, que pensez-vous de lui?

[a] Quel culot!

[b] Vous êtes content.

5. Une amie un peu ennuyeuse vous demande toujours de l'accompagner chez le médecin ou au supermarché. Que lui répondez-vous à la ènième demande?

- [a] Que, de temps en temps, elle pourrait se débrouiller toute seule.
- [b] Que vous n'êtes pas libre.

6. À une soirée entre amis, une personne d'un certain âge commence à faire un plaidoyer sur le bon vieux temps, en ressortant toute une série d'idéaux nostalgiques que vous croyiez complètement démodés. Comment réagissez-vous?

- [a] Vous lui dites que ses propos sont une offense pour votre conscience démocratique et pour la Constitution.
- [b] Vous ne l'écoutez pas et vous partez plus tôt que prévu.

7. Vous avez indirectement appris que votre amitié pour un collègue du sexe opposé provoque la jalousie de sa femme (ou mari). Comment réagissez-vous?

- [a] Vous vous en fichez.
- [b] Un tel soupçon vous blesse.

8. Si vous faites un jeu de société avec des amis, vous préférez:

- [a] Que tout le monde participe.
- [b] Que seuls ceux qui savent jouer participent.

9. Que pensez-vous des personnes extravagantes?

- [a] Qu'elles s'affichent.
- [b] Qu'elles se distinguent du commun des mortels!

10. Que pensez-vous d'une personne ayant perdu son travail?

[a] Par les temps qui courent, cela arrive à tout le monde.

[b] Elle ne faisait probablement pas son devoir.

11. Fréquentez-vous des personnes qui n'ont pas les mêmes idées, la même culture et le même style de vie que vous?

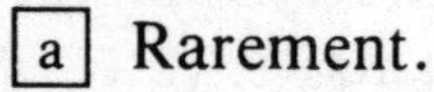

[a] Rarement.

[b] Souvent.

12. Considérez-vous comme des "bobards" les propos de ceux qui veulent récupérer les drogués?

[a] Oui.

[b] Non.

13. Vous arrive-t-il souvent d'élever la voix pour soutenir votre point de vue?

[a] Non.

[b] Oui.

14. Aimez-vous les nouveautés?

[a] Oui.

[b] Non.

15. Il y a plein de gens qui ne savent pas faire leur travail. N'est-ce pas?

[a] Oui.

[b] Non.

Êtes-vous un animal sociable ou solitaire?

1. Que préférez-vous faire le dimanche?

[a] Aller au stade.

[b] Regarder le match à la télé.

2. Vous sentez-vous mieux à la maison qu'ailleurs?

[a] Oui, car vous pouvez faire ce dont vous avez envie.

[b] Pas nécessairement: on est bien même ailleurs.

3. Lorsque vous êtes dans l'ascenseur avec un inconnu, est-ce que généralement vous vous taisez et regardez dans le vide?

[a] Oui.

[b] Non.

4. Est-ce que vous savez si le concierge de votre immeuble ou de votre lieu de travail est marié?

[a] Oui.

[b] Non.

5. Voyez-vous souvent les membres de votre famille?

[a] Seulement à Noël, aux baptêmes, aux mariages, etc.

[b] Oui.

6. Si vos finances vous le permettaient, aimeriez-vous avoir un appartement pour vous tout seul?

[a] Oui.

[b] Non.

7. Aimez-vous dîner au restaurant?

[a] Seulement dans les grandes occasions.

[b] Oui, vous le faites souvent.

8. Lequel de ces deux livres préférez-vous?

[a] L'Odyssée.

[b] La case de l'Oncle Tom.

9. Pourriez-vous exercer la profession de commerçant?

[a] Oui.

[b] Non.

10. Si vous aviez un magnétoscope, iriez-vous encore au cinéma?

[a] Parfois, pourquoi pas.

[b] Quand on peut voir un film chez soi, à quoi bon sortir?

11. Si le groupe que vous fréquentez décide d'entreprendre quelque chose qui ne vous intéresse pas, que faites-vous?

[a] Vous participez quand-même, pour rester avec les autres.

[b] On n'est pas obligé de toujours rester dans le groupe: ce jour-là vous renoncez aux autres.

12. Si quelqu'un vous observe pendant que vous travaillez, comment réagissez-vous?

[a] Vous n'y faites pas attention.

[b] Vous vous énervez.

13. Avez-vous des jeux de société chez vous?

[a] Oui.

[b] Non.

14. Vous arrive-t-il souvent d'être le centre de l'attention lorsque vous parlez?

[a] Oui.

[b] Non.

15. Les amis déprimés viennent vous voir pour:

[a] Trouver quelqu'un qui les écoute.

[b] Trouver quelqu'un qui les distrait et les amuse.

Avez-vous l'esprit de famille?

1. Si vous voyez dans la rue un garçon et une fille enlacés, que pensez-vous?

[a] Qu'est-ce qu'ils sont mignons!

[b] Ils ne savent pas encore ce qui les attend!

2. Vous est-il déjà arrivé de penser que votre famille est parfois un obstacle?

[a] Oui.

[b] Non.

3. Le soir, avant de vous coucher, embrassez-vous tous les membres de votre famille?

[a] Oui.

[b] Non.

4. À votre avis, est-ce que les parents sont les personnes qui ont le plus d'importance dans la vie de leurs enfants?

[a] Oui.

[b] Non.

5. Si une femme est mariée et mère de famille, a-t-elle du mal à se réaliser?

[a] Oui, difficilement.

[b] Non, avec un peu d'effort.

6. Les enfants, c'est beau, mais que de problèmes! N'est-ce pas?

[a] Oui.

[b] Non: il suffit de ne pas accorder trop d'importance aux problèmes, car ils ne sont jamais insurmontables.

7. Est-ce que dans la plupart de vos rêves l'action se déroule parmi des inconnus, plutôt que parmi des amis ou des parents?

[a] Oui.

[b] Non.

8. Est-ce que tous les enfants devraient être sevrés le plus tôt possible et confiés à des institutions publiques dès que leur mère ne doit plus les allaiter?

[a] Certainement.

[b] Seulement en cas de nécessité.

9. Si vous avez un projet auquel vous tenez beaucoup, ou bien une bonne nouvelle à annoncer à qui vous empressez-vous de les raconter?

[a] À votre meilleur ami.

[b] À la personne que vous aimez.

10. Est-ce que dans votre famille d'origine régnait (ou règne) une ambiance amicale et détendue?

[a] Oui.

[b] Non.

11. Tous les personnages célèbres n'avaient pas de famille ou d'enfants qui détournaient leur attention. Êtes-vous d'accord?

[a] Certainement.

[b] Non. Un exemple: les époux Curie.

12. Si l'on vous proposait un travail très intéressant et bien payé dans un pays étranger et que vous ne pouviez pas emmener votre famille avec vous, hésiteriez-vous à vous séparer d'elle pendant deux ans?

[a] Si l'occasion était unique vous n'hésiteriez pas: au fond, il ne s'agit que de deux ans!

[b] Vous refuseriez!

13. Vous servez-vous d'un verre ou d'une serviette de toilette déjà utilisés par quelqu'un de votre famille?

[a] Non, pour des raisons d'hygiène.

[b] Oui.

14. En famille, vous sentez-vous apprécié et approuvé comme à l'extérieur?

[a] Oui.

[b] Hélas, non.

15. Vivez-vous au jour le jour, sans vous soucier de l'avenir, de la retraite, de mettre de l'argent de côté?

[a] Oui.

[b] Non, vous n'êtes pas inconscient.

Le fossé des générations. Vos parents et vous

(Ce test s'adresse aux enfants, adolescents ou adultes)

1. Avez-vous des reproches à faire à vos parents, quant à l'éducation que vous avez reçue?

[a] Oui.

[b] Non: même s'ils ont commis des erreurs, c'était en toute bonne foi.

2. Estimez-vous qu'il est impossible d'être amis avec ses parents?

[a] Oui.

[b] Non.

3. Vous est-il déjà arrivé d'aller au cinéma ou en boîte avec vos parents?

[a] Oui.

[b] Non.

4. D'après vous, vos qualités sont-elles dues à votre bonne éducation et au milieu dans lequel vous avez grandi?

[a] En partie.

[b] Non: vous vous êtes "fait" tout seul.

5. Aimeriez-vous vivre la même aventure que le héros de "Retour vers le futur", rien que pour voir comment étaient vos parents dans leur jeunesse?

[a] Cela ne vous intéresse pas tellement, vous connaissez presque toutes les anecdotes par cœur, tellement on vous les a racontées!

[b] Ce serait fantastique.

6. Vous arrive-t-il d'emprunter un vêtement, un chapeau ou un pull à l'un de vos parents?

[a] Oui.

[b] Non.

7. Racontez-vous ou avez-vous raconté beaucoup de mensonges à vos parents, pour avoir plus de liberté?

[a] Oui, c'est eux qui l'ont voulu, ils n'avaient qu'à être moins intransigeants.

[b] Rarement.

8. Avez-vous les mêmes idées politiques que votre famille d'origine?

[a] Plus ou moins.

[b] À l'opposé.

9. Invitez-vous vos amis à dîner si vos parents sont là?

[a] Oui.

[b] Non.

10. Dès que vos parents "se tirent", en profitez-vous pour faire tout ce qui généralement vous est interdit (ou l'avez-vous fait dans le temps)?

[a] Oui.

[b] Non.

Le fossé des générations. Vos enfants et vous

(Ce test s'adresse aux parents dont les enfants sont grands ou adultes)

1. Êtes-vous fiers de vos enfants?

[a] Oui.

[b] Assez, même s'ils n'ont pas complètement exaucé vos vœux.

2. Estimez-vous que tous les enfants, une fois qu'ils ont grandi, remercient leurs parents de leur avoir donné une éducation sévère et rigide?

[a] Oui.

[b] Non: d'ailleurs, vous ne leur avez pas donné ce genre d'éducation.

3. D'après vous, y a-t-il en famille des choses que les enfants ne doivent pas savoir?

a Oui.

b Non, il ne doit pas y avoir de secrets.

4. Aimez-vous inviter chez vous les amis de vos enfants, même s'ils arrivent au dernier moment et très affamés?

a Oui, la maison est plus gaie.

b Non, il y a trop de désordre.

5. Pensez-vous que les parents ont quelque chose à apprendre de leurs enfants?

a Étant donné l'expérience et la sagesse des adultes, c'est impossible

b Parfois.

6. Trouvez-vous qu'aujourd'hui les mœurs se sont relâchées?

a Oui.

b Non, elles ont seulement changé.

7. Avez-vous fait trop de sacrifices pour vos enfants, sans être payé de retour?

 Exactement.

b Non, ils vous ont apporté et vous apportent beaucoup, même si c'est d'une manière différente de la vôtre.

8. Les avez-vous laissés choisir leurs études?

[a] Non, ils n'étaient pas assez mûrs.

[b] Oui.

9. Faites-vous parfois des câlins à vos enfants, même s'ils sont déjà adultes?

[a] Non, vous n'aimez pas les minauderies, mais cela ne vous empêche pas de les aimer.

[b] Oui, parfois.

10. Croyez-vous que les jeunes d'aujourd'hui peuvent bâtir un avenir meilleur?

[a] Vous l'espérez.

[b] C'est très difficile.

SCORE

Comptez 1 point pour chaque réponse correspondant aux suivantes:

Êtes-vous doté de sens civique?

1: b	**5:** a	**9:** b	**13:** b
2: b	**6:** a	**10:** a	**14:** b
3: b	**7:** b	**11:** b	**15:** a
4: b	**8:** a	**12:** a	

Êtes-vous tolérant avec les autres?

1: a	**5:** b	**9:** b	**13:** a
2: b	**6:** b	**10:** a	**14:** a
3: a	**7:** a	**11:** b	**15:** b
4: b	**8:** a	**12:** b	

Êtes-vous un animal sociable ou solitaire?

1: a	**5:** b	**9:** a	**13:** a
2: b	**6:** b	**10:** a	**14:** a
3: b	**7:** b	**11:** a	**15:** b
4: a	**8:** b	**12:** a	

Avez-vous l'esprit de famille?

1: a	**5:** b	**9:** b	**13:** b
2: b	**6:** b	**10:** a	**14:** a
3: a	**7:** b	**11:** b	**15:** b
4: a	**8:** b	**12:** b	

Le fossé des générations. vos parents et vous

1: b	**5:** b	**9:** a
2: a	**6:** a	**10:** b
3: a	**7:** b	
4: a	**8:** a	

Le fossé des générations. vos enfants et vous

1: a	**5:** b	**9:** b
2: b	**6:** b	**10:** a
3: b	**7:** b	
4: a	**8:** b	

RÉSULTATS

Êtes-vous doté de sens civique?

(max. 15 points)

DE 15 À 10 POINTS

Vous êtes doté d'un grand sens civique. Votre formation et votre éducation ont été basées sur les valeurs de liberté et de cohabitation pacifique, qui impreignent votre vie quotidienne. Ayant l'habitude de toujours penser à l'intérêt des autres, vous vous étonnez continuellement lorsque des gens jettent des papiers par terre, salissent les murs ou manquent de respect à autrui. Vous intervenez souvent pour défendre les droits communs, mais avec beaucoup de politesse.

DE 9 À 5 POINTS

Votre sens civique est moyen. Votre paresse vous empêche parfois de respecter des règles que vous approuvez, mais que vous trouvez assez gênantes quand elles vous concernent. Si vous ne pensez pas au bien commun, pensez alors à vous-même: le respect des règles est tout à votre avantage. Qu'arriverait-il, en effet, si tout le monde se comportait comme vous?

DE 4 À 0 POINTS

Décidément, vous n'êtes pas fait pour vivre en société, mais dans une caverne. C'est le seul endroit, en effet, où vous pourriez vivre en toute "liberté", sans toutes ces règles fastidieuses. Vous êtes sans doute un individualiste et vous estimez que la cohabitation entraîne plus de tracas que d'avantages. Mieux vaut ne pas être votre voisin.

Êtes-vous tolérant avec les autres?

(max. 15 points)

DE 15 À 10 POINTS

Vous êtes doté d'une grande flexibilité mentale et vous détestez les attitudes rigides: voilà pourquoi vous respectez les pensées ou comportements différents des vôtres, à condition toutefois qu'ils ne portent pas atteinte à votre liberté, car vous vous sentez alors obligé d'intervenir avec tact pour expliquer vos raisons. Votre patience est en tout cas supérieure à la moyenne. Il est probable que cette ouverture mentale est due à une profonde culture ou à de fréquents séjours à l'étranger. Malheureusement, ceux qui ne vous connaissent pas bien prennent souvent votre tolérance pour de la faiblesse et cherchent à en profiter.

■ DE 9 À 5 POINTS

Vous êtes une personne tolérante, capable de comprendre les points de vue différents des vôtres. Vous aimez comparer vos idées à celles des autres: lors de ces discussions stimulantes, vous essayez de ne pas être trop agressif. Mais face à l'ignorance et à la grossièreté, votre souplesse diminue: vous n'hésitez pas, alors, à dire leurs quatre vérités à ceux qui blessent ou vous importunent.

■ DE 4 À 0 POINTS

Vous êtes tout à fait intransigeant et vous avez des idées très précises, que vous défendez vigoureusement, même quand cela n'est pas nécessaire. Vous avez du mal à discuter calmement avec quelqu'un qui n'est pas du même avis que vous: vous vous échauffez pour un rien et commencez immédiatement à crier. Quelles que soient les circonstances ou l'atmosphère, vous essayez toujours de faire prévaloir vos opinions et si l'on va à l'encontre de votre désir, vous êtes capable de sortir en claquant la porte. Votre comportement inspire rarement de la sympathie.

■ Êtes-vous un animal sociable ou solitaire?

(max. 15 points)

DE 15 À 10 POINTS

La réponse est sans nul doute affirmative: vous êtes un animal sociable. Vous aimez la compagnie et la présence des autres en toute circonstance, d'autant plus que vous aimez avoir un public. Plein d'humanité et d'expansivité, très communicatif et extraverti, vous êtes un véritable pôle d'attraction pour votre entourage; sans vous, la conversation languit et les initiatives font défaut. Vous n'êtes pas fait pour vivre sur une île déserte, comme Robinson Crusoé.

DE 9 À 5 POINTS

Votre comportement social est extrêmement équilibré: vous aimez la compagnie des amis, surtout pendant vos loisirs, mais de temps en temps vous préférez rester seul ou avec votre famille. Lorsque vous êtes avec les autres, vous participez aux activités communes et vous savez vous amuser sans devenir envahissant ni égocentrique. Les règles de la cohabitation ne vous pèsent pas, mais vous gardez toujours une certaine indépendance vis-à-vis du groupe. Tout en ayant un petit nombre d'amis vraiment sincères, vous préférez fréquenter des gens très différents, plutôt qu'un milieu très figé.

DE 4 À 0 POINTS

Vous êtes décidément peu sociable et vous aimez la solitude. Une fois votre travail terminé vous préférez rester seul avec vos hobbies, assurément très nombreux. Vous n'êtes pas très bavard et vous avez du mal à parler aux étrangers. Néanmoins, vous avez un groupe d'amis très sélectionnés, avec lesquels vous vous exprimez sans difficulté. En famille vous êtes également réservé, mais ceux qui vous connaissent apprécient cette qualité.

Avez-vous l'esprit de famille?

(max. 15 points)

DE 15 À 10 POINTS

Vous avez vraiment l'esprit de famille: si vous êtes jeune et encore célibataire, vous n'allez pas tarder à connaître ce qui représente pour vous la seule dimension existentielle possible, la vie à deux (avec des enfants le plus tôt possible). Si vous êtes marié, votre famille vous apporte la joie et la protection dont vous avez besoin, sans vous écraser du poids de ses obligations. Cependant, l'unité et l'harmonie qui règnent dans votre clan familial vous empêchent d'avoir une certaine ouverture sur le monde extérieur, les amis et la société en général.

DE 9 À 5 POINTS

Vous vous sentez bien en famille, car vous avez su garder des contacts et des liens avec le monde extérieur et que, par conséquent, votre noyau familial est ouvert, vivant, jamais étouffant. Tout en constituant une attache unique, votre famille n'est pas pour vous une bouée de sauvetage ni le seul moment de socialisation dans votre vie. Vous appréciez et vous aimez beaucoup vos parents, frères et sœurs et, si vous n'êtes pas encore marié, vous souhaitez recréer, le moment venu, une nouvelle cellule aussi unie et harmonieuse que votre famille actuelle.

DE 4 À 0 POINTS

Vous êtes vraiment un(e) célibataire endurci(e) et vous aimez trop votre liberté pour pouvoir apprécier la vie de famille. En effet, vous essayez toujours de vivre seul ou avec des amis, ou à la limite avec une personne de l'autre sexe, mais sans être marié ni avoir d'enfants. Cependant, les circonstances ne permettent pas toujours de vivre selon ce choix: un score semblable peut également être obtenu par une personne mariée mais ne supportant plus cette condition ou ayant été profondément déçue par cette expérience.

Le fossé des générations. Vos parents et vous

(max. 10 points)

DE 10 À 5 POINTS

Vos relations avec vos parents sont parfaites: la différence d'âge ne vous empêche pas de les apprécier en tant que personnes et de partager avec eux beaucoup d'expériences et d'espoirs. Tout en étant indépendant et autonome, vous êtes profondément lié à votre famille, non par devoir mais par plaisir. Le score que vous avez obtenu au test précédent doit également être élevé. Le mérite en revient à vos parents, et au climat qu'ils ont su instaurer à la maison, mais également à votre disponibilité.

DE 4 À 0 POINTS

Vous traversez sans doute cette phase essentielle de votre adolescence qui comporte la fracture, parfois brusque et violente, avec la famille d'origine. Si vous êtes déjà adulte, vous n'avez pas encore dépassé cette phase. Actuellement, vous n'avez pas de très bons rapports avec votre famille, mais cela fait partie des règles du jeu et de la différence de générations. Une fois que vous aurez affirmé votre indépendance et votre autonomie, vous réussirez à considérer ces rapports différemment et à vous rapprocher de vos parents. En revanche, si vous avez un certain âge, les déceptions et les incompréhensions sont devenues plus radicales. Mais avec un peu d'effort des deux côtés, ces problèmes peuvent être surmontés. Il s'agit seulement de faire le premier pas.

Le fossé des générations. Vos enfants et vous

(max. 10 points)

DE 10 À 5 POINTS

Vous avez réussi à obtenir ce que tous les parents désirent: de bons rapports avec vos enfants, des liens affectifs intenses et spontanés, libres de toute autorité ou rigidité. En effet, tout en constituant un point de repère indispensable pour vos enfants, vous êtes conscient qu'ils doivent savoir faire leur chemin tout seuls. Vous allez recueillir les fruits de cette éducation lorsque vos enfants seront adultes (ou vous êtes déjà en train de les recueillir). Si vos enfants ont obtenu le même score dans le test qui les concerne, votre succès est confirmé.

DE 4 À 0 POINTS

Vous n'avez pas de bons rapports avec vos enfants, car vous vous souciez avant tout d'être respecté et de toujours imposer votre autorité et votre point de vue. Si vos enfants sont encore jeunes, vous pensez probablement que les tensions sont dues à leur attitude et à la libéralisation des mœurs, et vous vous attendez probablement à un changement lorsqu'ils seront adultes. Or une incompréhension trop profonde s'efface difficilement, tout au plus diminue-t-elle avec les années; mais vous n'arriverez jamais à créer le climat de chaleur et d'affection que vous voyez dans d'autres familles. Si vos enfants sont grands, vous avez déjà dû vous en apercevoir.

TROISIÈME PARTIE

Quel type de manager êtes-vous?

Déterminez vos dispositions professionnelles : commerciales, financières, administratives, ressources humaines, techniques de production...

par Thierry M. Carabin

Introduction

Diriger une entreprise est une aventure merveilleuse parce que périlleuse. Diriger une petite ou moyenne entreprise, ou une petite ou moyenne industrie, exige beaucoup de temps, de travail et de talent. En effet, le manager de PME-PMI doit cumuler connaissances et savoir-faire dans les divers domaines : technique, commercial, financier, juridique, relationnel et autres. Il ne peut pas embaucher à prix d'or un cadre spécialiste de la gestion des ressources humaines, sachant animer et motiver, connaissant sur le bout des doigts tous les détails du Code du travail, sachant comment dialoguer avec les syndicats, ou encore, passé maître dans l'art d'analyser les besoins et de concevoir un plan de formation efficace. Il doit faire tout cela... et le reste aussi. Il lui faut être polyvalent et omniscient. Il est condamné à être surdoué.

Heureusement, notre monde évolue. Le manager peut aujourd'hui, plus facilement qu'hier, s'entourer de conseils. Des spécialistes lui apportent connaissances et savoir-faire lorsqu'ils sont appelés, c'est-à-dire lorsque le besoin s'en fait sentir. Ils sont, d'une certaine façon, des travailleurs à temps partiel ou des intérimaires. Il reste au manager à connaître ses points forts et ses points faibles, à déterminer ainsi les domaines dans lesquels il est préférable d'avoir recours à une assistance. Ensuite, il lui suffira de savoir choisir les intervenants !

Ce livre va vous aider à mesurer vos points forts et vos points faibles. Des tests vont vous éclairer sur vos capacités dans divers domaines : la fonction commerciale, la fonction financière, la fonction gestion du personnel, la fonction administrative... D'autres tests vont enrichir votre réflexion. Le premier vous dira si vous avez le tempérament voulu pour réussir à créer ou développer une entreprise. L'autre vous révélera vos tendances et vous conseillera, selon que vous ayez tendance à être trop bureaucrate, trop enfermé dans votre bureau et vos règlements, ou trop libéral et trop « gentil » pour savoir prendre des décisions et les faire exécuter.
Bonne réflexion !

Vous et l'entreprise

Avez-vous le tempérament du créateur d'entreprise ou du développeur d'entreprise?

Tout le monde ne crée pas son entreprise. Tout le monde ne développe pas une entreprise. Ce sont là des missions très dures, très difficiles, qui nécessitent un tempérament bien défini. Sans ce savoir-être, point de salut. Vous vous ferez « manger » par les autres. Vous n'arriverez pas à assumer toutes les responsabilités qui vous incombent. Vous irez droit à l'échec, même si vous êtes plein de bonne volonté. Le psycho-test qui vous est proposé ici va vous permettre de faire le point et de répondre à la question préalable que vous vous posez : « Ai-je le tempérament voulu pour réussir dans la création ou le développement d'une entreprise ? »

LE TEST

Pour chaque question, une affirmation vous est présentée. Soit cette affirmation vous satisfait et constitue un propos que vous avez déjà tenu ou que vous pourriez tenir, soit elle se situe à l'inverse de vos pensées et de vos actions coutumières. Si vous vous retrouvez dans l'affirmation présentée, soulignez la proposition « D'accord ». Dans le cas opposé, soulignez la proposition « Pas d'accord ». Si vous vous abstenez de répondre à plus de trois questions, vous ne réussirez jamais, car l'indécision n'est pas l'action. Or seule l'action est productive !

Voici les questions.

101. Il y a des gens qui se font des cheveux à propos de tout et de rien. Il y a des prétentieux qui croient faire de leur vie ce que eux seuls ont décidé. Moi, je prends les choses comme elles viennent.

D'accord - Pas d'accord

102. Moi, je fais toujours des projets. Je sais ce que je veux et où je vais. Bien entendu je m'adapte, mais je sais où j'en suis face à mes objectifs et, quand je me lève le matin, je sais mes objectifs de la journée. Ensuite, il n'y a plus qu'à travailler pour les atteindre...

D'accord - Pas d'accord

103. Je sais que l'homme ne vit pas seul. Je n'hésite pas à rendre service aux autres. Je pense aux anniversaires et aux fêtes. Je sais que les petits cadeaux entretiennent l'amitié. Peut-être, un jour, les autres m'aideront face à telle ou telle difficulté...

D'accord - Pas d'accord

104. J'ai compris un jour que, dans tous les métiers, dans toutes les fonctions, il y a une part de routine. Tous les jours, les mêmes gestes, les mêmes décisions reviennent. Même si les gens ont des têtes différentes, les problèmes sont les mêmes. On ne peut vivre en faisant chaque jour des choses radicalement différentes de celles de la veille. J'ai compris. J'ai eu du mal à m'y faire, mais j'en ai pris mon parti. Maintenant, je suis très organisé. Ainsi, je consacre un minimum de temps à tout ce qui est répétitif ou routinier.

D'accord - Pas d'accord

105. On doit se prémunir contre l'imprévu et les « coups du sort ». Il y a des gens qui sont très négligents. Moi, je suis assuré pour, je crois, tout ce qui pourrait m'arriver. Je suis certain d'être bien assisté en cas de difficulté.

D'accord - Pas d'accord

106. Franchement, certaines personnes m'ennuient. J'ai bien du mal à supporter leur présence. D'ailleurs, je préfère de loin un bon roman à un dîner avec des invités. Ce genre de manifestation m'est d'autant plus désagréable que je ne sais pas comment faire comprendre que le sujet d'une conversation est épuisé, et qu'en changer serait une bonne idée, ou, très simplement, que « l'heure du marchand de sable » a sonné.

D'accord - Pas d'accord

107. Il y a les jours avec et les jours sans. Je ne crois pas aux miracles. Mais je me suis analysé et je sais aujourd'hui ce qui me fait plaisir, ce qui me stimule, ce qui me met en forme... et j'en use. La vie est trop courte pour perdre du temps à « s'interroger le nombril », à entretenir un médecin de douleurs imaginaires, ou encore à rester couché pour se reposer de n'avoir rien fait.

D'accord - Pas d'accord

108. L'honnêteté, la rigueur sont des valeurs auxquelles je suis très attaché. D'ailleurs, je me suis déjà aperçu que le monde est petit, que les gens que l'on a essayé de berner se retrouvent un jour sur le même chemin. Je crois que la morale est indispensable à la vie en société et, aussi, à la vie des affaires. D'ailleurs, quand les affaires sont menées sans morale, elles deviennent vite des « Affaires », pour ne pas dire des scandales.

D'accord - Pas d'accord

109. Pour créer une entreprise, il faut des capitaux. Dans notre monde, tout se transforme, il n'y a pas de création. On ne peut faire décoller un avion sans aile et sans carburant... Reconnaître cette nécessité ne diminue en rien les qualités du pilote. Chacun sait que l'on ne crée pas une entreprise en travaillant trente-cinq heures par semaine, mais quatre-vingts et plus.

D'accord - Pas d'accord

110. J'ai des goûts de luxe. J'ai horreur de devoir me contenter de peu. Si mes moyens me le permettent, je fréquente les meilleurs hôtels et les meilleurs restaurants. Il y a ainsi des choses qui, pour moi, sont essentielles et ne se discutent pas. Je suis incapable de faire des économies sur ce plan.

D'accord - Pas d'accord

111. J'ai horreur d'attendre. Je ne fais pas attendre les autres. Quel que soit mon emploi du temps, je suis ponctuel et ne fais jamais attendre les autres. Cela me permet d'autant plus facilement d'être exigeant. Je le suis quand même moins pour les autres que pour moi, mais... j'ai appris à ne pas me laisser marcher sur les pieds.

D'accord - Pas d'accord

112. D'une façon générale, les autres me trouvent toujours souriant, dynamique et entraînant. Je suis d'un contact facile, même si certains pensent *a priori* le contraire. En effet, certains se font des montagnes et vivent complexés : oseront-ils déranger quelqu'un d'aussi occupé ? La réalité oblige à dire que tout se passe dans leur tête.

D'accord - Pas d'accord

113. Il faut prendre le temps de bien faire les choses. Ceux qui bousculent les autres sans arrêt sont des gens impossibles avec lesquels on ne peut travailler sans multiplier les erreurs, par manque d'attention et de concentration. On ne peut pas tout faire en même temps. Moi, je fais du très bon travail quand on ne me bouscule pas.

D'accord - Pas d'accord

114. « Vite et bien », telle est ma consigne permanente. Je suis perfectionniste de vocation, mais je me force à respecter les réalités de la vie. Si le client paie dix heures et si j'en consomme douze, je ne pourrai pas être payé à la fin du mois. Si j'en consomme huit parce que je travaille plus vite et mieux que les concurrents, je me donne une marge avec laquelle j'apporterai au client le « plus » qui incite à la fidélité.

D'accord - Pas d'accord

115. J'aime beaucoup les musées. Voir de belles choses me fait plaisir. J'aime regarder. J'ai d'ailleurs remarqué que la vue des belles choses me repose, m'apporte une détente très confortable dans ce monde très stressé et stressant qui est le nôtre aujourd'hui.

D'accord - Pas d'accord

116. Je suis très intéressé par l'Histoire. Y voir les évolutions, les répétitions, les bégaiements et autres mouvements humains, est très instructif. J'apprends beaucoup sur le fonctionnement du genre humain en étudiant ses origines et sa vie au cours des siècles. J'aime voir comment les gens ont décidé, à certaines époques, de s'organiser pour réaliser tant de grandes œuvres avec si peu de moyens techniques, par comparaison avec ce qui est disponible aujourd'hui.

D'accord - Pas d'accord

117. A un policier qui vient de m'arrêter, je dis les choses simplement, comme je les vis. Je n'ai pas à rougir parce que j'ai commis une erreur. Il me faut assumer, prendre conscience de mon erreur et de ses conséquences possibles, comprendre le pourquoi de mon étourderie afin de m'en préserver à l'avenir, c'est tout.

D'accord - Pas d'accord

118. Je hais les douaniers. Je ne sais pas pourquoi ils en ont toujours après moi. Dans un groupe, c'est certain, c'est toujours à moi que l'on demandera d'ouvrir ma valise. Ils finissent par me faire peur. J'en arrive à hésiter à acheter dans les « duty free » ce que je pourrais amener en franchise. Il suffirait que l'un d'entre eux tombe sur moi et trouve qu'il y a une cigarette de trop, ou que l'alcool relève d'une catégorie non autorisée.

D'accord - Pas d'accord

119. Quand j'ai un petit travail à faire, je préfère le faire moi-même en trente secondes plutôt que d'attendre que la secrétaire soit disponible.

D'accord - Pas d'accord

120. Quand un escalier classique et un escalier roulant voisinent, je choisis l'escalier classique. Je ne perds pas de temps car les escaliers roulants sont lents, souvent même plus lents que moi sur mon escalier classique. Il faut être actif pour vivre pleinement sa vie.

D'accord - Pas d'accord

121. Quand un moment désagréable se présente, et que je sais que je vais devoir assumer mes responsabilités, j'aurais plutôt tendance à hâter la chose pour en être débarrassé au plus vite.

D'accord - Pas d'accord

122. Quand un moment désagréable se présente, et que je sais que je vais devoir assumer mes responsabilités, j'aurais plutôt tendance à freiner les événements pour prendre le temps de bien réfléchir, de bien étudier le dessous de toutes les pièces du dossier et de voir si je ne peux échapper à l'orage.

D'accord - Pas d'accord

123. Lorsque j'ai décidé de renouveler mon salon et d'en acheter un neuf, représentant deux mois de revenu net, j'ai choisi d'acheter à crédit.

D'accord - Pas d'accord

124. Lorsque j'ai décidé de renouveler mon salon et d'en acheter un neuf, représentant deux mois de revenu net, j'ai économisé pendant neuf mois, et, ensuite, j'ai négocié une bonne remise pour paiement comptant.

D'accord - Pas d'accord

125. J'aime avoir un agenda chargé. J'aime aller de vernissages en cocktails, de conférences en réunions d'associations, etc. C'est moi, et c'est ma vie.

D'accord - Pas d'accord

126. Je vais voir mon médecin traitant tous les trimestres car je pense que c'est indispensable de se faire examiner régulièrement. J'ai une santé fragile. Je n'y suis pour rien. Il me faut faire avec.

D'accord - Pas d'accord

127. Quand je suis en difficulté parce que je ne trouve pas le bon guichet, la bonne direction, ou le mode d'emploi d'un distributeur, je m'adresse très vite à la personne la plus proche. Bien entendu, je prends toujours le temps d'être poli et de saluer aimablement mon interlocuteur avant de le mettre à contribution.

D'accord - Pas d'accord

128. Je suis très prudent lorsque le danger est réel. Je ne m'aventure pas en montagne sans les cartes, vivres et équipements requis. Il en va de même lorsque je pratique la plongée sous-marine, ou toute autre activité, qu'elle soit sportive ou pas.

D'accord - Pas d'accord

129. Je me connais assez bien pour m'être observé régulièrement. Je sais les périodes de repos dont j'ai besoin, l'alimentation qui me tient éveillé et en forme, les pratiques sportives qui me font du bien. J'utilise cette connaissance pour organiser et moduler ma vie, à mon plus grand profit et à celui de tous ceux avec qui je suis en relation.

D'accord - Pas d'accord

130. C'est une habitude, chez moi. Quand c'est l'heure de la détente, je me détends avec des amis autour d'un apéritif ou d'un digestif, en fonction du moment. La convivialité doit avoir sa place dans la vie. Je ne connais rien de mieux qu'un petit verre pour mettre tout le monde au diapason et faire la fête, un peu.

D'accord - Pas d'accord

131. Je ne regarde presque jamais la télévision, que ce soit pour les informations ou autre chose. Je regarde la télévision lorsqu'une information exceptionnelle est annoncée. J'enregistre les émissions traitant d'économie et je les regarde lorsque, vraiment, je suis trop fatigué pour faire autre chose, une fois par semaine au plus.

D'accord - Pas d'accord

132. Je me suis retrouvé en état d'ébriété, une fois, quand je n'avais pas vingt ans et que, comme les autres, je faisais l'expérience des choses de la vie. Mais, depuis, je n'ai plus jamais connu cet état. Je ne tiens pas à gaspiller des journées de ma vie à soigner des gueules de bois.

D'accord - Pas d'accord

133. Quand quelqu'un manifeste une mauvaise volonté évidente, je le dis haut et fort, avec force, et ce que je dis est toujours mis en œuvre. Si, dans la conversation, j'en viens à dire que je résilie tel contrat ou annule telle commande, cela est automatiquement suivi d'effet. Je fais ce que je dis.

D'accord - Pas d'accord

134. Face à la bêtise, il m'arrive de m'emporter, mais de là à passer à l'exécution de tout ce qui a été dit, il y a une marge... parce que ça prend du temps, parce qu'on ne peut rester fâché avec tout le monde, parce que, après l'orage, on boit un verre et ça s'arrange, parce que personne n'est parfait...

D'accord - Pas d'accord

135. Quand je suis chez le notaire, ou avec un partenaire en qui j'ai confiance, je ne lui fais pas perdre du temps et je ne l'oblige pas à attendre que j'aie lu tous les articles du contrat dans le détail avant de signer.

D'accord - Pas d'accord

136. Je m'emploie à fuir les bavardages. Ces conversations du type « Bonjour, ça va ? – Oui, ça va, et vous ? – Moi, ça va. Et Madame, ça va ? » m'ennuient à mourir. Je préfère changer de trottoir, faire comme si je n'avais pas vu, regarder la vitrine d'un magasin avec ostentation...

D'accord - Pas d'accord

137. J'ai beaucoup de plaisir, de temps à autre, à m'asseoir et ne rien faire. Cela me permet de me détendre et de souffler un peu. Faire le vide, ne rien faire, c'est reposant.

Quelquefois, je me laisse aller à une petite sieste. Les bâillements me détendent. Je m'étire et je retrouve alors le sentiment d'avoir à nouveau les pieds sur terre. Bien obligé, il y a toujours trop de choses à faire. On est perpétuellement débordé.

D'accord - Pas d'accord

138. La morale, c'est dépassé. C'étaient des règles qu'on était censé suivre comme des rails de chemin de fer, sans liberté individuelle. Heureusement que tout ça a été jeté aux orties. Ce style « Dis bonjour à la dame... Sors les mains de tes poches... Va te laver les mains... Seuls les ruminants mâchonnent à longueur de journée, retire ce que tu as dans la bouche... » est horripilant. D'ailleurs, il n'y a pas de morale. La liberté, c'est faire ce qu'on veut, comme on veut, quand on veut.

D'accord - Pas d'accord

139. Quand je dois prendre la parole devant un groupe, je le fais à ma façon : vite et bien. J'entends par là que je parle aux uns et aux autres de ce qui les intéresse, les yeux dans les yeux, dans un dialogue aux antipodes des formules toutes faites, ou, pire encore, des formules ampoulées. Bien entendu, la première fois, j'avais le trac et beaucoup de mal à dire un mot, mais j'ai appris à me connaître et, maintenant, je me maîtrise. J'ai encore le trac parce que je suis perfectionniste, mais j'en maîtrise les effets.

D'accord - Pas d'accord

140. J'ai arrêté de fumer le jour où je l'ai décidé. Je n'ai plus jamais touché une cigarette, un cigare ou une pipe depuis.

D'accord - Pas d'accord

141. Je n'ai jamais fumé parce que je l'ai décidé ainsi.

D'accord - Pas d'accord

142. J'adore faire des réussites avec des cartes à jouer. C'est une passion à laquelle je consacrerais plus de temps si je le pouvais.

D'accord - Pas d'accord

143. Je raffole des jeux de mots croisés. J'y passe des heures, calé dans un fauteuil ou même sur une chaise, dès que je peux. Ma seule hantise est d'être interrompu.

D'accord - Pas d'accord

144. Je suis passionné de sport. J'en ai fait et je le pratique encore. J'encourage les plus jeunes à en faire. Je m'occupe d'eux, les encadre bénévolement à l'occasion, cherche à les stimuler par tous les moyens.

D'accord - Pas d'accord

145. Sans me vanter, j'ai rarement vu des collègues en faire autant que moi dans une journée. J'ai très souvent entendu des phrases du genre : « Comment tu fais pour avoir déjà fini ? » ou : « Tu as commencé à quelle heure pour en faire tant ? » ou encore : « Tu ne t'es pas arrêté pour déjeuner, tu fais un régime ? »

D'accord - Pas d'accord

146. Quand on me demande mon opinion, je la donne. Bien entendu, je me suis informé auparavant. Evidemment, je ne prends pas position dans une polémique stérile opposant deux imbéciles gaspillant leur vie à s'entre-déchirer.

Mais, pour le reste, je pense, je réfléchis, j'ai mes opinions et je les partage. Je ne comprends pas les gens qui votent blanc ou qui s'abstiennent. Pour moi, c'est une façon de ne pas exister, de refuser la vie en société.

D'accord - Pas d'accord

147. Jamais je n'interromps un interlocuteur sauf s'il devient grossier. Bien entendu, face à un bavard dont j'ai compris l'idée ou l'opinion, je fais une synthèse de son discours lorsqu'il reprend sa respiration. Généralement, il m'en est reconnaissant car, comme chacun sait, un bavard est le plus souvent une personne qui n'a pas construit son discours et qui, n'ayant pas préparé sa conclusion, tourne en rond sans trouver la porte de sortie.

D'accord - Pas d'accord

148. Je n'organise jamais les loisirs. Si j'organisais les heures hors travail, j'aurais l'impression d'être encore au travail. Pour moi, le plaisir ne se planifie pas.

D'accord - Pas d'accord

149. Dans une assemblée, j'aime présider, ou être l'organisateur.

D'accord - Pas d'accord

150. Mon père m'a fait remarquer un jour qu'il y a un ordre pour les choses dans la vie. Il m'a dit très simplement ceci : « Si tu fais tes devoirs en rentrant de l'école, tu seras encore en forme pour aller jouer ensuite. Si tu vas d'abord jouer, tu ne pourras plus faire tes devoirs. Tout ceci parce que l'on peut se dépenser physiquement en étant fatigué intellectuellement, mais que l'inverse est impossible. » Je n'ai jamais oublié sa leçon. J'en tiens compte constamment.

D'accord - Pas d'accord

151. Je déteste avoir des dettes. Bien entendu, je sais gérer ma trésorerie. Ce dont j'ai horreur, c'est la situation négative, celle dans laquelle je me retrouve devoir de l'argent sans avoir de recettes. Je fais la différence entre dépenses et investissements.

D'accord - Pas d'accord

152. J'adore le charme de l'imprévu. Dire le soir à son conjoint « et si on sortait ? » est délicieux. On part à l'aventure. On ne sait ce que l'on va trouver puisque personne n'avait pensé à réserver. On n'a pas les programmes des théâtres et cinémas, ni les horaires, mais ils sont affichés. On a le plaisir de la surprise. On ne voit pas toujours ce qu'on voulait voir, mais on est quand même sorti. C'est sympa.

D'accord - Pas d'accord

153. J'ai quelques amis avec lesquels j'aime discuter. Nous parlons des problèmes du temps, de la société, des soucis de l'un, des problèmes de l'autre. Chacun aide l'autre. Chacun assiste l'autre dans les périodes difficiles, qu'elles soient privées, professionnelles ou civiles. Nous réfléchissons ensemble et chacun apporte à l'autre sa propre expérience, les connaissances qu'il a pu glaner ici et là, les conseils qu'il a reçus ailleurs et ce qu'il en a retiré. Cela, c'est de la vraie et solide amitié. Bien entendu, la disponibilité totale et permanente pour l'autre est réelle : elle ne s'arrête pas aux mots.

D'accord - Pas d'accord

154. Quelquefois, je me sens découragé, fatigué, et je n'ai envie de rien. Rien ne m'excite vraiment. Rien ne me fait envie. Je resterais volontiers dans mon lit, en boule et au chaud sous les draps.

D'accord - Pas d'accord

155. Mes relations le savent ou le comprennent, ou encore le sentent, je ne sais comment, mais ils ont raison : je n'ai jamais répété ni utilisé ce qui m'avait été confié en privé, et ce sans même que la personne en veine de confidence m'ait demandé ou fait promettre quoi que ce soit.

D'accord - Pas d'accord

156. Quand je suis invité, je m'attends bien évidemment à ce que la maîtresse de maison me présente aux autres invités. Si elle ne le fait pas, je le fais moi-même. De même, dans une réception, je me présente aux autres personnes présentes auxquelles je m'adresse. C'est la moindre des politesses que de se présenter avant de s'adresser à quelqu'un.

D'accord - Pas d'accord

157. Je me veux modeste, mais je dois tout de même reconnaître que j'ai souvent entendu des phrases du genre : « Toi, je savais que je n'avais pas à m'inquiéter et que tu allais arriver. On sait qu'on peut compter sur toi. Quand tu as dit que tu viens, tu viens. Sinon, c'est qu'il s'est réellement passé quelque chose de grave. Et alors, on peut s'inquiéter pour toi. »

D'accord - Pas d'accord

158. Pour moi, le risque ou la chance, c'est le sel de la vie. C'est ce qui lui donne du relief, du goût, du piment, bref, ce qui en fait l'attrait.

D'accord - Pas d'accord

159. Quand je me réveille le matin, il me faut un certain temps pour sortir du brouillard. J'aime rester un peu au lit en écoutant la radio ou en rêvant. Je déteste les réveils brusques.

D'accord - Pas d'accord

160. J'aime que la détente soit complète. Quand je m'offre un voyage, quelle qu'en soit la durée, je m'organise avant le départ. J'ai toujours les cartes routières qu'il faut, la carte de crédit et les devises nécessaires tant en coupures qu'en monnaie, les réservations voulues, etc. Je refuse de gaspiller mon temps de plaisir à chercher un hôtel dans la nuit alors que les autres dînent devant le plus merveilleux coucher de soleil qui se soit jamais vu.

D'accord - Pas d'accord

161. Quand je discute avec un client, quand je négocie avec un fournisseur, je choisis toujours très attentivement l'idée à avancer et la façon de la proposer. Ma parole m'engage. Je n'ai donc pas le droit de dire n'importe quoi ou de laisser fuser la moindre idée loufoque qui me passe par la tête.

D'accord - Pas d'accord

162. Si j'avais une pièce de monnaie qui ne me soit pas nécessaire ou utile, j'accepterais de la risquer sur un jeu de hasard. Je l'ai d'ailleurs déjà fait une fois. Mais mon idée du jeu est incompatible avec la notion d'abonnement ou de routine ; je préfère, à l'occasion, risquer une bouteille de champagne sur un pari avec des amis.

D'accord - Pas d'accord

163. La méthode et l'ordre sont des conditions de l'efficacité. Tout ce qui peut être reporté à plus tard doit être bien classé.

D'accord - Pas d'accord

164. Dans la vie, professionnelle, sociale ou privée, on doit toujours faire le jour même tout ce qui peut être exécuté en l'état du dossier. Si on ne se tient pas à cette règle, on ne peut que se noyer très rapidement.

D'accord - Pas d'accord

165. On me qualifie souvent de très diplomate parce que je ne m'engage jamais dans les discussions.

D'accord - Pas d'accord

166. Je suis abonné à un quotidien économique, à un hebdomadaire de politique générale et à un mensuel professionnel. Ils me permettent de suivre les affaires, de m'informer et de me forger des jugements ou des opinions. Grâce à leur lecture systématique, je suis également capable d'accompagner mes interlocuteurs sur le terrain de discussion de leur choix.

D'accord - Pas d'accord

167. Je pratique la lecture rapide.

D'accord - Pas d'accord

168. Au réveil, je pense à mon programme de la journée et je me lève. Bien souvent, j'ai les yeux plus gros que le ventre. Il est bien rare que j'arrive à bout de tout ce que j'avais prévu de faire le matin. Mais, avec le temps, l'âge et l'expérience, je me trompe de moins en moins et cela me vaut le plaisir, en fin de journée, de pouvoir me dire que j'ai atteint mes objectifs du jour. Ce qui est très agréable...

D'accord - Pas d'accord

169. Mes amis me considèrent comme particulièrement tenace. Il leur arrive de parler, à mon sujet, de volonté de fer.

D'accord - Pas d'accord

170. Mes amis et ma famille se louent régulièrement de ma capacité d'adaptation. Je partage volontiers cet avis. Je suis toujours très attentif à leurs désirs, n'accordant aucune importance aux miens. Jamais je ne les brusque. Jamais je ne vais contre leur volonté.

D'accord - Pas d'accord

GRILLE DE DÉPOUILLEMENT

Comparez vos réponses à celles qui vous sont présentées dans la grille. Comptez un point chaque fois que vous avez choisi la réponse indiquée ci-dessous. Ne comptez aucun point lorsque vous avez choisi la réponse inverse de celle mentionnée ici.

101. Pas d'accord	**102.** D'accord
103. D'accord	**104.** D'accord
105. Pas d'accord	**106.** Pas d'accord
107. D'accord	**108.** D'accord
109. D'accord	**110.** Pas d'accord
111. D'accord	**112.** D'accord

113. Pas d'accord
114. D'accord
115. Pas d'accord
116. D'accord
117. D'accord
118. Pas d'accord
119. D'accord
120. D'accord
121. D'accord
122. Pas d'accord
123. Pas d'accord
124. D'accord
125. Pas d'accord
126. Pas d'accord
127. D'accord
128. D'accord
129. D'accord
130. Pas d'accord
131. D'accord
132. D'accord
133. D'accord
134. Pas d'accord
135. Pas d'accord
136. Pas d'accord
137. Pas d'accord
138. Pas d'accord
139. D'accord
140. D'accord
141. D'accord
142. Pas d'accord
143. Pas d'accord
144. D'accord
145. D'accord
146. D'accord
147. D'accord
148. Pas d'accord
149. D'accord
150. D'accord
151. D'accord
152. Pas d'accord
153. D'accord
154. Pas d'accord
155. D'accord
156. D'accord
157. D'accord
158. D'accord
159. Pas d'accord
160. D'accord
161. D'accord
162. D'accord
163. Pas d'accord
164. D'accord
165. Pas d'accord
166. D'accord
167. D'accord
168. D'accord
169. D'accord
170. Pas d'accord

ÉVALUATION DE VOTRE SCORE

Votre score est supérieur à 67 points. Vous êtes déjà un créateur et un organisateur. Continuez et vous atteindrez votre but. Tous nos encouragements et toutes nos félicitations vous accompagnent.

Votre score est supérieur à 62 points. Vous avez les capacités voulues pour entreprendre. Vous avez la volonté et la ténacité indispensables. Vous cherchez certainement à vous améliorer. C'est la raison pour laquelle vous avez choisi ce livre et ce test. Les questions pour lesquelles vous avez donné une réponse inverse de celle qui était souhaitée, et souhaitable, vont vous donner les pistes à explorer pour vous donner davantage d'atouts.

Votre score est supérieur à 55 points. Vous êtes sur la bonne voie pour arriver à vous organiser. Néanmoins, des difficultés sont à surmonter. Pointez soigneusement les réponses qui ne correspondaient pas à ce qui était attendu. Réfléchissez sérieusement à ce qu'elles représentent pour vous. Au cas où elles appartiendraient toutes à la même famille et révéleraient la même faiblesse de comportement, vous vous devriez d'être extrêmement vigilant. Mais un homme averti en vaut deux et vous connaissez maintenant le défaut de la cuirasse. Vous pouvez y remédier. Vous pouvez faire avec, c'est-à-dire agir en ayant constamment à l'esprit cette difficulté qui, pour vous, est grande. Que les vents vous soient favorables ! Tous nos vœux vous accompagnent.

Votre score est inférieur à 56 points. La situation est plutôt délicate à gérer. Il est probable que, dans votre situation, vous supportiez mal d'avoir à diriger une équipe, d'avoir à décider en permanence et toujours rapidement, d'avoir à organiser et planifier le travail. Sachez que le travail de dirigeant est très dur. Il faut travailler énormément et en permanence. Il faut décider vite en fonction d'objectifs clairement définis. Il faut une force de caractère bien réelle pour ne pas se laisser aller à la facilité. Avez-vous cette force de caractère ? Ne seriez-vous pas quelque peu velléitaire ? Connaissez-vous bien votre projet ? Vos objectifs sont-ils clairs et bien positionnés dans le temps ?

Vous et votre savoir-faire

■ Avez-vous les connaissances nécessaires pour exercer la fonction de directeur commercial?

Sans clients, pas de chiffre d'affaires, pas d'activité, pas de ressources, donc pas d'entreprise. En effet, une entreprise n'existe que par sa clientèle. C'est dire si la fonction commerciale est déterminante pour l'existence, la survie, la croissance de votre entreprise.

Il est évidemment difficile de tester les capacités de vendeur d'une personne avec un test « papier-crayon », imprimé dans un livre. Autrement dit, vous pouvez être un très bon vendeur et échouer au test qui suit. Ce test n'a pas pour objectif de vous dire si vous savez vendre ou pas. Il a pour objectif de vous dire si vous avez ou non les connaissances nécessaires pour assumer une direction commerciale. En effet, il ne suffit pas d'être bon vendeur soi-même pour être un bon directeur commercial. Les connaissances et compétences requises pour réussir dans l'une et l'autre fonctions sont totalement distinctes. Le meilleur vendeur d'une entreprise peut mener celle-ci à la catastrophe si, jamais, il devient directeur commercial. Les qualités d'individualisme ou d'agressivité positive qui sont indispensables à la réussite du vendeur sont de redoutables défauts pour un directeur commercial.

LE TEST

Le test qui vous est présenté ci-après est composé de plusieurs parties distinctes, que vous pouvez aborder successivement, le même jour ou des jours différents. C'est l'ensemble de ces parties qui permet d'obtenir un résultat significatif.

PREMIÈRE PARTIE DU TEST

Dans cette première partie, vingt-deux questions vous sont proposées sur le même mode. Chaque question comporte un terme à définir. Chaque question vous apporte trois propositions de réponse. Il vous appartient de retenir la proposition de réponse qui vous convient, ou, surtout, celle qui définit correctement le terme de la question. Prenez votre stylo et entourez la lettre numérotant la proposition constituant la bonne réponse.

01. Pour vous, le marketing, c'est...

A) l'art de vendre au mieux,

B) l'art de comprendre les marchés,

C) l'art de produire intelligemment.

02. Pour vous, le « teasing », c'est...

A) une technique de publicité consistant à utiliser d'abord une accroche dans un premier message et, ensuite, un argument dans un deuxième message diffusé après un certain délai,

B) une technique de vente par réunions,

C) une technique commerciale visant à inciter le futur acheteur à se déplacer.

03. Pour vous, un agent commercial est...

A) un employé du service commercial,

B) un intermédiaire payé à la commission,

C) un cadre.

04. Pour vous, le référencement est...

A) une méthode liée à la grande distribution,

B) la recommandation faite par un client,

C) l'admission par un syndicat professionnel.

05. Pour vous, le « split run », c'est...

A) une technique de test permettant de sélectionner les candidats à un poste de vendeur,

B) un type de dessert très fréquemment servi dans les salons commerciaux,

C) une technique de test permettant de sélectionner la meilleure version d'un message de vente par correspondance.

06. Pour vous, le téléphone vert en France, ou le 800 aux Etats-Unis, c'est...

A) un numéro de téléphone permettant aux clients d'appeler gratuitement,

B) un numéro de téléphone permettant aux clients d'appeler de n'importe quel point du territoire pour le seul prix d'une communication locale,

C) un numéro de téléphone facile à mémoriser et destiné à prévenir les services d'urgence en cas d'accident grave ayant entraîné des blessures.

07. Pour vous, un vendeur ducroire, c'est...

A) un vendeur autorisé à transmettre les commandes des clients, oralement, sans écrit, sur place ou par téléphone,

B) un vendeur qui s'engage sur la solvabilité des clients qu'il apporte, pour autant que toutes les commandes aient été transmises ou instruites par lui,

C) un vendeur qualifié ayant pouvoir d'engager l'entreprise lors de négociations en clientèle, de rédiger et signer lui-même des offres jusqu'à concurrence d'un plafond lié à la délégation de signature mise en place.

08. Pour vous, un accord de distribution sélective, c'est...

A) un contrat liant un producteur et des distributeurs commerçants répondant à des critères de sélection prédéterminés,

B) un contrat liant un vendeur et un transporteur, ce dernier s'engageant à favoriser les clients du vendeur,

C) un contrat liant une entreprise de distribution de prospectus à son client, et impliquant le respect de certaines règles de distribution liées au choix de la cible.

09. Pour vous, le (ou la) PLV, c'est...

A) la prime à la vente,

B) la promotion locale verte,

C) la publicité sur le lieu de vente.

10. Pour vous, un vendeur debout est...

A) un vendeur qui se déplace en clientèle,

B) un vendeur en magasin,

C) un vendeur sur les marchés.

11. Pour vous, l'abréviation « ml » signifie...

A) master level,

B) mètre linéaire,

C) maître leader.

12. Pour vous, le point mort, c'est...

A) une période sans chiffre d'affaires,

B) le niveau d'affaires qui permet tout juste d'équilibrer les comptes, sans perte ni bénéfice,

C) une expression propre aux vieux routiers de la vente, et qui désigne le point correspondant à « objectif - 5 % ».

13. Pour vous, un VRP est...

A) un salarié,

B) un agent indépendant,

C) un salarié s'il est exclusif, et un agent indépendant s'il est multicarte.

14. Pour vous, un fichier de clientèle doit être classé...

A) par numéro de client,

B) par nom de client,

C) par nom d'acheteur chez le client.

15. Pour vous, le délai de paiement...

A) fait partie des conditions de vente négociées par le vendeur,

B) fait partie des conditions d'achat imposées par la direction financière de l'acheteur,

C) fait partie des conditions de vente imposées par la direction financière du vendeur.

16. Pour vous, le mode de paiement (traite, chèque, virement, billet à ordre, ou autre)...

A) fait partie des conditions d'achat imposées par la direction comptable de l'acheteur,

B) fait partie des conditions de vente imposées par la direction financière du vendeur,

C) fait partie de la négociation liant le vendeur et l'acheteur.

17. Pour vous, une segmentation, c'est...

A) un terme réservé aux entreprises horticoles,

B) une coupure telle que celle qui résulte du refus d'un acheteur de demeurer client, suite à un contentieux ou à des prix trop élevés à son goût,

C) une répartition du fichier selon des critères préalablement définis.

18. Pour vous, le cœur de cible, c'est...

A) l'argument affectif auquel les clients seront le plus sensible,

B) l'ensemble des prospects qui répondent le plus et le mieux aux critères de sélection,

C) le point sensible sur lequel le vendeur va appuyer pour faire signer l'acheteur.

19. Pour vous, un fichier comportemental, c'est...

A) un fichier indiquant l'orientation politique et/ou confessionnelle des clients,

B) un fichier indiquant la façon qu'ont les clients de se comporter vis-à-vis de nos vendeurs : froids, empressés, rusés, négociateurs...,

C) un fichier faisant ressortir clairement et statistiquement les habitudes d'achat des clients.

20. Pour vous, un « mailing », c'est...

A) un publipostage,

B) une technique américaine d'étude des marchés,

C) une méthode anglo-saxonne pour l'identification de besoins nouveaux, donc une technique de marketing.

21. Pour vous, le « buy back », c'est...

A) une technique d'échange ou de compensation, assimilable au troc,

B) un engagement commercial de rachat de la marchandise à un prix donné, dans un délai donné,

C) une appellation familière des cadres internationaux pour les achats effectués en « duty free » dans les boutiques d'aéroport, avant le retour à la maison, en fin de mission.

22. Pour vous, la clause de non-concurrence, c'est...

A) une clause, tacite ou verbale, quelquefois écrite, liant deux entreprises concurrentes,

B) un engagement de respect d'exclusivité, signé au bénéfice d'une entreprise concurrente, le plus souvent moyennant un autre engagement similaire en sens contraire,

C) une clause propre au contrat de travail type des commerciaux.

Vous avez terminé la première partie du test. Vous avez répondu aux vingt-deux questions. Si vous avez omis de préciser votre réponse à l'une ou l'autre des questions, ajoutez votre réponse rapidement avant de passer à la correction. Une absence de réponse vous ferait perdre des points car elle ne pourrait être considérée que comme une erreur.
Comparez vos réponses aux solutions précisées dans le tableau ci-après. Comptez un point par réponse correcte.

SOLUTIONS

01. B	**02.** A	**03.** B.	**04.** A
05. C	**06.** A	**07.** B	**08.** A
09. C	**10.** A	**11.** B	**12.** B
13. A	**14.** B	**15.** A	**16.** C
17. C	**18.** B	**19.** C	**20.** A
21. B	**22.** C		

Ecrivez ici votre score pour la première partie du test : . . . / 22.

Deuxième partie du test

Dans cette deuxième partie, des affirmations vous sont proposées. Certaines sont vraies, les autres sont fausses. Distinguez les unes des autres et, pour chaque question, soulignez la réponse qui vous convient.

30. Un vrai directeur commercial n'a pas et ne pourrait avoir de clientèle personnelle, c'est-à-dire suivie exclusivement par lui.

Vrai - Faux

31. Un directeur commercial doit réunir régulièrement tous les vendeurs de l'entreprise.

Vrai - Faux

32. Un directeur commercial qui ne serait pas le meilleur vendeur de son entreprise devrait démissionner sans délai.

Vrai - Faux

33. Une entreprise doit veiller à ce que tous ses clients connaissent l'ensemble des produits ou services qu'elle propose ou est susceptible de fournir.

Vrai - Faux

34. Un VRP a droit à une indemnité de clientèle en cas de licenciement.

Vrai - Faux

35. Une entreprise en situation de monopole peut négocier des accords tarifaires particuliers avec certains clients.

Vrai - Faux

36. Les remises accordées aux clients doivent toujours être enregistrées en comptabilité.

Vrai - Faux

37. On ne peut pas rémunérer un vendeur sédentaire à la commission.

Vrai - Faux

38. Une bonne étude de marché permet de faire des prévisions de chiffre d'affaires solides.

Vrai - Faux

39. La passation de marchés par adjudication est un monopole de l'Etat.

Vrai - Faux

40. Pour les opérations de compensation, l'édition de factures n'est pas impérative.

Vrai - Faux

41. Tous les collaborateurs d'une entreprise peuvent faire perdre des clients à l'entreprise.

Vrai - Faux

42. Tous les collaborateurs d'une entreprise peuvent faire gagner des clients à l'entreprise.

Vrai - Faux

43. Un directeur commercial doit veiller à la qualité de tous les contacts de l'entreprise avec la clientèle, que ces contacts soient relatifs à des retards de paiement, à des contentieux sur des livraisons, etc.

Vrai - Faux

44. Une entreprise commerciale ne peut pas moduler ses tarifs et/ou ses coefficients, en fonction de ses clients.

Vrai - Faux

45. En France, le refus de vente est sanctionné par la loi.

Vrai - Faux

46. La vente avec primes est réglementée en France.

Vrai - Faux

47. Un franchiseur peut imposer des sources d'approvisionnement précises à ses franchisés si cela a été prévu dans le contrat.

Vrai - Faux

48. Un mineur peut accomplir des actes de commerce.

Vrai - Faux

49. Le collaborateur commercial qui a créé un fichier de prospection pour ses besoins propres, dans une entreprise, peut emporter ce fichier en quittant l'entreprise.

Vrai - Faux

50. Une entreprise peut lier le versement de la commission due à un représentant au paiement effectué par le client apporté par ce représentant.

Vrai - Faux

51. Une entreprise peut demander à ses représentants d'aller relancer les clients qui n'ont pas payé.

Vrai - Faux

52. Le délai de livraison convenu fait partie des conditions de la vente. Un client peut refuser une marchandise livrée hors délais.

Vrai - Faux

53. Les rendements des courriers promotionnels personnalisés sont supérieurs à ceux des courriers standards ou impersonnels.

Vrai - Faux

54. La standardiste qui reçoit les appels doit connaître les produits de l'entreprise et/ou les types de services proposés par l'entreprise à ses prospects et clients.

Vrai - Faux

55. Un agent commercial a droit à une indemnité de clientèle en cas de rupture de contrat.

Vrai - Faux

56. La clause de non-concurrence que beaucoup d'entreprises imposent à leurs collaborateurs salariés, dans le cadre de leur contrat de travail, ne peut dépasser la longueur dudit contrat. Elle n'est pas opposable au salarié qui a quitté l'entreprise.

Vrai - Faux

57. En France, en 1993, la TVA peut être récupérée sur tous les cadeaux d'entreprise, quelles que soient leur valeur, leur importance, leur justification.

Vrai - Faux

58. Quand un chef des ventes accompagne un vendeur chez un client, c'est le chef des ventes qui réalise la vente car, en réalité, c'est à lui de mener la discussion avec le client. Le fait que le vendeur touche quand même la commission ne change rien à cette évidence.

Vrai - Faux

59. Le directeur commercial n'a pas à expliquer les campagnes de publicité et/ou de promotion qu'il décide de lancer. Les autres collaborateurs n'ont pas à connaître ces campagnes avant les clients.

Vrai - Faux

60. Il n'est jamais possible de mesurer les retombées d'une campagne publicitaire.

Vrai - Faux

61. Le directeur commercial doit connaître toutes les réclamations émises par les clients, que ces réclamations soient relatives aux qualités des produits vendus, à la courtoisie des livreurs, aux erreurs de la comptabilité, au peu d'empressement du représentant, ou autres.

Vrai - Faux

62. Le directeur commercial doit connaître les encours autorisés, les encours effectifs, les retards de paiement, les modifications de modes de paiement, et ce pour chaque client.

Vrai - Faux

63. Le directeur commercial doit veiller à ce que, jamais, un client ne représente une part trop importante du chiffre d'affaires de l'entreprise. (Cette part est variable selon le type d'activité de l'entreprise et la plus ou moins grande rigidité du marché commercial, d'une part, et du marché du travail, d'autre part.)

Vrai - Faux

64. On ne peut mixer ou cumuler deux types de commercialisation ou deux modes de vente. (Exemples : vente par correspondance et vente en boutique, vente par téléphone et vente par démarcheurs...)

Vrai - Faux

65. Le directeur commercial doit être très proche des vendeurs. Sa capacité d'écoute est déterminante pour les résultats.

Vrai - Faux

Vous avez terminé la deuxième partie du test. Si vous avez répondu à toutes les questions, l'heure est venue de confronter vos réponses aux solutions présentées ci-après. Attribuez-vous un point par réponse correcte.

SOLUTIONS

30. Faux	**31.** Vrai	**32.** Faux	**33.** Vrai
34. Vrai	**35.** Faux	**36.** Vrai	**37.** Faux
38. Vrai	**39.** Faux	**40.** Faux	**41.** Vrai
42. Vrai	**43.** Vrai	**44.** Faux	**45.** Vrai
46. Vrai	**47.** Vrai	**48.** Faux	**49.** Faux
50. Vrai	**51.** Vrai	**52.** Vrai	**53.** Vrai
54. Vrai	**55.** Vrai	**56.** Faux	**57.** Faux
58. Faux	**59.** Faux	**60.** Faux	**61.** Vrai
62. Vrai	**63.** Vrai	**64.** Faux	**65.** Vrai

Ecrivez ici votre score pour la deuxième partie du test : . . . / 36.

Cette partie est plus mathématique. On ne peut négocier, vendre, faire du commerce, sans pratiquer le calcul mental. Si, pour le moindre pourcentage, vous devez sortir votre calculatrice de votre serviette, vous serez toujours pris de vitesse par les autres qui, appréciant mieux et plus vite les options les plus intéressantes pour eux, vous imposeront les conditions qui leur plaisent avant même que vos longs calculs soient terminés. Vous fausseriez le résultat de ce test en utilisant une calculatrice pour les questions qui suivent. Utilisez votre tête pour choisir votre réponse, et le stylo pour l'identifier sur le papier, uniquement. Entourez la lettre numérotant la réponse de votre choix.

81. Deux pour cent d'escompte pour paiement comptant représentent, sur une facture d'un million six cent dix-neuf mille francs...

A) 16 190 F **C**) 24 690 F

B) 21 380 F **D**) 32 380 F

82. Un retard de poste de trois jours sur la réception d'un chèque de huit cent vingt-sept mille francs coûte à l'entreprise le prix du découvert pendant trois jours. Sachant que ce découvert représente un taux mensuel (trente jours) de 1,80 %, combien coûte ce retard de poste ?

A) 567,56 F **C**) 1 488,60 F

B) 989,10 F **D**) 1 978,20 F

83. Les frais de déplacement d'un représentant s'élèvent, en moyenne, à quatorze mille francs par mois, pris en charge par l'entreprise. Sa commission est de dix pour cent sur le montant hors taxes des ventes menées à terme. Il ne reçoit aucun salaire fixe. Sa commission est donc le seul élément de sa rémunération. Sur cette rémunération, l'entreprise doit payer soixante pour cent de charges et taxes diverses. Sachant que votre marge brute ne vous permet pas un coût de commercialisation supérieur à vingt pour cent du prix facturé, net de toutes remises et taxes, au client, quel chiffre d'affaires minimal doit vous apporter ce vendeur, en valeur mensuelle ?

A) 400 000 F **C)** 600 000 F

B) 350 000 F **D)** 200 000 F

84. Un client vous propose de simplifier votre facturation et de lui adresser uniquement une facture par mois, quel que soit le nombre des livraisons effectuées dans le courant du mois. Sachant que le nombre moyen de livraisons est de huit, que le montant facturé moyen est de vingt mille francs par mois, que le coût d'émission, d'expédition, d'enregistrement et de suivi comptable d'une facture est, chez vous, de cinquante francs par facture, quelle est la remise que vous pouvez lui accorder, en pourcentage ?

A) 1,15 % **C)** 1,75 %

B) 1,40 % **D)** 1,90 %

85. Vous vendez des articles de papeterie. Les commandes de vos clients sont nombreuses. Leur montant est souvent peu élevé. Tous les frais fixes d'enregistrement (trente-cinq francs), manutention (soixante francs), livraison (cent francs) et gestion (quarante-cinq francs) pèsent lourdement sur vos résultats, et vous avez été contraint de les intégrer dans vos prix de vente. Vous souhaitez néanmoins être compétitif et, pour ce faire, vous décidez que vous allez proposer une remise de cinq pour cent qui sera automatiquement appliquée sur toutes les factures dépassant un montant couvrant vos frais fixes. Vous estimez que cette remise peut être proposée dès que le montant des frais fixes devient inférieur à quinze pour cent du montant hors taxes de la facture. Au-dessus de quel montant cette remise sera-t-elle proposée ?

A) au-dessus de 1 600 F

B) au-dessus de 1 800 F

C) au-dessus de 2 000 F

D) au-dessus de 2 200 F

86. Dans votre budget, votre poste « publicité, promotion » représente six pour cent de votre chiffre d'affaires, hors taxes. Vous avez déjà engagé beaucoup de dépenses au titre de ce poste, à tel point que vous n'avez plus que cinq mille francs de budget devant vous. Vous voulez accroître votre effort commercial en direction des revendeurs. Vous souhaitez, dans ce but, organiser un concours de ventes dont la dotation vous reviendra à quatre-vingt mille francs, et les frais d'organisation à vingt-cinq mille francs. Quel chiffre d'affaires supplémentaire doit vous apporter ce concours pour justifier l'opération ?

A) un CA supplémentaire de 888 888 F

B) un CA supplémentaire de 989 067 F

C) un CA supplémentaire de 1 200 000 F

D) un CA supplémentaire de 1 666 666 F

87. Votre marge brute est de soixante pour cent sur l'ensemble de votre catalogue. Sur quel pourcentage de votre chiffre d'affaires pouvez-vous accorder une remise promotionnelle de vingt-cinq pour cent, sans que votre marge, sur l'ensemble de votre chiffre d'affaires, descende à moins de cinquante pour cent ?

A) 80 % **C)** 40 %

B) 60 % **D)** 20 %

88. Pour calculer vos prix de vente hors taxes, vous affectez vos prix nets d'achat hors taxes d'un coefficient de 2,5. Quelle est, en pourcentage du chiffre d'affaires hors taxes, votre marge brute ?

A) 80 % **C)** 40 %

B) 60 % **D)** 20 %

89. Pour calculer vos prix de vente hors taxes, vous affectez vos prix nets d'achat hors taxes d'un coefficient de 2,5. Vous avez acheté, au cours de l'exercice, des marchandises pour un total de deux millions de francs. En acceptant que tout ait été vendu, quel est votre bénéfice, sachant que celui-ci est estimé à deux pour cent de la marge brute ?

A) 40 000 F **C)** 80 000 F

B) 60 000 F **D)** 100 000 F

90. Vous avez acheté à votre fournisseur principal, l'an dernier, des marchandises pour un total de dix millions de francs (10 MF). Les remises annuelles auxquelles vous avez droit sont définies comme suit : a) 1 % sur la tranche allant de 1 MF à 2 MF ; b) 2 % sur la tranche allant de 2 MF à 4 MF ; c) 3 % sur la tranche allant de 4 MF à 6 MF ; d) 5 % sur la tranche allant de 6 MF à 10 MF. A quel montant va s'élever l'avoir que vous allez recevoir de ce fournisseur ?

A) 820 000 F	**C)** 310 000 F
B) 560 000 F	**D)** 240 000 F

Vous avez terminé la troisième et dernière partie du test. Voulez-vous comparer maintenant vos réponses aux solutions ? Comptez un point pour chaque bonne réponse.

SOLUTIONS

81. D	**82.** C	**83.** B
84. C	**85.** A	**86.** D
87. A	**88.** B	**89.** B
90. C		

Ecrivez votre score pour la troisième partie du test, ici : . . . / 10.

ÉVALUATION DE VOTRE SCORE

Reprenez vos trois scores, additionnez-les et écrivez ici votre score total pour le test : ... / 68.
Si vous avez obtenu une note inférieure aux deux tiers des points pour l'une ou l'autre partie du test, faites attention aux éléments composant cette partie.

Vous avez obtenu le maximum, soit 68. Vous devez être félicité. Vous le méritez amplement car ce test, dans son ensemble, est plus complexe qu'il n'y paraît à première vue.

Vous avez obtenu un score supérieur à 64. Vous méritez d'être félicité. Les petites erreurs que vous avez pu commettre sont le fruit d'une distraction, ou d'une simple lacune qui sera vite comblée. Tous nos vœux de succès vous accompagnent.

Vous avez obtenu un score supérieur à 60. Vous pouvez réussir dans la fonction commerciale à la condition de bien faire le point sur les erreurs commises lors de ce test. Connaissez vos faiblesses. Formez-vous. Apprenez sans cesse. Vous réussirez.

Vous avez obtenu un score supérieur à 54. Vous avez des bases et, de plus, la volonté d'aller loin puisque vous vous êtes intéressé à ce livre et à ce test. La fonction commerciale n'est peut-être pas votre point fort. Ne voudriez-vous pas vous concentrer sur votre domaine de compétence et vous faire assister pour la responsabilité commerciale ?

Vous avez obtenu un score égal ou inférieur à 54. Vous avez des bases insuffisantes. Il est possible que vous puissiez réussir dans la fonction commerciale parce que vous avez les qualités psychologiques nécessaires mais trop de connaissances vous manquent pour assumer pleinement les responsabilités d'une direction commerciale. Connaissez et mesurez votre savoir-faire. Vous réussirez dans votre vie professionnelle si vous vous concentrez sur ce que vous réussissez mieux que les autres.

■ Avez-vous les connaissances nécessaires pour assumer la direction financière d'une PME-PMI?

Assumer une direction financière nécessite des connaissances en gestion. Sans être expert-comptable ou expert en fiscalité, le gestionnaire doit savoir lire un bilan, apprécier un compte d'exploitation, juger de la régularité d'une comptabilité et donc maîtriser les règles élémentaires de cet art tout à la fois simple et complexe car riche de situations diverses. Le test qui suit va vous permettre de faire le point sur vos connaissances. Si toutes ces connaissances sont indispensables à un gestionnaire, toutes ne sont pas indispensables à un dirigeant d'entreprise qui aurait réparti les responsabilités entre lui et un bras droit très qualifié. Néanmoins, qui pourrait s'empêcher de penser que l'on ne contrôle que ce que l'on est apte à comprendre ?

LE TEST

Le test est divisé en trois parties. Vous pouvez faire les trois parties le même jour, mais le résultat ne sera pas modifié si vous vous interrompez pour y revenir ensuite. En revanche, si vous vous aidez de livres, de dossiers, de la compétence d'un ami ou d'une calculatrice, alors, bien évidemment, le résultat sera sans aucune valeur en ce qui vous concerne. A vous de choisir votre mode d'emploi. Ou vous vous testez, tout simplement, et tout seul, ou vous cherchez à apprendre avec l'aide d'un ami. Vous pouvez aussi utiliser le test successivement de façons différentes.

PREMIÈRE PARTIE DU TEST

Dans cette première partie, vingt-huit questions vous sont présentées. Ces questions sont des propositions de définitions de notions que vous devez posséder. Pour chaque terme à définir, plusieurs propositions vous sont faites. Il vous appartient de repérer la bonne définition, même si elle est incomplète, et d'entourer la lettre numérotant cette proposition. Ensuite, seulement, vous comparerez vos réponses aux solutions.

01. Pour vous, le bilan c'est...

A) un ensemble de chiffres définis par la comptabilité, qui permet de dire si l'entreprise fait des bénéfices ou pas,

B) un état des immobilisations, avoirs et créances de l'entreprise, ainsi qu'un état, établi au même instant, des dettes de toutes natures contractées par l'entreprise,

C) deux colonnes de chiffres qu'il faut minimiser pour payer moins d'impôts.

02. Pour vous, l'affacturage, c'est...

A) une cession de créances à un établissement financier qui, chargé du recouvrement, peut faire l'avance des sommes facturées aux clients,

B) une technique de compensation permettant d'éviter le croisement de deux factures entre des entreprises travaillant l'une pour l'autre,

C) une technique de transmission informatisée des données permettant d'éviter la transmission de factures papier par la poste, avec tous les risques de retards et de pertes que ceci suppose,

D) un terme utilisé lorsque des prestations sont fournies gracieusement à une entreprise cliente, et qu'une facture (de zéro franc) est émise uniquement « pour mémoire ».

03. Pour vous, le capital souscrit non appelé, c'est...

A) la partie du capital qui n'a pas encore été utilisée pour le financement des immobilisations, et qui, de ce fait, est encore bloquée par la banque ayant recueilli les souscriptions,

B) la somme des capitaux que les actionnaires n'ont pas encore été invités à verser dans les caisses de l'entreprise, mais qu'ils se sont engagés à verser sur simple appel,

C) la partie du capital qui a été utilisée par la direction de l'entreprise pour des dépenses autres que les immobilisations corporelles, et qui, de ce fait, ne peut être récupérée en cas de cessation de l'activité,

D) une appellation propre aux financiers des sociétés d'armement.

04. Pour vous, l'acompte est...

A) une avance faite par le client et récupérable par lui s'il ne confirme pas la commande,

B) une avance faite par le client qui a pour effet de faire de sa commande un ordre ferme et définitif,

C) une avance faite par le client et qu'il ne peut pas récupérer, sauf circonstances exceptionnelles prévues dans le contrat.

05. Pour vous, l'auto-financement, c'est...

A) un mode de financement du parc de véhicules de l'entreprise,

B) la partie du bénéfice net après impôts qui, non distribuée aux actionnaires, est conservée par l'entreprise pour financer des investissements,

C) le fait de sortir de la caisse de l'entreprise l'argent nécessaire aux dépenses engagées pour son développement futur.

06. Pour vous, la valeur ajoutée, c'est...

A) l'appellation d'une taxe à la consommation imaginée par un Français et étendue à l'Europe,

B) la différence entre l'ensemble des services et biens achetés d'une part, et l'ensemble des services et biens produits, valorisés à leur prix de vente réel, d'autre part,

C) la part du prix de vente destinée à couvrir les frais de production, tels qu'ils sont chiffrés en comptabilité analytique.

07. Pour vous, les fonds propres sont...

A) les fonds déclarés, c'est-à-dire toutes les sommes détenues par l'entreprise en vertu d'une comptabilité régulière et complète,

B) les fonds issus d'un recyclage financier principalement effectué par les banques,

C) les fonds détenus par l'entreprise en vertu de dotations en capital, ou assimilables.

08. Pour vous, la marge commerciale, c'est...

A) la différence entre prix de revient et prix de vente des marchandises vendues,

B) le pourcentage de remise possible dont le représentant peut user en cours de négociation,

C) la moyenne pondérée des remises accordées aux clients, calculée sur une période définie.

09. Pour vous, « l'illiquidité », c'est...

A) la situation de fait des titres de participation non cotés en bourse des valeurs,

B) la même chose que l'insolvabilité,

C) la situation de l'entreprise qui ne dispose pas de la trésorerie disponible nécessaire et suffisante, tout en disposant d'actifs réalisables supérieurs aux éléments de passif.

10. Pour vous, les provisions sont...

A) des réserves constituées par ponction sur les bénéfices passés de l'entreprise, et destinées à couvrir des risques connus et prévisibles dont le degré de probabilité est jugé assez élevé,

B) les réserves dont dispose l'entrepreneur pour développer l'affaire et poursuivre une politique de croissance la plus hardie possible,

C) un compte complémentaire du capital destiné à recevoir les apports en compte courant des associés.

11. Pour vous, un chèque de banque, c'est...

A) un chèque tiré sur un compte ouvert dans une banque inscrite,

B) un chèque émis par une banque sur ses propres caisses,

C) un chèque dont le paiement est assuré par la Banque de France.

12. Pour vous, une date de valeur, c'est...

A) la date à laquelle une opération est réputée imputée sur un compte, tant au débit qu'au crédit,

B) la date à laquelle une dette doit être payée,

C) la date d'échéance d'une créance, de quelque nature qu'elle soit.

13. Pour vous, l'usure, c'est...

A) l'effet de l'inflation sur la monnaie,

B) la conséquence des usages fréquents et répétés sur les pièces de monnaie,

C) un taux défini trimestriellement et au-delà duquel toute opération de prêt tombe sous le coup de la loi.

14. Pour vous, une traite de complaisance, c'est...

A) une traite dont la date de paiement a été avancée pour avantager le bénéficiaire,

B) une traite ne correspondant à aucun acte de commerce,

C) une traite émise par le tiré lui-même.

15. Pour vous, la lettre d'intention est...

A) une lettre adressée au banquier pour lui faire part des projets à long terme de la société,

B) une lettre adressée à plusieurs banquiers et constituant appel d'offres pour des crédits,

C) une lettre adressée au banquier d'une entreprise par une tierce personne, physique ou morale, signifiant son engagement personnel auprès de l'entreprise cliente de la banque.

16. Pour vous, le nantissement est...

A) une catégorie de placement réservée aux entreprises les plus grandes ou les mieux nanties,

B) la remise en garantie, effectuée par un débiteur, d'un bien, quelle qu'en soit la nature,

C) une opération bancaire populairement dénommée « lessive » ou « blanchiment ».

17. Pour vous, la (ou le) COFACE, c'est...

A) le Conseil d'Organisation des Fabriques Artisanales du Centre-Est,

B) la Compagnie française d'assurances pour le commerce d'Etat,

C) la Compagnie française d'assurances pour le commerce extérieur.

18. Pour vous, le (ou la) BFCE, c'est...

A) la Banque française pour le commerce extérieur,

B) le Bureau fédéral pour la consommation européenne,

C) un billet de financement sur crédit d'Etat.

19. Pour vous, le connaissement, c'est...

A) un titre de propriété attestant de la prise en charge de marchandises définies par un transporteur désigné,

B) l'ensemble des connaissances acquises par un individu au cours de ses études,

C) un terme juridique qualifiant tout intervenant ayant la connaissance des tenants et aboutissants d'un problème donné.

20. Pour vous, la contre-passation est...

A) l'enregistrement d'une écriture inverse de celle passée auparavant,

B) la passation d'une écriture par le banquier contre l'avis de son client,

C) une technique comptable d'enregistrement automatisé d'écritures.

21. Pour vous, le crédit de campagne, c'est...

A) un type de crédit susceptible d'être mis en place par la banque lorsqu'une entreprise a une activité saisonnière,

B) un type de crédit dont le Crédit agricole, en France, a longtemps eu le monopole,

C) un type de crédit spécialement prévu pour financer le lancement de nouveaux produits.

22. Pour vous, le crédit de courrier, c'est...

A) un crédit lié à l'usage d'une machine à affranchir postale,

B) un titre de crédit émis par la Poste,

C) un crédit très court lié à l'imminence de la réception de fonds au crédit du compte.

23. Pour vous, SICOMI signifie...

A) Syndicat intercommunal pour le commerce et l'industrie (géré par une CCI),

B) Société immobilière pour le commerce et l'industrie,

C) Syndicat industriel pour le commerce international.

24. Pour vous, l'avis de sort, c'est...

A) une information en temps réel, donnée par la banque à son client et relative au paiement d'un effet remis à l'encaissement,

B) une information diffusée par les banques sur demande de l'Etat et relative au remboursement anticipé de certains titres,

C) une formalité de notification de décision entrant dans le cadre de la procédure de redressement judiciaire.

25. Pour vous, SBF signifie...

A) sauf bonne fin,

B) sur Banque de France,

C) sauf opposition Banque de France.

26. Pour vous, SEO signifie...

A) sur état d'office,

B) sauf erreur ou omission,

C) sauf émargement d'office.

27. Pour vous, un P-DG (président-directeur général) dirige...

A) une société à responsabilité limitée,

B) une société à directoire,

C) une société anonyme.

28. Pour vous, l'escompte est...

A) une remise à l'encaissement de traites,

B) une avance consentie par le banquier sur l'encaissement d'effets,

C) l'intérêt prélevé.

Vous avez terminé la première partie du test. Voulez-vous comparer maintenant vos réponses aux solutions ? Comptez un point pour chaque bonne réponse.

SOLUTIONS

01. B	**02.** A	**03.** B	**04.** C
05. B	**06.** B	**07.** C	**08.** A
09. C	**10.** A	**11.** B	**12.** A
13. C	**14.** B	**15.** C	**16.** B
17. C	**18.** A	**19.** A	**20.** A
21. A	**22.** C	**23.** B	**24.** A
25. A	**26.** B	**27.** C	**28.** C

Ecrivez ici votre score pour la première partie du test : . . . / 28.

DEUXIÈME PARTIE DU TEST : VRAI OU FAUX ?

Dans cette partie, vingt affirmations vous sont proposées. Pour chaque affirmation, vous devez dire si elle est correcte ou erronée, en répondant à la question « vrai ou faux ? »
Soulignez la réponse qui vous convient.

51. La pratique de l'amortissement, dans les écritures de fin d'exercice, contribue à majorer le bénéfice de l'entreprise.

Vrai - Faux

52. La TVA est un impôt sur la consommation.

Vrai - Faux

53. Les honoraires payés par les entreprises font l'objet d'une déclaration annuelle au fisc, au même titre que les salaires.

Vrai - Faux

54. Le tribunal de Commerce est compétent pour les litiges entre un commerçant et ses clients particuliers.

Vrai - Faux

55. La « loi Dailly » (législation française) organise le transfert de créances d'une entreprise à une banque ou autre établissement financier.

Vrai - Faux

56. L'année civile va du 1er janvier au 31 décembre.

Vrai - Faux

57. Selon qu'un certain article est vendu sous l'une ou l'autre forme, le taux de TVA peut varier.

Vrai - Faux

58. Dès que le chèque d'un client revient impayé, son montant peut être enregistré par l'entreprise dans son bilan fiscal comme une perte.

Vrai - Faux

59. Si une facture de marchandises n'est pas payée à son échéance, la TVA n'est pas due à l'Etat.

Vrai - Faux

60. La loi française sur le démarchage à domicile (loi Scrivener) permet à l'acheteur de se rétracter, sans aucun frais, sans aucune pénalité, dans les huit jours de la signature du contrat.

Vrai - Faux

61. Les agios sont des sommes prélevées par les banques sur les comptes au titre des frais de tenue de comptes.

Vrai - Faux

62. Le fond de roulement de l'entreprise est constitué de ses avoirs en caisse.

Vrai - Faux

63. Le taux actuariel est le taux du marché monétaire pour les prêts au jour le jour.

Vrai - Faux

64. Le réescompte est une opération conclue entre une banque et un autre intervenant du marché, généralement la Banque de France.

Vrai - Faux

65. En comptabilité, le solde du compte Clients indique à tout moment le montant total des factures émises et en attente de paiement.

Vrai - Faux

66. En comptabilité, le solde du compte Banque indique à tout moment le montant total de la provision existante.

Vrai - Faux

67. Les dettes de l'entreprise vis-à-vis des dirigeants et associés constituent, *de facto*, des réserves complétant le capital, si elles n'ont pas été payées par l'entreprise dans les huit jours.

Vrai - Faux

68. La constitution hâtive de provisions pour créances douteuses permet de réduire le bénéfice de l'année considérée et, donc, se traduit par un report de bénéfices sur l'exercice suivant.

Vrai - Faux

69. Dans un contrat de crédit-bail, l'acheteur devient propriétaire du bien dès la signature du contrat.

Vrai - Faux

70. Les immobilisations financées en crédit-bail figurent au bilan dans la rubrique des actifs immobilisés.

Vrai - Faux

Vous avez terminé la deuxième partie du test. Voulez-vous comparer maintenant vos réponses aux solutions ? Comptez un point pour chaque bonne réponse.

SOLUTIONS

51. Faux	**52.** Vrai	**53.** Vrai	**54.** Faux
55. Vrai	**56.** Vrai	**57.** Vrai	**58.** Faux
59. Faux	**60.** Vrai	**61.** Faux	**62.** Faux
63. Faux	**64.** Vrai	**65.** Vrai	**66.** Vrai
67. Faux	**68.** Vrai	**69.** Faux	**70.** Faux

Ecrivez ici votre score pour la deuxième partie du test : . . . / 20.

Attention ! Ce test a été conçu pour être effectué mentalement. Si vous utilisez une calculatrice, le résultat sera nécessairement faussé. N'utilisez pas non plus de crayon ou de papier. Répondez uniquement de tête. Utilisez tout de même un stylo pour identifier votre choix parmi les propositions de réponses. Entourez la lettre numérotant la réponse de votre choix.

80. La traite que vous avez remise à l'escompte soixante jours avant l'échéance a été prise en charge par la banque au taux de 13,25 % l'an. Les frais fixes sont de 27,50 francs. Le montant de la traite est de 12 746 francs.
La banque va créditer votre compte d'un montant net de :

A) 12 437,03 F **C)** 12 051,89 F

B) 12 241,67 F **D)** 11 998,43 F

81. Vous avez obtenu d'un fournisseur une remise complémentaire de cinq pour cent, applicable sur les factures des deux derniers mois de l'exercice, soit novembre et décembre. Ce fournisseur vous accorde une remise régulière de douze pour cent.
La remise totale sur tarif, pour vos achats de novembre et décembre, s'élève donc à :

A) 17 % **C)** 16,4 %

B) 19,2 % **D)** 16,9 %

82. Reprenez les données du problème n° 81. Ajoutez cette information : les factures des mois de novembre et de décembre s'élèvent respectivement à 89 345 francs, et 98 567 francs (montants nets, remises déduites).

La remise complémentaire obtenue par vous s'élève, pour ces deux mois, à :

A) 7 567 F
B) 8 648 F
C) 9 234 F
D) 9 899 F

83. Poursuivons avec les données des problèmes n° 81 et n° 82. Vous avez l'argent nécessaire pour le paiement au grand comptant des factures de décembre, soit 98 567 francs. Le délai consenti par le fournisseur est de soixante jours. Votre trésorerie est placée au taux de 9,85 % l'an. Quel escompte devrait vous consentir le fournisseur pour que vous trouviez intérêt à le payer immédiatement ? Un escompte de :

A) 0,85 %
B) 1,05 %
C) 1,45 %
D) 1,65 %

84. Vous avez vendu des marchandises pour un montant total, hors taxes, de 198 333 francs. Le taux de TVA applicable est de vingt-deux pour cent. Le montant de la TVA est de :

A) 42 897,90 F
B) 43 633,26 F
C) 44 298,45 F
D) 44 722,88 F

85. Un investissement s'amortit sur dix ans. L'amortissement est linéaire. Le coût de cet investissement était de 6 923 430 francs. Nous sommes en cinquième année d'utilisation de cet investissement. L'amortissement à prendre en compte dans les écritures de fin d'exercice est de :

A) 899 120 F
B) 763 115 F
C) 692 343 F
D) 534 878 F

86. Le montant initialement facturé par votre fournisseur ESCROC était de 488 222 francs. Votre magasinier a constaté que la quantité effectivement livrée était inférieure de neuf pour cent à la quantité facturée. Votre acheteur a constaté, lui, que le barème utilisé pour le calcul de la facture était supérieur de trois pour cent à celui qui avait été négocié. Vous décidez de payer comptant ce que vous devez réellement avec un escompte de trois pour cent. Vous faites un virement de :

A) 418 025 F **C)** 398 988 F
B) 407 346 F **D)** 376 335 F

87. Vous avez une activité de négoce. Sur les marchandises achetées, vous avez payé 45 972 francs le mois dernier. Sachant que le taux de TVA applicable est de six pour cent, le montant des marchandises est de :

A) 687 843 F **C)** 744 100 F
B) 701 400 F **D)** 766 200 F

88. Vous avez encaissé 245 983 francs de TVA et décaissé 198 091 francs de TVA. Vous devez verser à l'Etat :

A) 45 992 F **C)** 47 892 F
B) 46 342 F **D)** 48 292 F

89. Un représentant salarié est payé à la commission. Sa commission s'élève à douze pour cent du montant hors taxes facturé aux clients. Sur son salaire, vous devez payer 12,6 % pour l'assurance maladie ; 5,4 % pour la politique familiale ; 19 % pour la retraite ; 4,37 % pour l'assurance chômage ; 6,4 % pour les autres caisses et fonds de garanties. Son salaire mensuel moyen est de 14 800 francs. Ses frais de route s'élèvent en moyenne à 13 200 francs. En moyenne, ce salarié vous coûte, en francs, et en pourcentage du prix facturé aux clients (arrondis) :

A) 35 070 F, soit 28,44 %

B) 33 800 F, soit 29,33 %

C) 31 235 F, soit 24,66 %

D) 28 988 F, soit 21,98 %

Vous avez terminé la troisième et dernière partie du test. Voulez-vous comparer maintenant vos réponses aux solutions ? Comptez un point pour chaque bonne réponse.

SOLUTIONS

80. A	**81.** C
82. B	**83.** D
84. B	**85.** C
86. A	**87.** D
88. C	**89.** A

Ecrivez ici votre score pour la troisième partie du test : . . . / 10.

ÉVALUATION DE VOTRE SCORE

Reprenez vos trois scores, additionnez-les et écrivez ici votre score total pour le test : ... / 58.
Si vous avez obtenu une note inférieure aux deux tiers des points pour l'une ou l'autre partie du test, faites attention aux éléments composant cette partie. En particulier, ne négligez pas la troisième partie. Ne vous fiez pas à l'usage systématique de la calculatrice.

Si vous n'êtes pas capable de reconnaître une réponse vraisemblable et de la distinguer d'une réponse invraisemblable, vous allez tout droit à la perte de contrôle. En effet, personne n'est à l'abri d'une faute de frappe, et, malheureusement, aucune machine connue à ce jour ne détecte et rectifie les fautes de frappe dans les nombres...
D'autre part, gérer, c'est négocier, donc apprécier en permanence les choix ou possibilités offerts. Si vous devez sortir votre calculatrice pour choisir entre deux possibilités d'aménagement financier d'un contrat, l'interlocuteur sera toujours gagnant parce que, lui, il aura calculé son intérêt de tête avant vous.

Votre score est supérieur à 54. Votre compétence doit être reconnue par vos interlocuteurs, et vous n'avez fait ce test que dans un but de vérification ou dans ce souci de perfectionnisme qui vous caractérise. Félicitations.

Votre score est supérieur à 48. Vous pouvez prétendre avoir les connaissances requises pour gérer une PME-PMI. Ce test vous aura permis d'acquérir quelques connaissances supplémentaires, ou, éventuellement, d'identifier une lacune possible. Souhaitons que votre entreprise réalise des bénéfices plantureux pour que vous puissiez donner la mesure de vos capacités en gestion de trésorerie !

Votre score est supérieur à 44. Vous avez, certes, des connaissances utiles. Néanmoins, les élargir serait une bonne chose. Même si l'on n'utilise pas tous les systèmes, même si l'on n'utilise pas tous les types de concours bancaires possibles, il est bon de les connaître. Savoir qu'ils existent et pouvoir y faire référence à l'occasion vous sera très utile en cas de situation tendue. Et vous savez qu'une situation tendue peut aussi être le fait d'une entreprise bénéficiaire en forte croissance...

Vous avez un score égal ou inférieur à 44. Vous avez passé le seuil d'alerte en deçà duquel il vous faut impérativement vous faire assister pour la gestion de votre entreprise. Vous êtes peut-être un très bon ingénieur ou un excellent commercial. Concentrez-vous sur vos domaines de compétences. Faites appel à un collaborateur qualifié pour toutes les questions relevant de la direction financière. Demandez à une personne de confiance de vous aider à mettre en place les moyens de suivi et de contrôle qui vous permettront de vous assurer de la qualité du travail de ce collaborateur. Vivez heureux en exploitant vos propres talents.

Avez-vous les connaissances nécessaires pour exercer la fonction de directeur des ressources humaines?

Dans la direction des ressources humaines, tout est affaire de relations... mais pas uniquement de relations. Car, même si vous entretenez un climat détendu et souriant, vous n'échapperez pas à la critique si vous ne respectez pas telle loi, telle convention ou autre. Tout votre travail relationnel s'effondrera et vous perdrez votre capital confiance si vous négligez l'aspect conventionnel et contractuel des relations que vous entretenez avec les différents collaborateurs de l'entreprise.

LE TEST

Il est délicat d'aborder le facteur relationnel à travers un simple test écrit. Néanmoins, vous le retrouverez en divers points. Notez dès à présent que les réponses qui sont données comme bonnes aux questions de cette catégorie visent des attitudes types. Nous savons tous que les relations humaines sont une

somme de cas particuliers. Nous n'ignorons pas non plus que nous devons nous tenir à des règles et à des positions de principes réfléchies pour savoir quand nous acceptons de faire des concessions, et savoir aussi la mesure des concessions que nous faisons.
Dans le test qui suit, toutes les questions d'ordre juridique ou contractuel sont tranchées en fonction du droit français, aujourd'hui. Il est possible que certaines règles soient quelque peu différentes dans d'autres pays. Dans ce cas, il est conseillé au lecteur habitant ces pays de se renseigner sur les contraintes ou absences de contraintes propres à la législation qui le concerne.

PREMIÈRE PARTIE DU TEST : VRAI OU FAUX ?

Dans cette première partie du test, des affirmations vous sont proposées. Soit l'affirmation est correcte, soit elle est incorrecte. En fonction des cas, vous devrez donc souligner, soit le mot « vrai », soit le mot « faux ».

01. Si un salarié a été embauché sans contrat de travail écrit, ou même de simple lettre d'embauche signée par les deux parties, il est automatiquement réputé avoir été embauché pour une durée indéterminée.

Vrai - Faux

02. La démission présentée oralement par un salarié n'est pas un acte irréversible. Seule une démission écrite par le salarié et conservée par l'entreprise constitue la trace utile et nécessaire.

Vrai - Faux

03. Un salarié qui emprunte du matériel à l'entreprise, sans l'accord de la direction, ne peut être poursuivi pour vol.

Vrai - Faux

04. Les salariés ne sont jamais tenus à des normes de propreté corporelle ou vestimentaire.

Vrai - Faux

05. Lors de la rédaction d'une offre d'emploi à diffuser dans la presse ou ailleurs, il ne peut être fait mention d'une préférence pour un candidat de l'un ou l'autre sexe, pas plus que l'un des deux ne peut être exclu.

Vrai - Faux

06. Le principe « à travail égal, salaire égal » ne s'applique pas aux cadres.

Vrai - Faux

07. Tout salaire doit être payé au plus tard le troisième jour ouvrable du mois suivant celui auquel il se rapporte.

Vrai - Faux

08. Tout versement de salaire doit donner lieu à établissement d'une fiche de paie dont le double est conservé dans l'entreprise, à la disposition permanente de l'Inspection du travail.

Vrai - Faux

09. Lors d'une embauche, les recours à la graphologie, à la morphopsychologie, à l'astrologie, ainsi qu'aux tests projectifs sont prohibés.

Vrai - Faux

10. Quelle que soit sa fonction dans l'entreprise, un salarié ne peut jamais dire sans autorisation expresse les modes de fabrication utilisés ni les modes de commercialisation envisagés.

Vrai - Faux

11. Un salarié représente toujours son entreprise, même en dehors des horaires de travail.

Vrai - Faux

12. Lorsque deux salariés se critiquent sans qu'aucune preuve matérielle soit apportée, il faut toujours prendre le parti du plus expérimenté ou plus ancien.

Vrai - Faux

13. Lorsqu'un salarié arrive régulièrement en retard, il faut lui en faire la remarque oralement. Si, dans les deux semaines qui suivent cette remarque, trois retards sont à nouveau constatés, il peut être licencié le jour même du troisième retard.

Vrai - Faux

14. Un salarié qui manque de respect à un client commet une faute.

Vrai - Faux

15. Le contrat de travail est vicié si le salarié retenu a sciemment fourni des renseignements inexacts sur son identité réelle, son âge réel, ses diplômes réellement obtenus.

Vrai - Faux

16. Un salarié qui trouble l'ambiance de travail par ses manières et propos, et qui est mis à l'écart par ses collègues qui ne veulent plus avoir affaire à lui, peut être licencié.

Vrai - Faux

17. Un certificat de travail peut contenir des éléments qualifiant la personne ou sa manière de travailler, ainsi que les motifs de son licenciement éventuel.

Vrai - Faux

18. Le dirigeant de l'entreprise, ou mandataire social, est responsable de tout manquement au Code du travail ou aux règlements qui en découlent.

Vrai - Faux

19. On peut employer du personnel sans visite médicale d'embauche. Cette visite, tout comme la visite annuelle, n'est que facultative.

Vrai - Faux

20. Un employé n'a jamais à justifier par un écrit une absence inférieure à quarante-huit heures.

Vrai - Faux

21. Une entreprise peut embaucher des jeunes de moins de dix-huit ans sans inscription ou modalité particulière.

Vrai - Faux

22. Un étudiant venu en stage dans l'entreprise a la qualité de salarié de celle-ci pour le calcul des seuils d'effectifs.

Vrai - Faux

23. Si un salarié ne donne pas satisfaction, son salaire peut être réduit pour tenir compte des compétences réellement apportées à l'entreprise.

Vrai - Faux

24. Dans une entreprise, seuls les cadres peuvent prendre des responsabilités.

Vrai - Faux

25. Aucune prime individuelle ne peut être versée à un salarié si elle n'a pas été expressément prévue par la convention collective.

Vrai - Faux

26. La pause de midi, ou de milieu de journée de travail, destinée au repas, n'est pas une obligation légale.

Vrai - Faux

27. La consommation de boissons peut être interdite aux salariés, en certains lieux et dans certaines circonstances.

Vrai - Faux

28. Deux salariés d'une entreprise peuvent se marier sans accord préalable du dirigeant de l'entreprise, ou de la direction des ressources humaines.

Vrai - Faux

29. Les délégués syndicaux ou représentants du personnel jouissent d'une protection particulière.

Vrai - Faux

30. Un employé administratif ne peut se voir assigner un objectif de quantité de travail à effectuer.

Vrai - Faux

31. Le règlement intérieur de l'entreprise peut prévoir que certains manquements conduiront à des sanctions pécuniaires.

Vrai - Faux

32. Une entreprise peut verser une prime de fin d'année liée à la présence effective du salarié tout au long de l'année.

Vrai - Faux

33. Le règlement intérieur de l'entreprise ne peut jamais prévoir des dates de congés payés s'imposant à tous.

Vrai - Faux

34. Un salarié peut décider de faire des heures supplémentaires, et en exiger le paiement, sans accord préalable de sa hiérarchie.

Vrai - Faux

35. Les heures supplémentaires sont contingentées par la loi.

Vrai - Faux

36. Le salarié qui refuse de participer à la soirée annuelle organisée par le Comité d'entreprise peut être licencié pour mauvais esprit.

Vrai - Faux

37. Le salarié qui, sans autorisation préalable, conserve une voiture de fonction après sa journée de travail et l'utilise pour rentrer chez lui commet une faute.

Vrai - Faux

38. Le règlement intérieur doit en permanence être affiché en un lieu connu de tout le personnel, et tout le personnel doit avoir accès facilement à ce lieu.

Vrai - Faux

39. Le respect des normes d'hygiène, dans les toilettes mises à disposition du personnel, peut être contrôlé à tout moment par des fonctionnaires dépendant de l'Inspection du travail.

Vrai - Faux

40. Un salarié peut demander un congé sans solde.

Vrai - Faux

Vérifiez que vous avez répondu aux quarante questions qui vous ont été proposées.
Si, toutefois, vous avez négligé une question parce que vous n'aviez pas la réponse tout de suite, écrivez maintenant votre réponse. En effet, toute absence de réponse aux questions proposées vous pénalise.
Confrontez finalement vos réponses aux solutions exposées ci-après. Attribuez-vous un point par bonne réponse. Dans tous les autres cas (absence de réponse ou réponse incorrecte), vous ne devez compter aucun point.

SOLUTIONS

01. Vrai	**02.** Vrai	**03.** Faux	**04.** Faux
05. Vrai	**06.** Faux	**07.** Vrai	**08.** Vrai
09. Faux	**10.** Vrai	**11.** Vrai	**12.** Faux
13. Faux	**14.** Vrai	**15.** Vrai	**16.** Vrai
17. Faux	**18.** Vrai	**19.** Faux	**20.** Faux
21. Faux	**22.** Faux	**23.** Faux	**24.** Faux
25. Faux	**26.** Faux	**27.** Vrai	**28.** Vrai
29. Vrai	**30.** Faux	**31.** Faux	**32.** Vrai
33. Faux	**34.** Faux	**35.** Vrai	**36.** Faux
37. Vrai	**38.** Vrai	**39.** Vrai	**40.** Vrai

Additionnez vos points et écrivez ici votre score pour cette partie du test : ... / 40.

DEUXIÈME PARTIE DU TEST

Pour chaque question, une situation vous est proposée, ainsi que divers modes d'action. Choisissez l'action qui est la vôtre et identifiez votre réponse en entourant la lettre numérotant la proposition retenue.

51. Vous débutez un entretien de recrutement et, d'entrée de jeu, vous demandez au candidat de vous exposer les motifs de sa candidature. Sa réponse vous coupe l'herbe sous le pied. En bref, il vous dit que votre entreprise est bien connue, et très performante, mais qu'il a oublié la nature exacte du poste proposé dans l'annonce à laquelle il a répondu. Vous lui dites :

A) Ce n'est pas grave. Je vais vous la lire et la commenter pour vous.

B) Cela me gêne beaucoup car la fonction pour laquelle nous recherchons demande beaucoup d'ordre et de méthode. Etes-vous certain(e) de ne vous souvenir de rien ?

C) En ce cas, je ne peux rien pour vous. Désolé d'avoir perdu mon temps à vous ouvrir la porte. Notre entretien se termine ici.

52. Quand vous menez un entretien de recrutement...

A) Vous présentez systématiquement l'entreprise et ses produits.

B) Vous présentez l'entreprise si des questions vous sont posées.

53. Dans le cadre d'un recrutement, un candidat avec lequel vous avez un deuxième entretien vous demande l'autorisation de lire l'analyse graphologique à laquelle vous avez fait procéder. Vous lui répondez :

A) Pas question. Vous devez comprendre que cette analyse a été payée par l'entreprise. Vous n'avez donc aucun droit sur elle.

B) Elle ne tient compte que des aspects en rapport avec le poste à pourvoir. Elle ne vous apprendrait rien que vous ne sachiez déjà. Si vous y tenez vraiment, je demanderai à ma secrétaire de vous en faire une photocopie tout à l'heure avant votre départ. Ce sera à vous de me le rappeler.

C) Si vous voulez, je vous la donne tout de suite. Vous pourrez ainsi la commenter. Vous pourrez même partir avec si vous le souhaitez.

54. Vous avez fait passer une offre d'emploi dans les journaux. A votre grande surprise, trois lettres arrivent dactylographiées. Pourtant, votre annonce mentionnait « lettre manuscrite ».

A) Vous les éliminez d'emblée.

B) Vous les étudiez au même titre que les autres.

55. Lorsque vous menez un entretien de recrutement, vous indiquez systématiquement au candidat votre programme de travail pour ce recrutement en lui précisant les différentes étapes.

A) Oui, vous le faites.

B) Non, vous ne le dites que si la question vous est posée.

56. Nous sommes vendredi, aujourd'hui. Pour la troisième fois cette semaine, Caroline Bella arrive en retard de dix minutes. Tout le monde est au travail depuis quinze minutes car, dans l'entreprise, chacun a l'habitude d'être présent à son poste de travail au moins cinq minutes avant l'heure pour le cas où la montre d'un client avancerait, ou tout simplement pour être opérationnel à l'heure dite. En voyant arriver Mademoiselle Bella, vous lui dites :

A) « Jamais deux sans trois. Cette semaine, vous confirmez le dicton. Entre nous, je profite de ce que nous sommes seuls dans le hall, je dois vous dire que vos retards répétés sont très remarqués par vos collègues. Ils se posent des questions sur votre état de santé. Ils se font du souci. Ils se posent des questions aussi sur ce que je vous dis ou pas. Ils attendent que je vous fasse les avertissements d'usage. Vous ne l'avez pas remarqué ? Je vous le dis. Maintenant, vous savez que vous avez trop tiré sur la corde. Vous savez qu'elle cassera au prochain coup. Alors, je vous laisse réfléchir, et ne tardez pas trop à vous mettre au travail. Bonne journée. »

B) « Bonjour, Caroline. Le petit déjeuner était trop tendre ce matin ? Je ne sais pas avec qui vous filez le parfait amour en ce moment, mais je doute qu'il soit très matinal. Vous devriez aussi penser un peu à nous. Vos collègues vont être jaloux. »

57. Il est dix heures trente. Vous venez de terminer le contrôle de la paie. Vous avez un demandeur d'emploi à recevoir à dix heures quarante-cinq. Vous allez chercher une tasse de café à la salle de repos. Vous y rencontrez le comptable et le chef des ventes en grande discussion. Au moment où vous avez ouvert la porte, vous avez entendu cette phrase du comptable qui semblait réagir sur un propos de son interlocuteur : « Avec le beurre qu'ils font, on pourrait mieux payer les gens, et pas seulement les vendeurs ». La conversation a été interrompue par votre arrivée. Que faites-vous ?

A) Vous vous servez un café et lancez un « Et alors, Messieurs, comment s'annonce notre chiffre d'affaires ce mois-ci ? »

B) Vous dites : « Pardon de vous déranger. Je prends un café et je vous laisse. »

58. Le comptable a donné sa démission. Son épouse, professeur d'anglais dans un lycée, a obtenu sa mutation. Ils vont tous deux retrouver la ville de leur enfance. Le comptable a mis les bouchées doubles pour boucler les petits problèmes et mettre au courant son successeur qui est arrivé dans l'entreprise voici un mois. Aujourd'hui, le comptable s'en va. Après le pot de départ organisé par le personnel, vous vous retrouvez tous les deux dans votre bureau. Le comptable a préparé sa dernière feuille de paie et son chèque qu'il vous remet pour signature.

A) Vous lui dites : « Accepteriez-vous de calculer encore une fiche de paie ? » Après un temps de silence, mais sans lui laisser le temps d'une réponse, vous ajoutez : « Vous avez pris soin de bien former et informer votre successeur. Vous avez fait ce que vous pouviez pour que votre départ n'occasionne aucun trouble. Je voudrais vous proposer une prime extra-légale de dix mille francs. J'ai pensé que cela vous aidera aussi pour les frais de déménagement. »

B) Vous signez le chèque qui vous est présenté. Vous donnez une grande claque dans le dos du comptable et lui dites : « Cela a été dur certains jours, mais c'est comme à l'armée. Quand on se quitte, on se regrette. Revenez nous voir. On prendra un pot ensemble. En attendant, bon courage pour le déménagement. »

59. Vous avez reçu, voici quelques semaines, une lettre de demande de stage d'un étudiant en BTS Force de vente. Vous l'avez reçu un soir et avez convenu avec lui d'un stage de trois semaines dans le service de vente par téléphone. Il vient d'arriver et a tout naturellement demandé de vous voir puisque, à ce jour, mis à part votre secrétaire, vous êtes la seule personne qu'il connaisse dans l'entreprise.

A) Vous allez à sa rencontre et lui dites : « Bienvenue, je vais vous accompagner et vous présenter les personnes dont je vous ai parlé l'autre soir. Vous allez voir. Leur enthousiasme, leur énergie font plaisir. Vous allez vivre trois semaines très dynamiques. »

B) Vous dites à la secrétaire qui vous a prévenu de son arrivée : « Il doit aller dans le service de vente par téléphone. Appelez Madame Télépathe et dites-lui que vous lui expédiez le stagiaire que je lui avais annoncé. »

60. Le comptable est dans votre bureau. Il avait demandé à vous parler d'une question importante. Votre secrétaire vous avait dit qu'il convenait de réserver une demi-heure à cet entretien. Dès le début de l'entretien, et sans guère de préparation oratoire, le comptable vous a dit qu'il voulait un adjoint. Il a toujours travaillé seul jusqu'à présent. Il affirme ne pas pouvoir continuer et avoir besoin d'un aide-comptable. Vous ne vous attendiez pas à cette demande qui est formulée pour la première fois mais de façon formelle et insistante.

A) Vous soupirez. Vous expliquez au comptable qu'il arrive à tout le monde de se sentir surchargé et d'avoir envie de voir son travail effectué par quelqu'un d'autre. Mais il y a ce que l'entreprise peut faire et ce qu'elle ne peut pas faire. « Mille regrets mais c'est ainsi. On n'a pas les moyens de doubler l'effectif de la société, ou alors, il faudrait réduire tous les salaires de moitié. » Vous ajoutez : « Ce n'est certainement pas ce que vous souhaitez, ni les autres. Le mieux est de limiter le temps passé en discussions et de travailler d'arrache-pied sans se laisser distraire. »

B) Vous avouez votre surprise : « Tout le monde doit faire face à des difficultés. Il y a toujours, dans l'année, des périodes de travail plus chargées, plus intenses. C'est la première fois qu'un tel propos est tenu. Il mérite réflexion car il est important. Ce qui est proposé revient à doubler l'effectif de la comptabilité. Il serait bon de réfléchir à notre fonctionnement et de mettre à plat l'organisation actuelle de l'entreprise. Cela n'a pas été fait depuis dix-huit mois ». Vous proposez au comptable de participer à cette mise à plat avec les autres responsables de services. Son aide et ses idées seront précieuses.

61. Vous sortez pour le déjeuner. En passant à côté de la réceptionniste, vous entendez des éclats de voix. Vous voyant, la réceptionniste vous interpelle : « Monsieur, je n'en peux plus. Si ça continue comme ça, je m'en vais. Ou alors je laisse la réception sans personne pendant le déjeuner. »

A) Temps d'arrêt pour marquer la surprise. Vous demandez à la réceptionniste de vous dire ce qui se passe pour qu'elle ait abandonné ce sourire avenant qui met à l'aise tous les visiteurs de l'entreprise. Sa réponse est simple : Simone Dofa, qui doit la remplacer pendant le déjeuner, est absente, une fois de plus, et personne ne veut assurer cette permanence. Vous demandez à son interlocuteur, Monsieur Fado, de bien vouloir prendre le relais pendant le déjeuner d'aujourd'hui et vous promettez à l'une et à l'autre que vous étudierez ce problème avec eux ce soir même. Vous les remerciez de leur coopération et leur souhaitez bon appétit.

B) Vous vous étonnez de toutes ces histoires. Il en est, dans l'entreprise, vous en connaissez, qui ont d'autres soucis et ne se laissent pas aller à de tels aboiements. Comme ils sont majeurs tous les deux, vous les laissez s'expliquer. Vous avez rendez-vous pour déjeuner avec votre plus gros client. C'est quand même plus important. Vous verrez en fin de journée, en rentrant, ce qu'ils ont fait.

62. Monsieur Albert Miré a demandé à vous voir. Vous le recevez. Il commence par vous rappeler ce que vous lui avez dit en l'embauchant, il y a trois mois, et vous remercie à nouveau pour la façon dont vous l'aviez reçu. Après ce préambule courtois, le ton se fait plus plaintif. Monsieur Miré, qui a été embauché comme aide-magasinier, ne supporte pas que le magasinier, Monsieur Rémi, le traite comme un bon à tout faire, sans qualification. Il ne lui donne que les corvées, toutes les corvées et ne lui laisse aucune possibilité de s'intéresser à l'entreprise, de faire connaissance avec les produits, etc. Bref, il vit un cauchemar sans intérêt, et sans avenir puisqu'il ne pourra jamais remplacer le magasinier s'il n'apprend rien. Monsieur Miré finit par se taire. Il vous regarde. Il attend votre réaction. Vous lui dites :

A) « Je vous comprends. C'est votre premier poste et nous découvrons, tous, à ce stade, que tous les travaux ne sont pas glorieux, que les travaux répétitifs sont les plus nombreux, que l'on passe plus de temps à des choses sans intérêt qu'aux grandes décisions stratégiques. Monsieur Rémi a toute ma confiance. Il travaille ici depuis douze ans et jamais il n'a causé de souci. Ses relations avec tous sont des plus aimables. Entendre dire qu'il se comporte en esclavagiste est surprenant. Avez-vous essayé de parler avec lui ? Vous auriez dû. Je suis certain que vous vous seriez compris. Si j'interviens auprès de Monsieur Rémi sans que vous et lui vous soyez d'abord expliqués, il va être surpris, ne pas comprendre votre geste, et ceci ne fera que vous séparer davantage. Voulez-vous me faire confiance et tenter de discuter avec lui ? Si cela ne donne rien, revenez me voir. Nous aurons alors une conversation tous les trois. Si les choses s'arrangent, je ne lui dirai jamais que vous êtes venu me trouver. D'accord comme ça ? »

B) « Je ne vous suis pas. Monsieur Rémi est connu de tous les clients, de tous les collègues comme un homme bon, doux, gentil et empressé. Je suis certain que vous exagérez. Après tout, j'ai peut-être fait une erreur en vous embauchant. Vous me paraissiez travailleur, décidé à faire carrière dans la maison. J'en parlerai à Monsieur Rémi et je lui demanderai ce qu'il pense de vous. En attendant, travaillez plutôt que de faire des histoires. Vous êtes jeune. Les autres ont l'expérience et ils savent comment organiser le travail. Après tout, peut-être que vous avez été un enfant gâté ? Mais, il vous faut apprendre qu'un chef de service, ce n'est ni papa ni maman. »

63. Monsieur Christian Fasol est vendeur dans votre entreprise depuis six mois. C'est son premier poste. Il a quitté l'armée voici huit mois. Les premiers mois ont été durs. Dans votre activité, la vente d'outillage aux chefs de chantiers, on ne fait pas des miracles. Les chefs de chantiers sont fidèles au vendeur qui les sert bien, mais ils ne donnent pas leur confiance du jour au lendemain. Samedi dernier, Monsieur Fasol a passé presque toute la journée sur un chantier pour aider un responsable à monter un nouveau type de barrière de protection. Ce sont des barrières solides et plus esthétiques que les précédentes, mais leur montage demande plus d'astuce. Aujourd'hui, mercredi matin, ce client a télécopié une grosse commande. C'est la première commande réellement importante pour Monsieur Fasol. La secrétaire commerciale vous a prévenu.

A) Vous dites à la secrétaire commerciale que cette commande devra être soignée. Vous comptez sur elle pour attirer l'attention des magasiniers. Il faut que le client continue à être content.

B) Vous avez demandé à la secrétaire commerciale de vous passer Christian Fasol lorsqu'il appellera, à midi, pour prendre les messages et faire le point des affaires en cours. Vous tenez à le féliciter personnellement pour cet encourageant succès.

64. Vous recherchez un vendeur. Comme vous le savez, rares sont les bons candidats pour la fonction commerciale, surtout si le poste proposé est un poste de représentation exigeant des déplacements constants. Le candidat que vous avez en face de vous vous semble intéressant, mais vous avez beaucoup de mal à le cerner et vous avez très peur de vous tromper. Vous ne pouvez ignorer combien coûtent les erreurs de recrutement aux entreprises. Vous savez particulièrement le prix d'un essai négatif dans la fonction commerciale. L'impact sur la clientèle d'un représentant qui échoue pendant sa période d'essai est énorme. L'image « Chez-eux-ça-change-tout-le-temps » pèse très vite sur l'entreprise. Votre candidat du moment vous parle de son hésitation et vous précise qu'il aimerait mieux connaître votre entreprise avant toute décision. Il vous demande de l'autoriser à venir passer une journée dans l'entreprise pour apprendre et connaître les produits et modes de commercialisation. C'est la première fois qu'une telle demande vous est faite. Jamais, dans l'entreprise, ce type d'expérience n'a été tentée. Vous répondez :

A) Impossible, mon bon. Imaginez qu'un fonctionnaire de l'Inspection du travail fasse une descente inopinée comme il en a légalement le droit. Comment expliquer votre présence dans l'entreprise ? Comment lui expliquer que, malgré les apparences, vous ne travaillez pas ? Comment lui prouver que vous avez demandé à faire ce séjour, sans obligation ni engagement de part et d'autre ? Comment lui expliquer que, s'il vous a vu soulever un carton, c'est simplement par gentillesse et courtoisie vis-à-vis de la secrétaire ? Vous n'en sortirez pas, et nous encore moins. Nous allons être taxés pour travail au noir, ou embauche sans visite médicale, ou embauche sans enregistrement au registre des entrées et sorties, etc. Et, si vous tentez une explication, vous vous entendrez dire que votre préoccupation est bien compréhensible, que vous avez envie de travailler et que vous tentez de mentir pour arranger les choses en espérant que l'entreprise vous sera reconnaissante, mais que lui, il est là pour faire respecter la loi, les règles, les procédures, les formalités.

B) C'est délicat. Imaginez que tous les candidats nous fassent la même demande. Comment organiser tout ce ballet dans l'entreprise ? Comment expliquer aux salariés tous ces passages, toutes ces personnes avec lesquelles ils font connaissance un jour et qui s'en vont ensuite ? Comment gérer un tel va-et-vient ? Faudrait-il créer un bureau pour y loger les personnes dans votre situation ? Faudrait-il créer un poste de travail pour que quelqu'un soit disponible pour leur donner les explications nécessaires ? Voici qui coûterait cher à l'entreprise...

C) C'est une idée. Je ne sais si vous y avez beaucoup réfléchi ou si vous y pensez parce que notre conversation vous y amène. En ce qui me concerne, je n'y avais pas pensé. Cela ne s'est jamais fait ici, mais il n'est pas interdit d'innover.

Je vous propose de nous donner un peu de recul pour prendre tous les deux la bonne décision. Voulez-vous réfléchir à tout ce que vous avez appris sur l'entreprise et sur le poste, ainsi qu'aux conditions du contrat de travail telles que nous les avons discutées ? Après réflexion, demain ou après-demain, je vous propose de m'écrire votre décision et vos motivations. Et si vous pensez devoir maintenir cette idée d'une journée dans l'entreprise, je réfléchirai aux modalités pratiques. Avez-vous une dernière question avant que nous nous quittions ?

65. Vous recevez une lettre d'un client qui proteste contre l'attitude grossière et outrageante de votre livreur. Que faites-vous ?

A) Je fais venir le livreur séance tenante dans mon bureau. Je lui fais part de la lettre et de sa conséquence immédiate. Il est licencié sans indemnité pour faute grave. Il doit quitter l'entreprise sur-le-champ.

B) Je décide d'aller voir ce livreur demain matin, à l'heure de l'embauche, auprès de son camion. Nous parlerons travail, difficultés et péripéties dans les livraisons. Peut-être a-t-il quelque chose à me dire sur ce client ? De toutes les façons, après avoir constaté qu'il a, ou non, quelque chose à dire, je lui ferai part des doléances reçues et de la très difficile posture dans laquelle je me trouve placé face à ce client. Je lui dirai de venir me trouver dans mon bureau en fin de journée avant de quitter l'entreprise. Dans le courant de la journée, j'aurai eu, au téléphone, la version détaillée du client et me serai fait une opinion.

66. Il est de plus en plus fréquent de constater que des salariés ne reprennent pas le travail à leur retour de congé. Ils préfèrent se faire porter malades ou raconter que l'avion a eu des problèmes. Dans votre entreprise, cela ne s'est encore jamais produit, mais, ce matin... Mademoiselle Stéphanie Demonn, secrétaire commerciale en poste dans l'entreprise depuis sept mois, devait reprendre son travail ce lundi matin, après trois semaines de vacances. A onze heures, elle n'est toujours pas arrivée et n'a donné aucun signe de vie. Bien entendu, le travail s'en ressent. Son remplacement était prévu pendant les trois semaines de vacances, mais, ce lundi matin, son poste est vacant, et le lundi est un jour chargé pour le service commercial. Les représentants sont dans l'entreprise pour la réunion du service commercial. Tous ont une multitude de renseignements ou menus travaux à demander. A onze heures...

A) Vous décidez d'envoyer immédiatement un télégramme à Mademoiselle Demonn pour marquer le coup, enregistrer la chose et prendre date. Au service commercial, votre secrétaire, à laquelle vous avez demandé ce service dès neuf heures, tente de faire face.

B) Malgré le coût exorbitant, vous décidez de faire appel à une intérimaire. Vous téléphonez à l'agence et demandez l'intervention d'une intérimaire dès treize heures.

67. Vous devez recruter une secrétaire pour le service des livraisons. Vous décidez :

A) Je ne recruterai qu'une candidate ayant déjà travaillé dans un service de livraisons, pendant au moins deux ans dans le même service de la même entreprise, et présentant des références connues de moi que je pourrai contrôler sans peine.

B) Je recruterai une candidate jeune, ayant un caractère volontaire et dynamique. Il lui faudra s'imposer face à des gens pas toujours très délicats ou maniérés.

68. Vous devez recruter une secrétaire pour le service des relations publiques. Vous décidez :

A) Je ne ferai passer aucun test. Je recruterai une candidate ayant du bagout et une présentation agréable.

B) Je recruterai une candidate ayant du bagout et une présentation agréable, si elle réussit à me dactylographier une lettre sans trop de problèmes. Je demanderai à ma secrétaire de lui prêter sa machine et de lui donner pour modèle une des dernières lettres sorties.

C) Je ferai attention à sa voix au téléphone, et à sa capacité d'adaptation. Ensuite, je lui ferai passer des tests de dactylographie et de français – vocabulaire, orthographe, grammaire –, courts mais significatifs. Si elle me semble convenir, je la présenterai au responsable du service qui aura un entretien décisif avec elle.

Vérifiez que vous avez répondu à toutes les questions qui vous ont été présentées sous les numéros 51 à 68. Répondez maintenant aux questions pour lesquelles vous avez réservé votre réponse. Ensuite, confrontez vos réponses aux solutions présentées. Attribuez-vous deux points par bonne réponse.

SOLUTIONS

51. B	**52.** A	**53.** B	**54.** A
55. B	**56.** A	**57.** A	**58.** A
59. A	**60.** B	**61.** A	**62.** A
63. B	**64.** C	**65.** B	**66.** A
67. B	**68.** C		

Additionnez vos points et écrivez ici votre score pour cette partie du test : ... / 36.

Faites le total des points acquis pour les deux parties du test et écrivez ici votre score pour l'ensemble du test : ... / 76.
Si vous avez obtenu une note inférieure à vingt-cinq pour l'une ou l'autre partie de ce test, faites très attention aux éléments présents dans la partie en cause. Cela ne sert à rien de savoir s'adapter aux personnes et aux situations créées par elles si l'on ne connaît pas les règles du jeu.

Vous avez obtenu un score supérieur à 70. Vous devez être félicité pour ce résultat. Vous êtes certainement régulièrement félicité par les collaborateurs et collègues. Si leurs louanges sont muettes, elles n'en existent pas moins.

Vous avez obtenu un score supérieur à 62. Vous êtes sur la bonne voie. Vous avez les connaissances et la capacité d'adaptation nécessaires. Continuez à vous perfectionner. Continuez à vous former. La fonction de responsable des ressources humaines est une des plus difficiles parmi toutes celles que comporte une entreprise. Les connaissances indispensables sont multiples, très complexes, et particulièrement mouvantes. La capacité d'écoute et de réflexion du responsable est constamment mise à rude épreuve. Mais une réussite dans cette fonction est extrêmement gratifiante.

Vous avez obtenu un score supérieur à 50. Vous êtes du bon côté de la barre. Vous avez beaucoup de progrès à accomplir. La route est longue et difficile, mais si vous avez beaucoup de courage, encore plus de ténacité, ainsi qu'une incommensurable capacité d'attention à l'autre, vous y arriverez.

Vous avez obtenu un score inférieur à 50. Vous devez être dans une situation difficile face à une responsabilité si lourde, si complexe et si délicate à porter. Avez-vous vraiment la foi ?

Avez-vous les connaissances nécessaires pour exercer une direction administrative?

La direction administrative est vitale pour une entreprise. Elle est responsable de la bonne circulation des informations dans l'entreprise elle-même, entre les différents acteurs de l'entreprise, et hors de l'entreprise, pour l'ensemble des relations extérieures.
La direction administrative, c'est le bureau des méthodes et le service d'organisation, c'est aussi le « fourre-tout » quelquefois. En effet, nombreux sont les organismes de toute nature qui chargent cette direction de tout ce dont les autres directions ne veulent pas. Un directeur administratif doit être une personne très organisée, très rationnelle, très dynamique et capable d'apprendre très vite des techniques nouvelles.
Bien entendu, une fois apprivoisées, ces techniques, si elles ont été retenues, devront être mises à la disposition de l'ensemble des collaborateurs et des services.

LE TEST

Pour chaque question, une situation et plusieurs propositions d'actions vous sont présentées. Sélectionnez celle qui traduit le mieux votre pensée générale et votre mode d'action habituel. Entourez la lettre numérotant votre choix avec un stylo. Vous regarderez les solutions après avoir répondu à toutes les questions.

01. Monsieur René Ré est dans votre bureau. Il est chef comptable et vous fait part de ses problèmes du moment. Un souci l'obsède. Un jeune vient d'être engagé comme aide-comptable. Monsieur Ré se pose des questions sur le système scolaire. A en juger par ce qu'il voit et qui le désespère, on n'y apprend aujourd'hui aucune discipline ou méthode de travail. Il se demande si ce jeune va pouvoir réussir sa période d'essai car il semble toujours à la remorque, sans initiative et sans organisation personnelle. Il sollicite votre avis. Peut-on, grâce à la formation et à un effort personnel, devenir organisé ? Vous lui répondez :

A) « Oui. Cela s'apprend. Vous-même pouvez faire beaucoup. En fait, vous avez, pourrait-on dire, toutes les clefs. Invitez ce jeune homme à lire tel livre que vous avez lu et qui vous a apporté des idées. Invitez-le à observer autour de lui, avec un regard étonné et critique. Discutez avec lui de toutes ses idées en matière de planification du travail, de méthodes de classement, et autres. Demandez son inscription d'urgence à un bon séminaire de gestion du temps. Ne lui dites jamais de faire comme vous faites. Amenez-le à réfléchir à travers des questions, ou, mieux, des réflexions. N'hésitez pas à me dire la suite des choses, que cela marche ou pas. Une réflexion à deux est toujours plus riche, et je suis là aussi pour ça. »

B) « Non. Etre organisé, c'est une qualité, un trait du caractère de la personne. On ne peut faire changer quelqu'un. Ce n'est pas parce qu'une personne a été embauchée ici que sa personnalité va changer. Par contre, vous devez lui dire les critères d'organisation et de fonctionnement de l'entreprise. Elle doit faire ce que vous avez dit, quand vous le lui dites, où vous voulez et de la façon décidée par vous puisque vous êtes son responsable hiérarchique. »

02. Mademoiselle Dominique Dô a un diplôme d'études supérieures en psychologie des relations du travail. Elle a été engagée pour gérer les recrutements de l'entreprise, entre autres. Avec le directeur, en sa présence, vous parlez d'un poste à pourvoir. Vous insistez sur le fait que la personne recrutée devra être très organisée, faute de quoi elle ira tout droit à l'échec le plus cuisant. Mademoiselle Dô se tourne vers vous et vous interpelle : « A quoi voit-on que quelqu'un est très organisé ? » Vous lui répondez :

A) « Une personne organisée arrive sans mal apparent à faire plusieurs choses à la fois. Son bureau est toujours occupé par différents dossiers et elle passe très vite de l'un à l'autre. »

B) « Tous ses engagements sont tenus, en jour et en heure, autant qu'en qualité. »

03. Nous sommes jeudi. Mercredi prochain à huit heures, vous avez rendez-vous avec le représentant de la Compagnie Ordiplus, Monsieur Micro, qui doit venir dans vos bureaux étudier avec vous une nouvelle solution informatique. Il est dix heures et le directeur vient de vous dire que le comité de direction, dont vous faites partie, se réunira mercredi prochain à huit heures trente. Il vous revient donc de reporter le rendez-vous avec Monsieur Micro.

A) Je demande à ma secrétaire de faire une lettre à Monsieur Micro pour lui expliquer ce contretemps et lui demander de nous appeler pour convenir d'un autre rendez-vous.

B) Je demande à ma secrétaire d'appeler tout de suite au téléphone Monsieur Micro et de me le passer.

C) Je rédige ce petit mot : « Un contretemps m'oblige à reporter notre rendez-vous de mercredi 10. Voulez-vous me dire ce qui vous convient parmi les trois dates ci-après : Ve 12 à 8 h - Ma 16 à 17 h - Ve 19 à 13 h. Merci de m'excuser et comprendre la nécessité de ce report. Meilleures salutations. » Puis je le télécopie à l'attention de Monsieur Micro.

D) Je demande à ma secrétaire de téléphoner à Monsieur Micro pour connaître ses possibilités de rendez-vous et m'en faire part afin que je puisse voir ce qui peut rentrer dans mon propre agenda.

04. Les chaises du restaurant d'entreprise doivent être remplacées. Vous avez fait le tour des fournisseurs possibles. Vous avez étudié les documentations et tarifs. Vous avez reçu les représentants de trois entreprises qui faisaient des offres susceptibles de vous convenir. Vous avez fait votre choix. Il vous reste à passer commande...

A) Je rédige un bon de commande et l'adresse par poste au fournisseur sélectionné.

B) Je demande à ma secrétaire de faire établir un bon de commande par le service des achats, afin que je le vise et qu'il soit expédié au fournisseur potentiel.

C) Je téléphone au représentant pour lui passer la commande. J'en profite pour ficeler les détails et arrêter la date de livraison, ainsi qu'un escompte pour paiement comptant. Je confirme par un bon de commande.

D) Je demande à ma secrétaire de téléphoner au fournisseur pour savoir à quelle date il pourrait nous livrer et quand la commande doit lui parvenir, et, ensuite, de faire rédiger par le service des achats, en procédure d'urgence si besoin, un bon de commande que je viserai.

05. L'agence que vous avez à Tours est assez importante. Elle réalise près du tiers du chiffre d'affaires de la société. Son équipement informatique doit être renouvelé. Vous décidez de faire appel à un fournisseur local qui pourra assurer la mise en place, la formation, la maintenance et le dépannage. Votre secrétaire a la liste des seize entreprises locales susceptibles d'être intéressées par ce marché. Il vous faut les mettre en concurrence.

A) Je demande à ma secrétaire de téléphoner aux divers fournisseurs possibles pour vérifier qu'ils sont bien capables de nous servir et noter leurs prix pour les matériels et prestations qui nous intéressent.

B) Je demande à ma secrétaire de téléphoner aux divers fournisseurs possibles pour leur demander de nous envoyer leur documentation et leur tarif.

C) Je rédige la petite lettre suivante : « Notre agence de Tours doit être équipée d'un nouveau système informatique (liste matériel en annexe). Nous recherchons un fournisseur capable d'assurer, sur place, la livraison et la mise en route du matériel, la formation, la maintenance et le dépannage. Si vous êtes intéressés par ce marché, veuillez nous faire parvenir votre offre avant le 27 courant. Nous serons attentifs à la qualité de service proposée. Veuillez agréer, Messieurs, nos salutations distinguées. » Ma secrétaire enverra cette lettre (photocopie) aux seize sociétés avant demain soir. Si elle a les numéros, elle peut l'adresser en télécopie plutôt que par poste. A elle de voir.

06. Ce matin, le téléphone a sonné chez vous, sur le coup de quatre heures. La société de gardiennage vous informait qu'une inondation avait été détectée par le veilleur et que les pompiers avaient été alertés. Trente minutes plus tard, vous étiez sur les lieux. Les pompiers étaient à pied d'œuvre et avaient déjà entrepris de couper l'alimentation en eau de l'immeuble et pomper l'eau de l'inondation. C'est la rupture d'une canalisation interne, au premier étage, qui est à l'origine du sinistre. Le premier étage ayant été modifié avant-hier, vous vous demandez si cette canalisation n'a pas été brutalisée lors du retrait des anciennes cloisons ou lors de la mise en place des nouvelles cloisons. Par chance, le sinistre a été détecté assez rapidement par le veilleur pour que seuls quelques documents de démonstration, posés à même le sol, aient été détériorés. Tous les autres papiers et documents de l'entreprise n'ont pas souffert. Bien entendu, le mobilier, lui, a été atteint dans ses parties basses et un bilan devra être établi après séchage. La moquette ressemble à une éponge : c'est tout ce que l'on peut en dire objectivement aujourd'hui. Naturellement, à six heures trente, après le départ des pompiers, vous avez réfléchi et décidé d'une nouvelle organisation temporaire des bureaux sur les lieux demeurés secs. Dès que les premiers collaborateurs sont arrivés, à sept heures, vous avez donné les consignes de déménagement nécessaires. Vous êtes dans votre bureau et avez maintenant à régler la partie administrative du problème.

A) J'envoie un télex immédiatement à la compagnie d'assurances pour l'informer de l'inondation et solliciter une expertise rapide, non seulement pour l'évaluation des dommages, mais aussi et surtout pour vérifier l'origine du sinistre qui pourrait être imputable à la société ayant effectué l'aménagement de l'étage. Simultanément, j'avise par télex cette société et lui annonce qu'ils seront invités à être présents au rendez-vous d'expertise.

B) Je rédige une lettre recommandée avec accusé de réception, adressée à la compagnie d'assurances, pour déclarer le sinistre.

C) J'adresse un télégramme à la compagnie d'assurances pour déclarer qu'une inondation a eu lieu, que les pompiers sont intervenus, que l'entreprise continue à fonctionner.

D) J'adresse une télécopie à la société ayant aménagé l'étage pour lui annoncer que nous mettons en cause sa responsabilité dans le sinistre de la nuit. Nous précisons que la rupture de canalisation est due à l'absence de soins et de précautions de leurs installateurs. Nous exigeons qu'ils fassent intervenir leur compagnie d'assurances sans aucun délai.

07. Ça y est. C'est décidé. L'entreprise va quitter la triste et grise banlieue parisienne pour s'installer près de la mer, en Normandie, à moins de cinq kilomètres du cœur de Caen. Bien entendu, ce projet a été annoncé et discuté, longtemps et à diverses reprises, tant en comité d'entreprise qu'en comité de direction, ou encore lors des pauses-café, des déjeuners, des pots d'anniversaires, et des rencontres de couloirs ou de parking. Le déménagement se fera le 5 août. Nous sommes le 15 avril.

A) Je rédige une note de service indiquant la nouvelle adresse, la date du déménagement et le numéro de téléphone du syndicat d'initiative de la ville de Caen. Je demande que des enveloppes soient préparées par chacun, libellées aux nom et adresse des correspondants habituels de son service. Une note d'information (original joint à photocopier) doit être expédiée à ces correspondants avant le 30 juin.

B) Une secrétaire dynamique et entreprenante est pressentie par moi pour assister l'entreprise et chaque collaborateur pour tout problème ou souci en rapport avec le déménagement. Elle établira des contacts avec les divers services de la mairie, ainsi qu'avec les établissements scolaires (pour les enfants), l'agence locale pour l'emploi (pour les conjoints), et, éventuellement, les agents immobiliers et notaires. Enfin, elle réalisera un dossier d'assistance au déménagement qui sera remis à chaque collaborateur le 30 avril à dix-huit heures, au cours d'un « cocktail maritime ». Dans ce dossier, les renseignements pratiques voisineront avec les remarques et conseils pratiques, et, aussi, avec un guide des démarches administratives comprenant les lettres nécessaires dont les tirages seront effectués en fonction des besoins par cette secrétaire. Par la suite, d'autres rencontres seront proposées aux salariés pour leur permettre d'échanger toutes informations utiles. Cette secrétaire va également préparer les messages d'information sur le déménagement qu'elle adressera à tous les partenaires de l'entreprise.

C) Je rédige une note à l'attention du directeur général proposant que tous les salariés disposent d'un jour de congé pour régler leurs formalités en rapport avec le déménagement, et que le responsable de la publicité fasse paraître des avis dans les journaux habituels. Pour la bonne règle, je lui indique que, bien entendu, nous adresserons les notifications voulues, en recommandé avec accusé de réception, à toutes les administrations concernées par l'entreprise, à l'échéance du 15 juin.

08. Vous devez abonner votre entreprise à la nouvelle publication « Fiscalement vôtre » pour laquelle une offre est arrivée au courrier de ce matin.

A) Je rédige une lettre de demande d'abonnement, précisant que mon nom et mon titre devront figurer sur l'adresse de livraison de l'abonnement afin que le chargé de courrier interne me le remette directement. J'ajoute que la facture rappelant nos références devra être adressée à la comptabilité en trois exemplaires.

B) Je demande à ma secrétaire de faire établir un chèque à l'ordre de cette revue et de l'adresser avec une carte.

C) Je fais une note de service à l'attention du directeur général, demandant le bénéfice de cet abonnement pour notre service.

09. Mademoiselle Fabienne Dosi vous a adressé une lettre spontanée de demande de travail pour les mois de juillet et août. Elle est actuellement étudiante. Elle prépare un brevet de technicienne supérieure en techniques administratives et comptables, et cherche tout naturellement un travail lui permettant de se faire de l'argent pendant l'été. Elle vous a écrit parce que son père est acheteur chez l'un de vos clients. La lettre est libellée à votre nom personnel. Dans votre activité, l'été est une saison creuse. La règle de l'entreprise veut que les départs en vacances soient échelonnés, que l'entreprise elle-même ne ferme pas, qu'il ne soit jamais fait appel à des salariés intérimaires, ou à des contrats à durée déterminée, pour raisons de vacances. Monsieur Dosi vous avait salué fort aimablement lors du cocktail de printemps, et c'est à cette occasion que vous aviez échangé vos cartes de visite.

A) Je rédige une lettre à Mademoiselle Dosi lui indiquant que je transmets sa demande au responsable du personnel, avec une petite note expliquant toute l'attention que je porte à sa démarche, dont le caractère dynamique et sympathique me touche particulièrement.

B) Je téléphone à Monsieur Dosi, à son bureau, pour lui dire combien je suis navré. Je regrette vraiment beaucoup de ne pouvoir lui faire ce plaisir, mais les règles de l'entreprise sont draconiennes et je ne peux malheureusement que les subir. Naturellement, j'en souffre beaucoup et, chaque été, les vacances sont pour moi un cauchemar car elles annoncent un surcroît de difficultés dues aux retards accumulés lors des absences. Je ne manque pas d'insister sur le fait que, si jamais le directeur entendait cette année la voix du bon sens, je m'empresserais de rappeler Monsieur Dosi pour lui annoncer la bonne nouvelle, mais je n'ai vraiment aucun espoir, à mon très grand regret.

C) Je téléphone à Mademoiselle Dosi pour la remercier de sa lettre et de l'intérêt qu'elle porte à notre entreprise et à ses activités. Je lui dis que notre entreprise, pour laquelle l'été est une période de calme, n'engage jamais de personnel de remplacement. Je me mets à sa disposition pour l'aider dans ses recherches au cas où ses autres lettres n'aboutiraient pas, elles non plus.

10. La fête annuelle de l'entreprise aura lieu dans sept semaines. Comme de coutume, des chambres d'hôtel doivent être réservées pour tous les collaborateurs habitant à plus de trente kilomètres du siège, soit trente-cinq personnes, sans compter les conjoints. Vous assumez la responsabilité de cet hébergement. Vous avez le choix de l'hôtel.

A) Je téléphone et négocie durement (le plus possible) les tarifs avec l'hôtel le plus proche.

B) Je télécopie nos besoins aux cinq hôtels du secteur et je les mets en concurrence. Ma télécopie est écrite comme suit : « Messieurs, nous devons héberger, pour la nuit du 23 au 24 février, trente-cinq de nos collaborateurs, ainsi que leurs conjoints respectifs. Nous préférerions qu'ils puissent tous bénéficier du confort d'un même établissement. Nous paierons la facture de l'ensemble des prestations, chambres doubles et petits déjeuners, au comptant par chèque sur une seule facture relevé, dès réception. Voulez-vous nous faire connaître vos meilleures conditions pour cette prestation, que nous pourrions, éventuellement, vous confier ? Votre offre peut nous être remise par télécopie au 23.32.23.32. A bientôt le plaisir de vous lire. Meilleures salutations. Signé : le lecteur attentif. »

C) J'adresse un bon de commande chiffré à l'hôtel de l'année dernière, dont j'ai fait ressortir la facture. Naturellement, je signe le bon pour un prix identique à celui de l'année dernière.

11. Au déjeuner, vous discutez avec le responsable des ressources humaines. Il affirme que l'on doit toujours commencer sa journée par le travail le plus dur parmi tous ceux qui nous attendent.

A) Je lui donne raison.

B) Je lui dis que, selon mon expérience, c'est en fin de journée que l'on est le plus créatif, et que, le matin, on a généralement besoin de se mettre en jambes avec de petites choses.

12. Votre service est composé de six personnes. C'est une petite équipe que vous considérez comme soudée. D'ailleurs, régulièrement, vous constatez que les uns et les autres s'entraident ou s'assistent régulièrement comme de bons équipiers. Généralement, les problèmes sont réglés au fur et à mesure, sur-le-champ et dans la bonne humeur le plus souvent. Hier, parce qu'un problème inédit et délicat à traiter restait sur le tapis depuis trop longtemps selon lui, un collaborateur a proposé d'organiser systématiquement une réunion du service, tous les lundis à dix heures, pour voir les différents problèmes qui se posent.

A) Je pense que c'est une excellente idée. Je décide que cette réunion aura lieu tous les lundis dans mon bureau.

B) J'approuve, mais je pense qu'il faut se donner une limite dans le temps. Je décide que cette réunion aura lieu tous les lundis de dix heures à onze heures. Pendant la réunion, il sera demandé au standard de ne passer aucun appel.

C) J'ai horreur des réunions à jour fixe et je le dis calmement et fermement. Je n'ai ni l'intention de transformer l'entreprise en chambre des députés, ni celle d'y organiser un équivalent des séances de questions du mercredi.

D) Réunir le service de façon plus formelle n'est pas nécessairement une mauvaise chose. Cela peut aider dans les périodes difficiles. Je décide que des réunions du service pourront être organisées les lundis à dix-sept heures trente, dans mon bureau, sur un ordre du jour précis prévoyant soit une diffusion d'information(s), soit une consultation, soit une prise de décision en commun.

13. Vos collaborateurs ont pris l'habitude de remplacer les écrits par des appels téléphoniques. Cette façon de communiquer leur paraît plus simple, plus rapide, plus directe et plus conviviale. Un clignotant vient de s'allumer. En effet, un problème surgit qui vous fait penser que le téléphone n'est pas le meilleur moyen. Jusqu'à présent, il y avait eu un certain nombre d'incidents. Des correspondants avaient oublié ce qui leur avait été dit. Mais, de bonne foi, ils reconnaissaient leur oubli et tout s'arrangeait. Aujourd'hui, faute de pouvoir apporter la preuve de ce qui a été convenu téléphoniquement et faute d'une procédure écrite et enregistrée dans les délais, vous allez perdre de l'argent. Tout au moins, votre entreprise va perdre de l'argent, mais comme vous y êtes très attaché, c'est pire encore pour vous que si l'argent avait été pris dans votre poche par un voleur habile. Vous vous devez de réunir votre service et d'informer chacun sur ce qui doit rester un accident, donc un événement exceptionnel. Vous allez dire :

A) Je vais dire ce qui s'est passé et je vais proposer d'en tirer les conclusions. La dérive est génératrice de problèmes et mangeuse de temps. Elle est génératrice de problèmes parce que le correspondant est dérangé alors qu'il travaille sur un autre sujet, et que, dans ces conditions, il arrive bien souvent que, distrait, il ne comprenne pas tout très bien, ou ne note que partiellement le message, ou encore ne le note pas du tout. Elle est mangeuse de temps parce que le correspondant n'est pas toujours disponible et qu'il faut appeler plusieurs fois, mais aussi parce que la communication orale ne dispense pas de l'écrit... ce que nous n'aurions jamais dû oublier.

B) Je vais dire ce qui s'est passé et attirer l'attention des uns et des autres sur le fait que tout le monde n'est pas toujours de bonne foi. Il faut que chacun de nous apprenne à se méfier de certains interlocuteurs. Il faut que nous les connaissions mieux et que nous nous informions les uns les autres dès qu'un correspondant use de mauvaise foi.

C) Je vais faire allusion au problème et en profiter pour rappeler tout le monde à l'ordre. Tout ce qui nécessite une trace doit être écrit, et il est inutile de téléphoner pour dire que l'on écrit. Afin de vérifier que cette consigne est bien appliquée, je veillerai sur le relevé des appels téléphoniques. Nous devons tout de suite diviser par deux, au moins, le nombre des appels téléphoniques.

14. Le comptable vous impressionne. Il a toujours des tas de papiers, petits et grands, et de dossiers, sur son bureau. Il vous a expliqué un jour que tout responsable dynamique se doit de savoir prendre plusieurs dossiers en même temps, et de faire plusieurs travaux simultanément. Néanmoins, vous êtes soucieux. En effet, à plusieurs reprises, de petits incidents ont occasionné des frictions. Les heures supplémentaires exceptionnelles de Monsieur Gustave Lado ont été oubliées le mois dernier. L'avoir qui devait mettre fin au litige avec le client Rédo n'avait toujours pas été émis, une semaine après que le directeur commercial en ait fait la demande. Vous vous dites que vous devez agir.

A) Je vais voir le comptable avec une proposition de séminaire de gestion du temps. Je lui suggère qu'il pourrait y participer. En effet, il a déjà une organisation très performante. Il pourrait donc facilement sélectionner les meilleures idées de ce séminaire et les rapporter à l'entreprise où il en ferait profiter les uns et les autres. De cette façon, je suis presque certain qu'il ne peut refuser. Par ailleurs, ce rôle nouveau de diffuseur de formation le valoriserait et l'amènerait à pratiquer les principes enseignés.

B) J'organise une réunion des responsables de services et j'annonce que nous allons remettre à plat toutes les règles d'organisation et de circulation de l'information dans l'entreprise.

C) Je fais appel à un cabinet d'organisation et signe un contrat d'intervention. Un consultant va venir dans l'entreprise pour réaliser un audit d'organisation et, ensuite, présenter ses suggestions. Je rédige une note à l'attention de tous les responsables des divers services pour les prévenir du passage de ce consultant et dire à chacun quand il devra se tenir à la disposition de cet intervenant de très haut niveau.

15. En circulant dans l'entreprise, vous avez remarqué que toutes les lettres qui sont adressées par l'entreprise sont systématiquement écrites entièrement au coup par coup. Vous vous dites que l'entreprise aurait beaucoup à gagner à posséder une réserve de lettres-types correspondant à l'ensemble des situations les plus courantes. Il vous faut mettre en œuvre l'idée, mais aussi la faire connaître aux futurs utilisateurs.

A) Je demande aux responsables des différents services de m'indiquer les lettres les plus courantes afin que je les fasse imprimer. Quand je dis « imprimer », je pense bien entendu à toute technique disponible, y compris à la photocopie. Je veux que chacun ait un classeur de lettres qu'il lui suffira de compléter au fur et à mesure des besoins.

B) Je demande aux responsables des différents services de m'indiquer les lettres les plus courantes, sous huitaine. A réception, je dresserai un tableau des lettres courantes, en faisant ressortir celles qui sont communes à plusieurs services. Je rédigerai des lettres types que je fournirai ensuite aux services en fonction des besoins.

C) Je propose aux divers responsables de services de participer à une réunion, dans douze jours. Au cours de cette réunion, chacun fera rapidement état des lettres les plus courantes dans son service. Les recoupements et recouvrements seront recensés. Les doublons, s'il s'en trouve, seront éliminés. Un projet de charte graphique sera présenté par le responsable marketing. Un projet de charte sémantique sera présenté par notre directeur, qui est très attaché à l'unité des communications externes. Tous les services étant équipés d'ordinateurs et utilisant le même logiciel de traitement de textes, la constitution d'un fichier de phrases sera proposée. Ce fichier fonctionnera comme une bourse commune dans laquelle chacun peut puiser à sa guise. Il sera possible également, mois après mois, d'ajouter des phrases ou d'en retirer.

D) Je vais rédiger les lettres types nécessaires au bon fonctionnement de l'entreprise et les diffuser dans les services qui n'auront qu'à les recopier.

16. A diverses reprises, vous avez constaté que les messages téléphoniques se perdaient. Cela se produit régulièrement lorsque quelqu'un prend un appel pour quelqu'un d'autre. Il note le message comme il peut sur le papier qu'il trouve et s'arrange, quand il peut, pour que le message parvienne au destinataire, soit par l'intermédiaire d'une secrétaire, soit en posant le papier sur le bureau de la personne concernée. Dans ce cas, le papier est livré tel qu'il a été griffonné sous la dictée au bout du fil, ou recopié soigneusement dans le style « note de service ». Vous souhaitez éliminer les oublis, les erreurs de transmission, et tout ce qui peut nuire aux bonnes relations avec les interlocuteurs extérieurs, qu'ils soient clients ou fournisseurs.

A) J'achète chez le papetier des petites formules autocollantes imprimées intitulées « On vous a téléphoné... » et je les distribue à tous. Ainsi chacun aura du papier sous la main à côté du téléphone et pourra coller ce papier ensuite sur le téléphone du destinataire.

B) Je prépare un formulaire sur lequel des espaces sont prévus pour les mentions suivantes : initiales identifiant le receveur de l'appel, date, heure, prénom et nom de l'appelant, qualité de l'appelant, entreprise ou organisme représenté, téléphone complet avec numéro de poste si nécessaire, message précis à transmettre ou l'objectif poursuivi par l'appelant, indication de la suite à donner telle qu'elle résulte de l'entretien avec les indications de temps et d'horaires nécessaires à un bon suivi, mention expresse des promesses à tenir. En outre, sur le même feuillet, dont le format est 210 x 148, un large espace est prévu pour les commentaires du destinataire et l'enregistrement de la suite donnée par lui. Tout bulletin est établi en deux exemplaires, un original et une souche, sur papier auto-copiant. L'original est remis au destinataire et la souche reste attachée au carnet. Ainsi, on peut vérifier à tout moment que la personne qui dit avoir téléphoné a réellement appelé ou ne l'a pas fait. Egalement, le destinataire du téléphone peut conserver cette note d'entretien dans le dossier de l'interlocuteur, ce qui facilite le suivi des relations.

C) Je décide d'un tableau sur lequel figureront tous les noms des collaborateurs du service. Tout collaborateur absent, même pour très peu de temps, devra y inscrire l'heure de son retour. Ainsi, celui qui reçoit un appel peut dire à l'appelant de rappeler à l'heure indiquée.

17. Vous venez d'arriver dans la société Nibarac. Cette très jeune société en plein développement a des dossiers clients assez encombrants. Elle n'a pas de fichier constitué. Le dirigeant de la société vous expose que, vu l'augmentation très rapide du nombre de clients engendrée par la mise au point d'un produit nouveau standardisé et vendu à prix réduit, la constitution d'un fichier que chacun pourrait consulter s'impose. Ce sera votre premier travail.

A) Je vais sortir de l'armoire tous les dossiers des clients, les classer par ordre d'ancienneté, et les numéroter dans cet ordre. Ainsi, les nouveaux clients prendront la suite des premiers et, grâce au numéro, on pourra toujours connaître l'ancienneté du client. Il suffira qu'un client donne son numéro, au téléphone ou dans son courrier, pour que l'on retrouve sa fiche à l'écran de l'ordinateur.

B) Je vais créer le fichier sur l'ordinateur, sans me préoccuper d'un ordre quel qu'il soit. J'indiquerai, en tête de chaque fiche, le nom de la société cliente, puis son adresse, ses numéros de téléphone et de télécopie et toutes autres indications utiles. Je mentionnerai également un numéro d'identification qui permettra d'éviter toutes les erreurs dues à des homonymies. L'ordinateur pourra sans difficulté sortir la liste des clients par ordre alphabétique, par ordre de codes postaux, ou autres. Il suffira de frapper au clavier le nom du client pour obtenir sa fiche à l'écran.

Vous voici arrivé au bout du test. Vérifiez que vous avez répondu à chacune des dix-sept questions. Les solutions ou bonnes réponses sont indiquées ci-après. Attribuez-vous un point par réponse correcte, et aucun point dans les autres cas.

SOLUTIONS

01. A	**02.** B	**03.** C	**04.** C
05. C	**06.** A	**07.** B	**08.** B
09. C	**10.** B	**11.** A	**12.** D
13. A	**14.** A	**15.** C	**16.** B
17. B			

Ecrivez votre score : ... / 17.

ÉVALUATION DE VOTRE SCORE

Vous avez obtenu un score égal ou supérieur à 15. Vous pouvez sans crainte affirmer que vous avez l'ordre et la méthode voulus pour une fonction de direction administrative. Votre style de direction est concret et efficace. Il doit être très agréable de travailler avec vous car tous les temps perdus pour cause de quiproquo ou malentendu semblent réduits au strict minimum.

Vous avez un score égal ou supérieur à 12. Vos collaborateurs doivent reconnaître en vous des dispositions. Il serait certainement bon que vous les écoutiez, preniez en compte leurs besoins. Ecrivez sur une fiche que vous lirez chaque jour : « Je ne dois pas créer de procédures complexes. Je dois toujours chercher à alléger le plus possible le travail de chacun. » Toutes les personnes qui travaillent avec vous vous en seront reconnaissantes.

Vous avez obtenu un score inférieur à 12. Il est préférable de ne prendre aucune responsabilité en matière de fonctionnement administratif avant d'avoir intégré un certain nombre de règles et de principes. Vous devez acquérir une méthode de travail efficace, respectueuse de la personnalité de chaque collaborateur. Participez activement à un séminaire de gestion du temps, à un séminaire d'organisation du travail. Etudiez les méthodes existantes dans les bons livres qui les présentent. Surtout, réfléchissez et adaptez ces règles, principes et méthodes aux particularités de votre entreprise ou organisme.

Vous et le management

Quel type de manager êtes-vous? Quelle est la dominante de votre style de management?

Ce test a pour simple objectif de vous donner la possibilité de mieux vous connaître, ou vous voir et vous ressentir comme les autres peuvent vous voir et ressentir.
Répondez à toutes les questions très rapidement, sans attendre, sans chercher à biaiser. Votre spontanéité vous permettra de tirer parti de ce test.
La présentation de ce test est simple. Pour chaque affirmation présentée, il vous est demandé d'indiquer si vous êtes « d'accord » ou si vous n'êtes « pas d'accord » avec cette affirmation. Vous devez toujours répondre de l'une ou l'autre de ces deux façons.
Faites attention à ne répondre « d'accord » que si vous êtes en complet accord avec tous les termes de la proposition. Dans ce type de test, si vous négligez cette règle, vous risquez de vous déclarer en accord avec quatre propositions sur cinq, ce qui ne vous permettra pas de dégager un résultat solide.
Ecrivez votre réponse à la suite de chaque proposition. N'allez au tableau de dépouillement qu'après avoir pris position sur toutes les propositions, sans aucune exception.

LE TEST

1. Je pense que l'on ne doit pas mélanger les genres. Les relations professionnelles doivent rester des relations professionnelles. Je ne rencontre jamais les collaborateurs de l'entreprise en dehors de l'entreprise ou des réunions organisées par l'entreprise.

Pas d'accord - D'accord

2. Si un collaborateur a une occupation extra-professionnelle de type artistique ou associatif, je lui donne volontiers la possibilité de diffuser des invitations dans l'entreprise et même je l'encourage à le faire. Souvent, je prends un paquet d'invitations pour des relations susceptibles d'être intéressées par l'activité proposée, et que mon collaborateur aurait avantage à connaître.

Pas d'accord - D'accord

3. Dès que quelque chose a été mal compris ou qu'un article du règlement n'a pas été respecté, je fais une note de service. Cela fait du bien de rafraîchir les mémoires.

Pas d'accord - D'accord

4. Si un représentant arrive avec un cadeau, je le donne à celui ou celle qui est près de moi au moment même où je le reçois, et ce immédiatement et sans hésitation.

Pas d'accord - D'accord

5. Quand je suis en vacances, je délègue toutes mes fonctions à un collaborateur qui me remplace pleinement, et qui, seul, sait où et comment me joindre en cas de gros pépin, ou, plus simplement, au cas où il souhaiterait partager un souci.

Pas d'accord - D'accord

6. Quelles que soient les circonstances, je ne reste jamais plus de vingt-quatre heures sans prendre contact avec le bureau, sauf dimanches et jours fériés, bien entendu.

Pas d'accord - D'accord

7. Quand je suis absent du bureau, les dossiers m'attendent. Comme je ne suis ni pompier ni ambulancier, je ne vois pas la nécessité de mettre en place des procédures spéciales. Moi, quand un interlocuteur est en vacances, je demande la date de son retour et je lui téléphone trois jours après.

Pas d'accord - D'accord

8. Je passe beaucoup de temps en réunion. Il faut prendre le temps de discuter et de bien réfléchir avant de faire les choses. On n'imagine jamais combien les choses sont compliquées quand on les voit pour la première fois.

Pas d'accord - D'accord

9. Je passe beaucoup de temps en réunions de toutes sortes, de tous types, formelles et surtout informelles. Les réunions informelles permettent d'aplanir les difficultés, de mieux se connaître. Les supprimer reviendrait à supprimer l'âme de l'entreprise.

Pas d'accord - D'accord

10. Tous les cadeaux reçus sont immédiatement rangés dans l'armoire. Lorsque le tas permet une distribution équilibrée, je remets à chacun la part qui lui revient.

Pas d'accord - D'accord

11. Je suis très attaché au respect des règles de fonctionnement de la maison. C'est grâce à ces règles que nous vivons depuis plus de cinquante ans. Elles ont prouvé leur solidité.

Pas d'accord - D'accord

12. Un cadre doit tout contrôler en permanence. Il doit surveiller le travail en cours d'exécution comme il doit vérifier le travail terminé. C'est lui le seul responsable et c'est lui qui recevra les réclamations si quelque chose n'est pas conforme.

Pas d'accord - D'accord

13. Il ne faut pas mélanger le subjectif et le rationnel. Parler de confiance dans les relations de travail est un abus. On ne sait jamais à qui l'on a affaire exactement. On doit exiger que les procédures soient respectées. Comme ça, tout le monde est tranquille.

Pas d'accord - D'accord

14. Je remercie toujours les fournisseurs pour les cadeaux reçus, oralement bien entendu. J'en fais profiter ceux de mes collaborateurs que je souhaite remercier de tel ou tel effort particulier, ou encore celui de mes collaborateurs qui a un goût particulier pour le type de cadeau reçu.

Pas d'accord - D'accord

15. Il m'arrive de me demander si je ne serais pas plus avisé de faire tel ou tel travail moi-même. Prendre le temps d'expliquer me coûte autant que de l'exécuter moi-même.

Pas d'accord - D'accord

16. Chacun doit assumer ses responsabilités en adulte. Je ne suis pas là pour couvrir systématiquement toutes les bévues des collaborateurs comme un parapluie...

Pas d'accord - D'accord

17. Quand je dois confier un dossier à quelqu'un, j'organise une réunion.

Pas d'accord - D'accord

18. En réalité, quand on se réfère aux règlements, on ne court pas le risque de commettre des erreurs.

Pas d'accord - D'accord

19. Je mets un point d'honneur à ce que toutes les réunions que j'organise commencent et se terminent à l'heure. Egalement, l'ordre du jour est respecté. Les digressions ou dialogues hors sujet sont interdits.

Pas d'accord - D'accord

20. Moi, je me méfie des gens qui tranchent tout très vite. Ils font souvent des dégâts parmi les collaborateurs. Tous ne comprennent pas tout très vite. Il faut prendre le temps d'expliquer les choses et de se comprendre.

Pas d'accord - D'accord

21. Quand je téléphone à quelqu'un, je n'hésite pas à confier un message complet à sa secrétaire ou à son assistante s'il est absent. Bien souvent, en les mettant dans la confidence, j'obtiens d'elle une aide ou une réponse très rapide.

Pas d'accord - D'accord

22. Le chef est toujours seul. C'est à lui de décider car c'est, de toute façon, lui qui devra porter le chapeau. Alors, il ne faut pas perdre de temps et avancer. Ne dit-on pas que le monde appartient à ceux qui se lèvent tôt ?

Pas d'accord - D'accord

23. Quand une décision a été prise, il faut attendre que les procédures soient définies.

Pas d'accord - D'accord

24. Chez nous, on fait beaucoup de réunions pour les prises de décisions. Mais, en réalité, ces réunions servent au chef qui s'assure ainsi que la décision est conforme à toutes les pratiques, à la tradition telle qu'elle est connue, aux règlements tels qu'ils sont mis en œuvre.

Pas d'accord - D'accord

25. Je respecte le travail de ceux qui m'ont précédé. Ils ont bien pensé les choses. Ainsi, j'ai continué le travail comme mon prédécesseur le menait. Je n'ai rien changé à son organisation qui est très bien. De cette façon aussi, les gens du service ont pu voir que je souhaite que tout se passe bien, et que je ne suis pas là pour les embêter.

Pas d'accord - D'accord

26. Ceux qui ne comprennent pas l'humour devraient être relégués aux archives. Moi, je travaille beaucoup, vite, et dans la bonne humeur. J'aime que les autres fassent pareil autour de moi. J'aime ceux qui bossent dur et qui savent se détendre à l'occasion. On n'est pas obligé de travailler dans la grisaille.

Pas d'accord - D'accord

27. Dans un service ou une équipe, on doit travailler en confiance. Si le chef est tout le temps sur le dos de ceux qui travaillent, il les empêche de prendre leurs responsabilités.

Pas d'accord - D'accord

28. Moi, c'est très simple, je ne veux rien savoir. Chacun doit assumer ses responsabilités et venir présenter son rapport ou son tableau de contrôle le jour dit.

Pas d'accord - D'accord

29. Quand je dois confier un dossier à quelqu'un, je le dépose sur son bureau avec une petite note indiquant ce qu'il y a lieu de faire et lui rappelant notre objectif dans le domaine concerné.

Pas d'accord - D'accord

30. En réalité, dans l'entreprise, nos décisions sont limitées par les règlements et les procédures en place. Finalement, c'est bien ainsi car cela permet d'éviter les erreurs.

Pas d'accord - D'accord

31. D'une façon générale, je regrette que les gens, dans l'entreprise, aient peur d'assumer des responsabilités. C'est un peu le vide.

Pas d'accord - D'accord

32. Je suis très attentif, avant de prendre une décision, aux idées et opinions des uns et des autres. Je pratique beaucoup le sondage informel au cours des discussions que je peux avoir avec les uns et les autres. C'est ainsi que, le plus souvent, j'arrive à dégager un consensus.

Pas d'accord - D'accord

33. Quand je dois confier un dossier à quelqu'un, je vais le voir dans son bureau. Je n'oublie jamais de lui demander s'il n'est pas trop chargé de travail et de lui rappeler qu'il peut compter sur moi à tout moment.

Pas d'accord - D'accord

34. Je suis un peu réticent face à nombre de techniques d'organisation enseignées dans les écoles. Je vois bien que les personnes qui les enseignent sont de bonne foi, mais ils n'ont jamais quitté l'école. D'élèves, ils sont devenus enseignants. Et ils édictent des règles absolues qui ne tiennent absolument pas compte de la nature humaine. Les hommes ne sont pas des robots, que diable !

Pas d'accord - D'accord

35. Si le chef ne décide pas, il est critiqué parce que ce n'est pas un chef. S'il décide, il est critiqué parce qu'il a pris la mauvaise décision. Les gens veulent que le chef décide, mais, c'est une règle de comportement en France, ils veulent aussi pouvoir critiquer, et ils ne s'en privent pas, même si, dans un contexte identique, à la place du chef, ils auraient choisi la même décision, reconnue par eux comme la moins mauvaise.

Pas d'accord - D'accord

36. Quand la personne que je dois joindre au téléphone est absente, je demande à la secrétaire de lui dire de me rappeler. Je refuse de répondre à toute autre question. Je n'aime pas les secrétaires qui cherchent à intervenir dans les décisions de leur direction.

Pas d'accord - D'accord

37. Dans un contexte identique, face à un même problème, je ne prendrai pas la même décision, tout simplement parce que les hommes ne sont pas les mêmes d'une entreprise à l'autre.

Pas d'accord - D'accord

38. En réalité, dans l'entreprise, tout le monde décide parce que tout le monde a une réelle liberté de décision dans le cadre de sa mission. Chacun, même le moins qualifié techniquement, a des possibilités de choix dont il n'a pas à répondre. Chacun doit rendre compte de la bonne utilisation de la délégation reçue, en montrant que l'objectif défini a été atteint avec les moyens mis à disposition.

Pas d'accord - D'accord

39. Si les personnes que je dois joindre pour une décision ne sont pas présentes à leur poste, je n'attends pas et je prends mes responsabilités. Les absents ont toujours tort. L'entreprise doit avancer. Les affaires n'attendent pas. Bien entendu, je ne prends de décision que dans l'intérêt de l'entreprise et en parfaite conformité avec les objectifs définis par le dirigeant principal de l'entreprise.

Pas d'accord - D'accord

40. Selon moi, le charisme est un atout déterminant pour l'encadrement. Un cadre dirigeant sans charisme ne peut réussir, car on ne peut réussir seul sans l'adhésion volontaire des hommes. Si les collaborateurs se contentent du travail minimal prévu par les textes, tout va de travers, et tout le monde s'ennuie. Moi, je crois que l'on doit se passionner pour l'entreprise et son travail. Pour y arriver, il faut que le dirigeant soit passionnant.

Pas d'accord - D'accord

41. Un cadre responsable doit, d'abord et avant tout, être respectueux de la tradition de l'entreprise, du règlement, et des dirigeants de la société. Un cadre qui respecte toutes les règles et ne néglige aucune procédure, fait du bon travail et on n'a rien à lui reprocher.

Pas d'accord - D'accord

42. Je suis toujours en action, vingt-quatre heures sur vingt-quatre, je sais toujours ce que je fais et quel est l'objectif poursuivi sur le moment, même si seul le repos est à l'ordre du jour. Je gère ma vie. Ce n'est pas compliqué, mais mon expérience me montre que la majorité des gens sont toujours à la remorque des autres, ce qui est assez décourageant pour qui voudrait être entouré d'une équipe réellement performante.

Pas d'accord - D'accord

43. Quand je recrute quelqu'un, je vérifie toujours soigneusement ses diplômes et ses certificats de travail. Je suis très attentif car j'ai souvent entendu parler de fraude dans ce domaine. C'est pourquoi j'exige les originaux et je fais les photocopies nécessaires moi-même. Je tiens à ce que mes dossiers soient complets et en ordre. On ne peut pas prendre le risque d'embaucher au niveau de salaire A une personne qui n'aurait qu'un diplôme de niveau B. Ce serait une faute.

Pas d'accord - D'accord

44. Les gens qui ne laissent pas de message sur le répondeur téléphonique sont des personnes qui n'ont rien à dire. Je suis très heureux d'avoir pu leur échapper. Si j'avais été présent, j'aurais dû subir leur inutile bavardage et n'aurais pu travailler pendant ce temps.

Pas d'accord - D'accord

45. Mes collaborateurs peuvent à tout moment venir consulter les dossiers qui se trouvent dans mon bureau ou celui de ma secrétaire. Il n'y a pas de véritable secret dans une entreprise lorsque l'on forme une équipe soudée. Bien évidemment, les moyens de paiement sont sous clef et protégés par un code. C'est une sécurité indispensable en cas de vol. Il en va de même pour tout ce qui serait par nature ou destination classé « confidentiel-défense ».

Pas d'accord - D'accord

46. La ponctualité est une vertu que je respecte. Je m'efforce de ne jamais faire attendre. Mais, entre nous, il faut reconnaître que les choses sont plus complexes que cela, et si un collaborateur a besoin d'une aide ou d'une explication, il est bien compréhensible que l'on parte dix ou quinze minutes en retard pour le rendez-vous. Si la personne avec qui j'ai rendez-vous dans son bureau ne comprend pas cela, c'est qu'il lui manque quelque chose.

Pas d'accord - D'accord

47. Je connais assez bien les compétences des personnes de mon service. J'ai passé suffisamment de temps avec chacun pour les connaître et les apprécier. C'est très important pour moi car cela me permet de savoir les missions que je peux confier à chacun. Je sais très exactement ce que chacun peut réussir et je peux le lui dire lorsqu'il me faut le conforter et l'encourager.

Pas d'accord - D'accord

48. Ceux qui veulent toujours tout changer, tout modifier, tout revoir, tout refaire, ne mesurent pas les dégâts qu'ils occasionnent. Ils démoralisent les gens qui ne peuvent suivre tous ces changements. Moi, je suis très attentif à ne pas toucher à ce qui fonctionne. L'expérience m'a appris que l'on ne sait jamais ce que peut entraîner une petite modification.

Pas d'accord - D'accord

49. J'aime les petites réunions autour d'un pot. Qu'importe le prétexte, anniversaire, naissance, mariage, premier million de chiffre d'affaires du nouveau vendeur, lancement d'un nouveau produit mis au point par le service, il est toujours bon de se voir et de bavarder tranquillement. Décompresser ensemble permet de mieux se connaître. J'en profite toujours pour glisser un mot à l'un ou à l'autre.

Pas d'accord - D'accord

50. On peut se vanter un peu de temps en temps. Cela fait du bien au moral, et c'est une façon de se motiver. Ensuite, on force pour arriver à l'idéal que l'on s'est créé. Il faut se soutenir et s'encourager pour foncer tout le temps.

Pas d'accord - D'accord

51. Il n'est pas possible de travailler sérieusement avec des gens qui multiplient les « peut-être », « si », « ce serait possible mais », etc.

Pas d'accord - D'accord

52. Moi, j'en ai fait l'expérience. Vous pouvez dire ou faire tout ce que vous voulez. Si les gens n'ont pas une très forte ambition personnelle accrochée au ventre, vous ne les motiverez jamais. Ils feront peut-être semblant pour vous faire plaisir, mais cela n'ira pas plus loin.

Pas d'accord - D'accord

53. Au sein d'un groupe, je préfère laisser d'abord les autres exprimer leurs souhaits ou désirs d'activités en commun. Ensuite, je recherche ce qui peut faire le plus plaisir au plus grand nombre, ou ce à quoi chacun participera volontiers, même si l'intensité du plaisir n'est pas identique pour tous.

Pas d'accord - D'accord

54. Lorsqu'il y a un appel sans message sur mon répondeur téléphonique personnel, je suis inquiet et je me demande qui a bien pu essayer de me joindre. J'ai pu constater que ceux qui ne laissent pas de message sont des personnes en situation de détresse et, d'une certaine façon, je m'en veux de n'avoir pas été présent pour les soutenir ou leur venir en aide.

Pas d'accord - D'accord

55. Je n'aime pas les gens qui ont des avis sur tout, d'emblée, sans étude, sans réflexion. Dans la vie privée, cela ne regarde qu'eux, mais dans la vie professionnelle, il en va différemment. Pour ce qui me concerne, au bureau, je ne me précipite jamais, quelles que soient les circonstances, je veux toujours que tout ait été analysé et étudié dans les moindres détails avant qu'une idée de solution soit ébauchée. Ensuite, il faudra s'assurer que cette idée est compatible avec toutes les obligations du service et règles de la maison.

Pas d'accord - D'accord

56. Sincèrement, je ne crois pas que les gens choisissent leur profession. Ils font ce qu'ils peuvent, en fonction de leurs études ou de leur absence de formation initiale, en fonction de la chance qu'ils ont ou pas, en fonction de l'endroit où ils sont nés. Bref, on subit plus qu'on n'agit.

Pas d'accord - D'accord

57. Je comprends ceux qui s'abstiennent lors de certaines élections ou discussions, quel que soit le lieu, quel que soit le contexte, professionnel ou social. Les passionnés – ou les excités ? – suffisent à alimenter les conversations.

Pas d'accord - D'accord

58. Beaucoup trop de personnes se méconnaissent. J'ai toujours été surpris de constater le nombre de gens qui refusent les responsabilités parce qu'ils ont peur de l'échec, peur de s'entendre déclarer responsables, peur d'avoir à prendre des décisions seuls, sans procédures écrites et uniquement en fonction de leur jugement. On a quelquefois l'impression d'être entouré d'incapables...

Pas d'accord - D'accord

59. Je mets toute mon organisation à plat au moins une fois chaque année. Cette remise en cause régulière me permet de m'adapter en permanence aux évolutions.

Pas d'accord - D'accord

60. Je tiens beaucoup à ce que mes affaires soient toujours bien rangées le soir. Je sais que mon bureau révèle, sans difficulté et sans fausse modestie, la charge de travail qui pèse sur moi. Il suffit pour cela de voir la pile des dossiers en instance. Mais il est essentiel pour moi que ce soit une pile et non un fatras, comme on dit familièrement.

Pas d'accord - D'accord

61. Les gens qui se veulent spirituels dans le travail sont le plus souvent des personnes dont les compétences sont limitées. J'ai déjà remarqué que certains essaient de dissimuler de cette façon une totale méconnaissance des points litigieux des dossiers, des règles ou des principes de fonctionnement.

Pas d'accord - D'accord

62. Je propose de revoir l'organisation de l'équipe chaque fois qu'un collaborateur s'en va ou qu'un nouveau arrive. On doit toujours s'adapter aux personnalités des uns et des autres.

Pas d'accord - D'accord

63. Chez nous, il est bon de connaître certains dirigeants et autres chefs de services. Cela aide dans bien des situations compliquées. J'y veille.

Pas d'accord - D'accord

64. Je suis très attentif à tout ce que dit « radio-couloir ». Ce que certains qualifient de cancans ou de bavardages est en réalité très intéressant pour connaître la réalité des choses, ou ce que d'autres appellent « le dessous des cartes ».

Pas d'accord - D'accord

65. Ne pas assister à un cours parce que le professeur était incompétent ou inintéressant m'est arrivé lorsque j'étais étudiant. Je n'ai aucune honte à le dire. J'ai appris beaucoup plus pendant ce temps-là en choisissant de bonnes lectures ou en fréquentant des musées.

Pas d'accord - D'accord

66. Je ne supporte pas l'ennui que sécrètent les gens inintéressants.

Pas d'accord - D'accord

67. D'une façon générale, les gens sont plus honnêtes qu'on ne le dit, ou le croit.

Pas d'accord - D'accord

68. Je suis très ponctuel au bureau. J'estime que l'horaire doit être respecté. Je ne veux pas être pris en défaut. Je refuse aussi bien de venir plus tôt parce que je ne veux pas jouer à celui qui fait du zèle. Une vie bien réglée, c'est essentiel.

Pas d'accord - D'accord

69. Dans les réunions, je prends facilement la présidence ou la direction des travaux, même si cette place ne me revient pas automatiquement du fait de ma position hiérarchique. Je pense en particulier à toutes les réunions extra-professionnelles.

Pas d'accord - D'accord

70. Pour moi, la seule vraie autorité est l'autorité dite naturelle, c'est-à-dire celle qui est spontanément reconnue par tous, qu'il y ait élection ou consensus.

Pas d'accord - D'accord

71. Je pardonne toujours la franchise. Lorsqu'elle est grande et maladroite, et lorsque les autres crient haro sur le baudet, je reconnais l'homme courageux.

Pas d'accord - D'accord

72. C'est dans ma nature, j'aime les défis.

Pas d'accord - D'accord

73. J'aime rendre service aux autres. J'aime les entendre dire que je suis utile.

Pas d'accord - D'accord

74. Toutes les personnes sont respectables. Toutes peuvent m'apporter quelque chose, je l'ai plusieurs fois vérifié. Pour connaître quelqu'un, il suffit de beaucoup l'écouter non seulement avec ses oreilles, mais aussi avec ses yeux et avec son cœur.

Pas d'accord - D'accord

75. L'ambition est le moteur du travail. Nous devons être ambitieux. J'ai envie de pouvoir montrer un jour que j'ai réussi. Nous avons tous le même temps disponible. Moi, je travaille quand les autres discutaillent, ergotent et tournent en rond.

Pas d'accord - D'accord

76. Dans un groupe, je m'efforce d'être celui qui crée le lien entre les uns et les autres. Je présente les personnes les unes aux autres. Je leur fais découvrir leurs points communs, ceux sur lesquels ils peuvent se rencontrer, être du même avis, partager une passion, etc.

Pas d'accord - D'accord

77. Je crois que l'homme doit soigner son amour-propre. Chacun doit réussir quelque chose, être le premier dans telle compétition, avoir réalisé telle belle course en montagne ou autre. L'homme se réalise dans le travail et le couronnement de ses efforts. Je suis fier de moi et de ce que j'ai fait, même si je le relativise parfaitement. Simplement, je sais ce que les autres ignorent : la somme d'efforts que cela m'a réellement demandé. Cette somme est fonction de chacun. C'est une affaire personnelle. Ce qui bénéficie aussi à la société, c'est le fait que l'effort est l'école de la volonté, et la société a besoin d'hommes ayant une réelle personnalité, une véritable ossature.

Pas d'accord - D'accord

78. Je mène une vie très riche, pleine d'activités, de découvertes et de petits bonheurs, tant sur le plan privé que sur le plan familial ou social. Sur ce dernier plan, je dois reconnaître que je suis très sollicité. Je participe à plusieurs associations. On me demande souvent d'y jouer un rôle d'animation ou de direction.

Pas d'accord - D'accord

Vérifiez que vous avez répondu à chacune des 78 questions. Ensuite, prenez une feuille de papier et tracez, sur cette feuille, trois colonnes. Ecrivez la lettre A en tête de la première colonne, la lettre B en haut de la deuxième, enfin la lettre C devant la troisième. Dans la grille de dépouillement qui suit, vous allez retrouver les numéros de toutes les questions, suivis, à chaque fois, de l'une de ces trois lettres. Si vous avez répondu « d'accord » à la question, vous ajouterez un point dans la colonne correspondant à cette lettre.
Exemple : pour le numéro un, vous avez dit « pas d'accord » ; vous ne faites rien, vous ne marquez aucun point, vous passez au numéro deux. Par contre, si pour ce numéro un, vous avez répondu « d'accord », vous marquez un point dans la colonne A. L'objectif n'est pas ici de marquer un maximum de points, mais de dégager une tendance. Il est donc normal d'avoir nettement plus de points dans une colonne que dans les autres. L'explication vous sera donnée après dépouillement. Bon travail.

GRILLE DE DÉPOUILLEMENT

1. A	**2.** C	**3.** A
4. B	**5.** C	**6.** B
7. A	**8.** A	**9.** C
10. A	**11.** A	**12.** A
13. A	**14.** C	**15.** B
16. B	**17.** A	**18.** A
19. B	**20.** C	**21.** C
22. B	**23.** A	**24.** A
25. A	**26.** B	**27.** C
28. B	**29.** B	**30.** A
31. B	**32.** C	**33.** C
34. C	**35.** B	**36.** A
37. C	**38.** C	**39.** B
40. C	**41.** A	**42.** B
43. A	**44.** B	**45.** C
46. C	**47.** C	**48.** A
49. C	**50.** B	**51.** B
52. B	**53.** C	**54.** C
55. A	**56.** A	**57.** A
58. B	**59.** B	**60.** A
61. A	**62.** C	**63.** A
64. A	**65.** B	**66.** B
67. C	**68.** A	**69.** B
70. C	**71.** B	**72.** B
73. C	**74.** C	**75.** B
76. C	**77.** B	**78.** C

Vous avez terminé le dépouillement. Faites vos comptes et écrivez ici vos scores :

- colonne A : ... / 26
- colonne B : ... / 26
- colonne C : ... / 26.

Trois portraits types vont vous être présentés ci-dessous. Il est possible que tous vos points se retrouvent dans la même colonne. Dans ce cas, vous allez vous retrouver dans le petit portrait esquissé, mais probablement pas tout à fait. En effet, ces portraits sont caricaturaux. Ils indiquent une tendance. Il y a beaucoup de chances pour que vos scores soient distribués différemment. C'est donc en prenant en compte votre score dans chaque colonne que vous dessinerez votre portrait. Vous mesurerez l'importance de chaque tendance pour vous. En effet, si vous aviez vingt-six points en C et guère de points en A et en B, vous pourriez vous poser des questions. En effet, afficher un souci permanent de l'humain est une bonne chose, mais si ce souci est seul en piste, il risque fort d'entraîner un déséquilibre fortement préjudiciable à l'entreprise. Vous comprenez aisément que chaque médaille a son revers. Maintenant, regardez les trois tendances.

TROIS PORTRAITS

A. LE BUREAUCRATE

Vous avez bonne conscience parce que vous respectez scrupuleusement les règles, les règlements, les circulaires. Vous aimez d'ailleurs que tout soit prévu et que les procédures existantes vous permettent de faire face à toutes les situations. Vous pensez qu'il serait dangereux de parler d'objectifs ou de buts généraux car ce serait la porte ouverte aux interprétations. Votre expérience vous a montré que les textes seuls constituent une base de références objective. Pour vous, si l'on sort de ce qui est écrit noir sur blanc, on va à l'aventure avec tous les risques qui en découlent.

Les autres vous reprochent précisément de prendre position en fonction de textes forcément inadaptés à la situation du jour, qui est nouvelle, inédite. Votre rigueur est une qualité, mieux une vertu, si elle ne vous aveugle pas, si elle ne vous empêche pas de voir jusqu'où vous pouvez aller trop loin. Vous aurez de meilleures relations avec les autres si vous avez conscience du fait que ce qui vous fait vivre, c'est la satisfaction du client.

B. LE DÉCIDEUR

Vous avez horreur de l'indécision. Vous avez horreur de tout ce qui est bavardage. Vous avez horreur de tout ce qui est perte de temps. Vous décidez, vous avancez, vous foncez. Les autres vous admirent pour l'énergie que vous investissez. Mais ils vous regardent passer. Votre talent, votre passion, votre intelligence, votre ambition vous conduisent trop souvent à décider vite et seul. Les autres, qui ne se sentent pas impliqués, vous regardent. Ils font ce qu'ils sont obligés de faire, de par leur contrat, mais sans la passion parce que vous ne leur avez pas communiqué cette passion. Vous ne les avez pas impliqués. Ils assistent à votre performance. Ils n'y participent pas. Vous auriez intérêt à investir un peu de temps dans l'écoute des autres parce que vous n'avez pas le monopole des bonnes idées, dans l'explication du pourquoi de vos décisions, dans l'explication des objectifs successifs qui constituent votre parcours vers le but. Personne n'a le monopole de l'intelligence et de l'efficacité. Des points de vue différents peuvent enrichir votre démarche, vous faire économiser du temps et des efforts, vous amener à être encore plus efficace.

C. L'ANIMATEUR

Vous êtes très attentif aux autres et c'est une belle qualité. Les autres vous aiment parce que vous êtes attentif à eux, à leurs besoins, à leurs soucis, parce que vous leur parlez de ce qui les passionne et non de ce qui vous intéresse. Poussée à l'excès, cette tendance va vous jouer des tours. Car, si à force de vouloir écouter tout le monde, vous différez sans cesse les décisions, vous ne dirigez pas. N'oubliez pas que le capitaine est responsable de l'objectif. Si l'objectif n'est pas atteint, tout le monde se retournera contre vous. Vous avez intérêt à formaliser les rapports. Vous seriez bien inspiré, lors de chaque discussion, de dire à tous, avant que la discussion commence, quand et de quelle façon elle se terminera. Vous savez quand la décision doit être prise et vous savez qu'elle est de votre responsabilité. Il vous suffit de le dire. Les uns et les autres vous apprécient pour votre gentillesse. Ils vous apprécieront longtemps si vous assumez également votre fonction de chef qui décide et qui fait la course en tête. Vous devez clairement dissocier dans votre esprit le temps de travail et les nécessités qu'il implique, et le temps de loisir avec toutes les facilités et libertés qu'il offre. Les autres sont disposés à faire équipe avec vous, à vous de les conduire !

Table des matières

Achevé d'imprimer en juillet 2003
à Santa Perpètua de Mogoda (Barcelone), Espagne,
sur les presses de A&M Gràfic, S. L.

Dépôt légal : juillet 2003
Numéro d'éditeur : 8189